王春超　王贤彬◎主编
张呈磊　周泳宏　戴天仕　王彬◎副主编

MACROECONOMICS
THEORY AND CHINESE PRACTICE

宏观经济学
理论与中国实践

图书在版编目(CIP)数据

宏观经济学:理论与中国实践/王春超,王贤彬主编.—北京:北京大学出版社,2023.3

ISBN 978-7-301-33813-1

Ⅰ.①宏… Ⅱ.①王…②王… Ⅲ.①宏观经济学—高等学校—教材 Ⅳ.①F015

中国国家版本馆 CIP 数据核字(2023)第 035935 号

书　　　名	宏观经济学:理论与中国实践
	HONGGUAN JINGJIXUE:LILUN YU ZHONGGUO SHIJIAN
著作责任者	王春超　王贤彬　主编
策划编辑	王　晶
责任编辑	王　晶
标准书号	ISBN 978-7-301-33813-1
出版发行	北京大学出版社
地　　　址	北京市海淀区成府路 205 号　100871
网　　　址	http://www.pup.cn
微信公众号	北京大学经管书苑(pupembook)
电子信箱	em@pup.cn
电　　　话	邮购部 010-62752015　发行部 010-62750672　编辑部 010-62752926
印　刷　者	北京圣夫亚美印刷有限公司
经　销　者	新华书店
	730 毫米×1020 毫米　16 开本　23.5 印张　385 千字
	2023 年 3 月第 1 版　2023 年 3 月第 1 次印刷
定　　　价	68.00 元

未经许可,不得以任何方式复制或抄袭本书之部分或全部内容。
版权所有,侵权必究
举报电话: 010-62752024　电子信箱: fd@pup.pku.edu.cn
图书如有印装质量问题,请与出版部联系,电话: 010-62756370

前言

本书是一本主要针对经济学与管理学相关专业本科生和经济管理实践工作者的宏观经济学教材,内容涵盖宏观经济学的基本概念和理论以及宏观经济理论与中国实践的关系。本书以"培根铸魂,融合贯通"为理念,浇筑思想价值认同与经济学科发展之"根",塑造肩负民族复兴使命与推动人类共同繁荣之"魂",通过横向融合、纵向贯通,培养立足本土、胸怀世界、为全球治理贡献中国智慧的创新型经济学复合人才。本书强调"三结合,一统一",即宏观经济学理论与前沿研究相结合、宏观经济学理论与中国尤其是港澳地区经济实践相结合、宏观经济学理论与思想道德素养培育相结合,致力于将立德树人与专业学习相统一,积极探索经济学专业育人模式在教材方面的新突破。

本书作者负责的"宏观经济学"课程在2020年入选首批国家级一流本科课程,采用"线上+线下""课内+课外"联动教学方式,融入和拓展中国特色研究成果和实践案例,形成"立体课堂",促进学习者既夯实理论基础,又提升思维能力,更涵养思想情怀。本书正是在此课程建设基础上形成的一项集体成果。本书共6篇18章,包括基础篇(第一至第三章)、古典篇(第四至第七章)、经济波动篇(第八至第十二章)、微观基础篇(第十三至第十四章)、经济增长篇(第十五至第十七章)和经济政策篇(第十八章)。每章除主体内容外,还包括本章概览、主要内容图、中国案例、专栏、前沿拓展与文献速递、本章总结、问题与应用等部分,内容丰富、体例完备、语言简明,有助于读者在掌握宏观经济学基本理论的同时,理解中国乃至世界宏观经济的运行规律,提高分析经济问题的能力。

本书的写作分工如下：王春超、王贤彬负责全书框架、体例、统稿，王贤彬、王春超撰写第一章，王贤彬撰写第二至第三章，张呈磊撰写第四至第七章，周泳宏撰写第八至第十一章，戴天仕撰写第十二章、第十五至第十七章，王彬撰写第十三至第十四章、第十八章。

本书作者感谢暨南大学本科生院、经济学院、暨南大学伯明翰大学联合学院、经济与社会研究院、产业经济研究院、管理学院、公共管理学院、西方经济学教研室等部门领导、老师和同学们的大力支持。感谢国内外同仁的关心和支持。感谢宏观经济学同类教材和相关文献的作者，包括高鸿业、曼昆、米什金、阿西莫格鲁等，我们参考了他们的众多成果。感谢广东省本科高校经济学类专业教学指导委员会同仁的关心和指导。感谢北京大学出版社领导，感谢王晶同志出色的编辑工作。感谢以各种形式关心和帮助我们的各界同仁。文责自负，请读者提出宝贵意见。

期待我们的努力能够为中国经济学人才培养做出积极贡献，为中国乃至世界经济社会繁荣贡献智慧。

作　者

2022年12月

目录

基础篇

第一章

宏观经济学：中国特色与中国气派 …………………………… 003

- 第一节　宏观经济学研究什么？ …………………………… 004
- 第二节　宏观经济学的研究方法 …………………………… 006
- 第三节　宏观经济学的发展历程 …………………………… 008
- 第四节　中国经济发展与宏观经济学 ……………………… 012
- 第五节　本书的结构与章节安排 …………………………… 015

第二章

宏观经济数据与指标Ⅰ：GDP 与中国经济 ………………… 024

- 第一节　GDP 的经济内涵与概念 …………………………… 025
- 第二节　GDP 统计的关键原则 ……………………………… 030
- 第三节　产业视角下的 GDP ………………………………… 033
- 第四节　支出视角下的 GDP ………………………………… 035
- 第五节　收入视角下的 GDP ………………………………… 038
- 第六节　时间维度下的 GDP ………………………………… 040

第三章

宏观经济数据与指标Ⅱ：CPI、失业率与中国经济 …………… 050

- 第一节　生活成本度量与 CPI 的含义 …………………………… 051
- 第二节　CPI 与 GDP 平减指数 …………………………………… 055
- 第三节　CPI 与 PPI ………………………………………………… 057
- 第四节　失业率与劳动参与率 …………………………………… 059
- 第五节　住户调查失业率与机构调查失业率 …………………… 066

古典篇

第四章

产品和服务市场与国民收入决定 ………………………………… 075

- 第一节　国民收入是如何产生的 ………………………………… 076
- 第二节　国民总产出去向哪里 …………………………………… 082
- 第三节　国民总收入的分配 ……………………………………… 089
- 第四节　供给与需求的均衡：国民收入的决定 ………………… 094
- 第五节　中国案例：从 GDP 看国民收入的中国实践 ………… 098

第五章

货币市场与通货膨胀 ……………………………………………… 106

- 第一节　货币与货币系统 ………………………………………… 107
- 第二节　货币、价格与通货膨胀 ………………………………… 114
- 第三节　信贷市场、利率与通货膨胀 …………………………… 116
- 第四节　通货膨胀的原因和成本 ………………………………… 118
- 第五节　中国案例：中国的货币供应与通货膨胀 ……………… 124

第六章

劳动力市场与失业 131

- 第一节　劳动力市场 132
- 第二节　自然失业率 138
- 第三节　工作搜寻与摩擦性失业 139
- 第四节　工资刚性与结构性失业 142
- 第五节　中国案例：中国的劳动力市场与失业 145

第七章

国际市场与开放的宏观经济 155

- 第一节　国际市场 156
- 第二节　小型开放经济中的产品市场均衡 159
- 第三节　外汇市场和汇率 164
- 第四节　汇率制度 167
- 第五节　中国案例：中国的开放 172

经济波动篇

第八章

经济波动 183

- 第一节　经济波动概述 183
- 第二节　经济波动的典型事实 185
- 第三节　中国案例：港澳地区在 SARS 冲击下的经济衰退及复苏 192

第九章

IS-LM 模型 197

- 第一节　产品市场与 IS 曲线 198

第二节	货币市场与 LM 曲线	205
第三节	基于 IS-LM 模型的波动分析	209
第四节	中国案例：网络支付的发展和现金分享计划	215

第十章

蒙代尔-弗莱明模型 … 221

第一节	蒙代尔-弗莱明模型的构建	222
第二节	浮动汇率下的分析	225
第三节	固定汇率下的分析	228
第四节	中国案例：固定汇率制下的港澳经济	231

第十一章

AD-AS 模型 … 235

第一节	总供给曲线	236
第二节	总需求曲线	238
第三节	AD-AS 模型分析	241
第四节	冲击与稳定政策	244
第五节	总供给曲线的调整	246
第六节	中国案例：公共卫生事件的冲击	249

第十二章

菲利普斯曲线:中国与世界 … 253

第一节	通货膨胀与失业之间的短期权衡	254
第二节	现代菲利普斯曲线	255
第三节	菲利普斯曲线与总供给曲线	258
第四节	中国案例：中国香港的菲利普斯曲线	259

微观基础篇

第十三章

消费理论：微观基础 ············ 269

- 第一节　凯恩斯主义的消费决定理论 ············ 270
- 第二节　新古典主义的跨期消费决定理论 ············ 272
- 第三节　平滑消费、生命周期假说和永久收入假说 ············ 280
- 第四节　新古典主义的财政政策与李嘉图等价 ············ 282
- 第五节　中国案例：中国香港与中国澳门的"派钱"政策 ············ 286

第十四章

投资理论：微观基础 ············ 289

- 第一节　企业的投资决策 ············ 290
- 第二节　股票市场与托宾的 Q 值理论 ············ 294
- 第三节　中国案例：投资优惠政策 ············ 297

经济增长篇

第十五章

经济增长的引擎 ············ 303

- 第一节　增长率很重要 ············ 304
- 第二节　经济增长的直接因素：物质资本、人力资本、技术 ············ 305
- 第三节　经济增长的深层因素：地理、制度、文化 ············ 309
- 第四节　中国案例：改革开放与经济增长理论 ············ 314

第十六章

索洛模型 ············ 321

- 第一节　索洛模型的基本设定 ············ 322

第二节	索洛模型的均衡状态	325
第三节	索洛模型的主要结论	327
第四节	索洛模型的启示与中国经济政策	329
第五节	中国案例：关于中国的经济增长核算(1978—2015年)	331

第十七章

内生增长理论 ………… 338

第一节	知识积累与技术进步	338
第二节	知识的非竞争性	340
第三节	不完全竞争与创新者的经济激励	342
第四节	内生技术进步模型	343
第五节	中国案例：香港和澳门的经济增长	345

经济政策篇

第十八章

宏观经济政策：理解世界与中国 ………… 351

第一节	财政政策	352
第二节	货币政策	354
第三节	相机抉择与遵循规则	356
第四节	中国视角：产业政策与区域政策	358
第五节	宏观经济政策：世界与中国	360
第六节	中国案例：2020年政策刺激计划	361

基础篇

第一章
宏观经济学：中国特色与中国气派

本章概览

欢迎来到宏观经济学的世界。宏观经济学是一门研究整体经济运行的学科，它主要致力于为整体经济运行活动提供逻辑上的解释。人们当然可以通过个人的日常观察和直接感受来理解整体的经济运行，但是依靠原始和局部的观察难以形成系统的规律性总结。因此，为了实现这一点，经济学家做出了近百年的努力，构建起了许多相关的知识，形成了一个成体系的分析框架。本章将会带领大家了解宏观经济学的研究对象、研究方法、发展历程、中国经济发展与宏观经济学的关联，并简单介绍本书的结构与章节安排。可以说，本章是你的宏观经济学学习之旅的开端。

本章主要内容如图 1-1 所示。

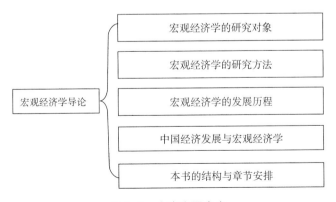

图 1-1　本章主要内容

第一节　宏观经济学研究什么？

经济学是研究经济运行规律以及解释人类经济社会行为的一门科学。在现代社会中，经济学产生了广泛的社会影响。

经济学经过200多年的发展，已经成为具有多个分支的学科，其中最为重要的划分莫过于微观经济学和宏观经济学。一般认为，微观经济学研究社会中个体经济单位的经济行为，它从资源稀缺这个基本假定出发，认为经济个体致力于利用有限资源取得最大收益或者效用，并由此来考察经济个体取得最大收益或者效用的条件。微观经济学的任务是研究市场机制及其作用，分析均衡价格的决定，考察市场机制通过调节个体行为实现资源最优配置的条件与途径。宏观经济学关心的则是整体经济的表现、结构及行为规律。具体而言，宏观经济学家分析并且试图理解整体经济运行的决定性因素，特别是整体经济短期波动（经济周期）的起因和影响，以及整体经济长期增长的内在动因。

宏观经济学关心的整体经济对于大众生活非常重要，因为宏观经济运行特别是一些重大实践影响了所有人的生活和福利的方方面面，而且许多宏观经济事件对人们具有长期性影响。回顾近现代经济发展史，就可以发现宏观经济事件对人类经济社会发展有多么重要的影响。20世纪最为重要的宏观经济事件无疑是大萧条。1929—1933年间，主要工业国家经济未能实现稳定增长，导致了灾难性的经济和政治后果，甚至引发了一系列导致第二次世界大战爆发的事件。21世纪以来，世界也发生过多次重大的宏观经济事件，造成了全球性的影响。2008年源于美国华尔街的金融危机最后演变为全球经济危机，许多民众的生活受到影响。2019年年底暴发的新冠疫情给世界各个国家和地区带来较长时期的负面冲击，导致各个国家和地区经济增长更加乏力，民生面临重大挑战。

正是因为宏观经济运行会给国家和民众带来巨大影响，所以宏观经济政策愈加成为一个国家经济政策的核心。许多经济学家和政治家正是经历了巨大的经济动荡及其造成的负面影响之后，认识到国家和政府需要进行宏观经济管理和调控，以稳定经济、减少经济动荡带来的经济社会损失。这一理念转变出现在1929—1933年大萧条之后，演变至今已经发展成为一种通行的经济管理范式。这种基本范式在不同时期的发展中始终与国民经济社会发展的重要议题紧密相关。

宏观经济表现和宏观经济政策长期以来都是热门的政治经济话题。在美国等西方国家，实际经济表现特别是失业率、通胀率等会成为各个党派政治舆论竞争的重点。而在中国，党和国家也一直强调经济发展的重要性，发展经济一直是党和国家满足广大人民需求的主要途径，宏观经济管理一直被摆在经济政策的核心位置。

宏观经济学发展至今，经历了多轮的研究话题以及研究范式的调整与迭代，日臻完善，其作为一门学科，至少关心如下类似的问题：

为什么当今中国的经济发展水平要比40年前的经济发展水平高出十几倍？

为什么当今中国的经济发展水平要比非洲的埃塞俄比亚的经济发展水平高十倍以上，比同为亚洲人口大国的印度也高五倍左右？

什么导致了大萧条、国际金融危机以及欧洲债务危机等经济重大冲击事件的出现？这些负面冲击对宏观经济运行造成了怎样的影响？其背后的逻辑是什么？

什么决定了通货膨胀？换而言之，什么决定了经济的整体价格水平的变动？为什么不同时期和不同地区的整体价格水平变动差异如此之大？

什么决定了失业率的变动趋势？失业率在不同地区之间的显著差异是由什么因素所导致的？

面对众多的宏观经济现象和问题，国民收入如何决定？政府能够充当何种角色？有效的宏观经济政策应当是怎样的？

显然，需要我们回答的宏观经济学问题可能还有很多，但是上述所列的都是最为重要的宏观经济学话题。宏观经济学家致力于找到上述问题的答案。宏观经济学正是在这个过程中积累了越来越多的知识，形成了自身的逻辑体系。

第二节　宏观经济学的研究方法

宏观经济学家和其他经济学家一样，采用一套特定的方法研究宏观经济现象，探索经济运行规律。一般而言，经济学研究最为基础的目标和任务是解释经济现实，特别是采用一致的逻辑来解释重要的经济现象。因此，经济学家一般遵循以下的研究步骤：

第一，提炼典型事实。特别是提炼和总结那些与前面所提出的重要经济问题相对应的典型事实。经济学家一般通过采集数据和构建经济指标来呈现典型事实。

第二，构建经济模型。经济学通过经济模型来描述经济运行的逻辑。经济模型一般使用数学语言来呈现，简单的经济模型也可以用图形来呈现。经济学家之所以主要使用数学语言来呈现经济模型，是因为数学语言具有最为严密的逻辑性，不容易产生歧义，从而能够传达清晰的含义。在学习经济学之前，读者往往对经济模型感到陌生，甚至望而生畏。然而，经济模型构建是有章可循的。正如人们为了识别特定的路线或者地理坐标会绘制地图一样，经济学家为了解释经济现实而构建经济模型。当我们绘制地图的时候，我们仅仅会将我们认为有用和重要的地理信息呈现在地图上，而很多其他繁杂的信息则会被舍弃。这些繁杂的因素在现实地理当中不存在吗？显然不是，我们可以想象如果我们将现实中所有的元素都照搬到地图上，那么我们为何还需要地图呢？现实本身就是这幅地图了。而且，众多繁杂的元素会妨碍我们快速准确地获取重要的信息。因此，经济模型一般都是高度简洁的，尽管经济学家建立了一些数学上看似复杂的模型，但是这些模型仍然是对现实世界的高度简化。构建经济模型是希望能够在一个模型中以一致的逻辑解释某些重要的经济现象。为了做到这一点，经济模型一般包含两个方面的要素：变量和参数。变量又可以分为外生变量和内生变量。外生变量（exogenous variable）亦称"输入变量"，是完全由经济系统（经济模型）外部确定并输入系统的变量，它只对系统产生影响而不受系统的影响。内生变量（endogenous variable）是指该模型所要决定的变量，是模型或理论需要解释的变量。内生变量可以在模型体系内得到说明，而外生变量则不能在模型体系中得到说明。

建立经济模型的目的就是解释外生变量如何决定内生变量。换而言之,可以将内生变量理解为结果变量,外生变量理解为原因变量。在这种思路之下,经济学家构建模型就有章可循。他们将关心的经济结果用变量来表示,并将其设置为内生变量,在此基础上致力于寻找重要的驱动因素,这些被选择的驱动因素则会被表示为外生变量。虽然很多因素都可能对内生变量产生影响,但只有那些被认为重要的因素才会被选择为外生变量,因此经济模型显然是对现实的一种抽象而不是复制。在此基础上,经济模型的核心就是刻画外生变量决定内生变量的逻辑,这往往需要使用数学语言来表述,参数则是用来刻画两类变量逻辑关系的一种系数。我们可以考虑一个黑箱,这个黑箱有两个口,一个入口和一个出口,我们将外生变量从入口放入,那么从出口就可以获得内生变量的结果。而这个黑箱中的装置及其运行过程,就是这个模型的逻辑。

第三,将构建的经济模型应用到对典型事实或者经济数据的解释和检验当中,考察两者的匹配程度或者经济模型的现实解释能力。如果一个经济模型能够较好地匹配重要的经济数据,那么这个模型就具有较好的解释力。这种匹配不仅是逻辑方面的匹配,在更高的层次上还要求模型在数量关系上有较好的匹配。一个经济模型能够解释的重要现象越多,这个经济模型越具有生命力。比如,我们在微观经济学当中学习的供求模型就是一个应用场景非常广泛的模型,具有很强的生命力。我们在宏观经济学中也将会学习到总供给-总需求模型,其同样具有蓬勃的生命力。在检验过程中,理论也将得到修正和发展,这是因为构建的经济模型可能无法总是很好地对应典型事实或者解释现实现象,这种情况下就需要对模型加以改进,发展出更加具有解释力的经济模型。经济学家在检验经济模型的方法方面也取得了卓有成效的突破。一个重要的方面就是近年来基于自然实验的因果关系实证方法得到了广泛的应用,为判断理论的可信性提供了可行的思路。

第四,借助经济模型进行宏观经济管理,科学实施宏观经济政策。基于经济模型,我们能够更好地理解经济运行的逻辑,从而更加清楚如何管理或者影响经济运行以使其达到我们预期的结果。既然经济模型能够告诉我们外生变量如何影响内生变量,那么我们就可以通过调整外生变量来影响内生变量。要有效地改变内生变量,就必须从改变决定内生变量的外生变量着手,如果不改变外生变量而试图直接改变内生变量，那么往往会事与愿违，或者即使表面实现了目标也很可能造成更沉重的代价。比如，经济学家建立的通货膨胀理论认为，现代经济出现长期通货膨胀的根本性原因是中央银行过度的法定货币发行。根据这一理论判断，要维持总体物价稳定，在政策上首先就是要控制好中央银行发行货币的权力，避免货币随意过度发行。如果面对过度的货币发行，政府没有清晰的逻辑思路，不是致力于约束中央银行随意过度发行货币的权力，而是通过行政手段限制正常的商品与服务需求，或者直接对商品与服务价格进行管制，那么可能会扭曲资源配置，损害宏观经济增长的微观基础。

上述研究方法已经成为宏观经济学的一种普遍性的研究方法。宏观经济学家现在已经发展出一套叫作动态一般均衡模型（dynamic stochastic general equilibrium，DSGE）的数理分析范式，来对宏观经济问题展开分析，在此过程中，也结合数据开展模型校准、数据模拟以及计量分析等工作，来检验所构建的理论模型是否能够较好地匹配和解释现实。当然，动态一般均衡模型为了更好地解释现实，可能在数学上会变得愈加复杂。因此，也有经济学家认为，宏观经济问题并非一定要采用严格的动态一般均衡模型进行分析，因为模型工具只是为了构建严谨逻辑以洞察经济现象所包含的重要规律。

第三节 宏观经济学的发展历程

经济学是致力于解释和理解人类经济社会现象的一门学科。因此，有必要从经济史乃至经济学说史的角度来更好地理解宏观经济学。

理解整体经济运行的规律无疑是重要的，但是由于人类文明及科学体系演进的局限性，在农业文明时代乃至更久远的过去，人类没有能力形成一个学科来对经济运行进行专门的研究。在人类进入工业革命时代，特别是英国等早期工业国家的经济和贸易经历快速发展后，经济学开始出现。1776年，亚当·斯密出版了《国民财富的性质和原因的研究》（简称《国富论》），论述了经济运行的基本规律，其主要观点至今仍然被认为是经济学最为核心的理论判断。《国富论》指出，理性的经济人在竞争条件下追求效用最大化，数以百万计的个体经济活动通过"看不见的手"使得整个经济有序运行，生产供给和消费需求得以有效匹配，不断循环往复。这实际上隐含着这样的判断，即作为市场机制的解释，"看不见的手"预示着市场机制能够保障经济良好运行。这很大程度上否定了普遍的生产过剩或者生产不足的可能性，即在理论上认为整体经济不会出现大的问题。当然，也有部分经济学家，特别是马尔萨斯等人从不同的视角讨论过整体经济运行的失灵甚至崩溃，但是他们的理论在当时并没有被大多数学者所接受。在20世纪之前，古典经济学和早期的新古典经济学并没有专门讨论宏观经济运行的系统性理论和著作，对宏观经济现象和微观经济现象的分析都合并在一起，并未分清。特别是自边际革命以来，经济学家大多不承认经济危机的可能性，不承认国民经济总过程中的矛盾与冲突，只注重微观经济分析，以致宏观经济问题的分析在一般经济学著作中几乎被淹没了。

1929—1933年，大萧条严重冲击了英美等国家的经济，引发了严重的经济危机，致使产出急剧下降、失业率高企，经济陷入严重衰退。这种景象显然不能被认为是经济运行的正常状态。面对日趋严重的经济危机，新古典经济学无法做出理论上的解释，也无法提出有效的政策主张。英国经济学家约翰·梅纳德·凯恩斯也坦率承认古典经济学分析出现了理论与事实不符的现象，应用起来非常糟糕，所以需要摆脱旧说，自辟蹊径。他根据自己的观察和思考，形成了一套理解和解释经济波动的思想体系。凯恩斯所提出的观点与古典经济学家显示出巨大的不同，其新学说集中体现在1936年出版的《就业、利息和货币通论》（简称《通论》）这一划时代的著作中。这一著作的出版标志着宏观经济学的诞生，凯恩斯也被认为是宏观经济学的奠基人。凯恩斯否定了传统经济学的观点，他指出，以往传统经济学中所谓的均衡，是建立在供给本身创造需求这一错误理论基础上的充分就业均衡。他认为，这只适合于特殊情况，而通常情况下的均衡是小于充分就业的均衡。凯恩斯认为，导致这种情况的根源在于有效需求不足，而一国的就业水平是由有效需求决定的。有效需求是指商品总供给价格与总需求价格达到均衡时的总需求，而总供给在短期内不会有大的变动，因而就业水平实际上取决于总需求或有效需求。该书的出版在西方经济学界和政界引起了巨大反响。一些经济学家把该书的出版称为经济理论上的"凯恩斯革命"。此后，凯恩斯理论逐渐成为西方经济学的主流理论，很多国家的政府也纷纷采用凯恩斯的需求管理政策，并将凯恩斯的理论及建议作为制定政府经济政策的指导思想。20世纪五六十年代前期，在以保罗·萨缪尔森等人为代表的经济学家的努力下，凯恩斯理论不断得到补充和完善，形成了新古典综合派，我们将要学习的 IS-LM 模型以及菲利普斯曲线就是当时的代表性成果，这也是本书将要介绍的重要内容。

20世纪70年代中期，发达国家出现了加速的通货膨胀，导致通胀和失业同时出现，即所谓的滞胀，而当时的凯恩斯理论以及政策主张都难以解释和应对，凯恩斯理论受到了现实的挑战，这导致凯恩斯主义共识开始出现裂缝。货币主义学派代表米尔顿·弗里德曼认为，经济不稳定性不应该被归结为私人部门的行为，而应该被归结为货币政策的无能。其隐含的政策含义是，政策制定者应当遵循简单货币规则，而不是采取相机抉择的货币规则，以实现经济稳定的目标。他认为，之所以在数据当中发现通胀和失业之间存在替代关系，是因为短期当中通胀通常是公众预料之外的，而预料之外的通胀能够降低失业，但是在长期当中通胀和失业之间的替代关系将不再成立。从某种意义上看，弗里德曼在阐释货币政策的作用机制过程中，已经突出了预期在其中的重要性。随后，罗伯特·卢卡斯拓展了弗里德曼的观点，发动了"理性预期革命"。罗伯特·卢卡斯在1976年的文章中指出，由于主流凯恩斯主义模型没有认真考虑预期，因而在政策分析方面没有用处；其结果是，对于构成这些模型的经验关系，如果实施的是另一种政策，则这些关系很可能不再成立，政策就无法取得效果。① 芬恩·基德兰德和爱德华·普雷斯科特在1982年进一步提出了真实经济周期理论，该理论建立在价格灵活调整从而可以实现市场出清的假设之上。② 真实经济周期理论在解释经济波动时，忽略了货币政策的作用，将重点转向技术冲击等实际因素的作用，以及这些冲击引起的消费和闲暇的跨期替代。真实经济周期模型是一种遵循一般均衡范式所构建的动态模型，会考虑企业或者家庭等微观决策主体的动机和决策，因此具有微观经济学基础。在真实经济周期模型的驱动下，宏观经济学领域

---

① Lucas, R. Jr., Expectations and the Neutrality of Money, *Journal of Economic Theory*, 1972, 4 (2), 103-124.
② Kydland, F. E., Prescott, E. C., Time to Build and Aggregate Fluctuations, *Econometrica*, 1982, 50 (6), 1345-1370.

变得越来越严谨、越来越同微观经济学中的分析工具密不可分。当然，需要指出的是，由于具有具体的微观基础的现代宏观经济学模型往往都使用了严谨的数学方法，因此本书所介绍的宏观经济理论较少涉及这些理论模型的具体细节。

上述新古典经济学家的学说和理论对传统的凯恩斯主义形成了巨大的挑战和冲击，而自20世纪80年代开始的新凯恩斯主义经济学家则致力于在新的微观理论基础和方法技术支撑下，构建更加缜密完整的凯恩斯理论。一方面，他们从新古典经济学模型中取用了动态一般均衡的框架和方法，从而使得分析能够具有偏好、约束等微观经济学基础；另一方面，从凯恩斯主义思想中取用了名义刚性等核心假设，并致力于为这些核心假设提供更加稳健的理论解释，在此基础上更好地阐释名义刚性（或者名义黏性等各种市场非完美因素）等前提假设下的非市场出清状况如何引致经济波动，偏离帕累托最优状态。新凯恩斯主义经济学家取得了相当丰硕的成果，而且在很大程度上弥合了20世纪70年代以来的论争，使得宏观经济学取得了更多的共识，并且进一步为发现和制定更加科学有效的宏观经济政策提供理论支撑和经验证据。而且，近年来行为经济学的视角也被引入宏观经济学研究，取得了一系列的进展，这些进展包括能够更好地解释非自愿失业、货币政策的实际效应等现象，可以认为行为宏观经济学的出现一定程度上是对凯恩斯《通论》底层逻辑的一种复兴。

由上面的历程可以看出，整个宏观经济理论发展的过程主要是围绕经济周期或者经济波动展开研究的历程，取得了众多的理论争鸣和进展。实际上，另一个重要的宏观经济话题——长期经济增长——也取得了丰硕的研究成果，并且取得了更多的共识。20世纪四五十年代，特别是第二次世界大战之后，美国经济进入快速增长时期，引发了对长期经济增长现象进行理论解释的需求。代表性的理论包括20世纪60年代由著名经济学家罗伯特·索洛建立的新古典经济增长理论，该理论提出了只有技术进步才能够推动长期经济增长的观点，但是并没有回答技术进步是如何推动长期经济增长的，也没有回答技术进步是如何产生及运作的。到20世纪80年代末90年代初，这个问题被保罗·罗默等经济学家给予了突破性回答，他们构建的内生增长理论模型解释了技术进步如何发生以及如何驱动长期经济增长。罗伯特·索洛、保罗·罗默等经济学家也因为在长期经济增长理论上的开创性贡献获得诺贝尔经济学奖。本书也会为大家介绍这些重要的经济增长理论,因为它们对于理解长期经济发展至关重要。

实际上,宏观经济学一直是一门与现实和政策密切相连的经济学科,其发展历程与宏观经济走势密不可分。直至今天,宏观经济学的每一次重大发展都离不开现实宏观经济的巨大冲击。近年来,尤其是2008年金融危机使得宏观经济学更加关注金融因素在宏观经济运行中的重要性,产生了一系列重要的研究成果,这些新进展也为各国乃至全球维持宏观经济稳定提供了更多的理论见解,再次说明宏观经济学是一门致用之学。[①]

第四节 中国经济发展与宏观经济学

宏观经济学是以总体经济运行为研究对象的经济学科,因此可以从宏观经济学视角来回顾中国的宏观经济发展进程。从中华人民共和国成立之初的百废待兴,到改革开放后的奋力赶超,中国宏观经济走出了一条曲折而有成就的道路。

中华人民共和国成立以后,建立自己的工业化基础成为经济建设的紧迫任务。早期,中国主要着力于工农业生产的恢复性建设与发展。随后,中国开始制定并实施第一个五年计划,集中力量推进156项重点工程建设,为整个国家的工业发展奠定基础,工业布局也随之得到改善。第一个五年计划结束之后,工业发展出现"大跃进",随后出现了罕见的"三年严重困难时期",工业化进程遭到挫折。国家很快调整了经济发展政策,工业化重新回到正轨。但是在1966—1976年间,整个国家的工作重心偏离了经济建设。整体来看,改革开放以前的30年经济建设探索前行,历经曲折,但仍然实现并巩固了国家的统一和民族的团结,建立起独立且比较完整的工业体系和国民

---

① Mankiw, N. G., The Macroeconomist as Scientist and Engineer, *Journal of Economic Perspectives*, 2006, 20 (4), 29-46; Mankiw, N. G., The Past and Future of Econ 101, The John, R. Commons Award Lecture, Prepared for AEA Meeting, 2020; De Vroey, M., *A History of Macroeconomics: From Keynes to Lucas and Beyond*, New York: Cambridge University Press, 2016.

经济体系。这一期间，中国的经济制度主要是社会主义计划经济体制，通过集中计划手段来进行资源配置、调控产品生产和流通，价格机制并不发挥作用。而我们将会看到，大量的宏观经济学理论是以市场机制为基础展开分析的。从这个角度来看，宏观经济学理论对这一期间的经济发展的解释相对有限。但是，宏观经济学也分析了社会计划者的决策问题及其经济后果，这一分析范式对理解计划经济模式具有重要价值。然而，尽管计划经济体制推动了中国工业化进程，但经济发展绩效并不理想，中国亟须寻找新的发展模式。

1978年，中国共产党第十一届三中全会胜利召开，由此拉开改革开放的历史序幕，开始是"摸着石头过河"，寻找新的经济发展模式。1980年，党中央、国务院决定兴办深圳、珠海、汕头、厦门4个经济特区，1984年又进一步开放天津、上海、大连等14个沿海港口城市，1988年设立海南经济特区。中国对外开放的大门逐渐敞开。

1992年，党的十四大正式确立社会主义市场经济体制的改革目标和基本框架，明确提出让市场在社会主义国家宏观调控下对资源配置"起基础性作用"。把社会主义制度与市场经济结合起来，建立和完善社会主义市场经济体制，是前无古人的伟大创举，是中国共产党人对马克思主义的重大发展，也是社会主义发展史上的重大突破。中国经济在20世纪90年代取得了快速增长，但是也因为投资过热等引发了一定的通胀威胁，迫使中央政府不得不通过控制信贷来降低通胀。1998年爆发了亚洲金融危机，但中国政府成功予以应对，并且启动了一系列的经济体制改革，为21世纪的长期快速经济增长奠定了很好的基础。

2001年11月，中国正式加入世界贸易组织，这标志着中国对外开放进入了一个新阶段。从此，中国的经济增长也正式进入了新一轮的上升周期。图1-2显示了这一轮上升的经济增长周期一直持续到2007年，当年GDP（国内生产总值）增速高达14.2%，是自1992年以来的最高点。2008年，美国爆发了金融危机，危机波及实体经济，给全球经济带来巨大的负面冲击，中国由于高度的开放度特别是贸易开放度，也无法幸免。2008年，GDP增速跌落为9.7%，特别是出口出现负增长。为了抵御经济硬着陆的风险，中国政府自2008年第四季度开始采取刺激性财政政策和扩张性货币政策，被称为四万亿刺激计划。这一计划大概持续到2010年，2010年经济增速回升到

10.6%。但是,随后的经济增速并未稳定在相近水平,而是一路持续放缓。2019年,经济增速已经放缓到6%。自2019年年底开始,中国和世界其他国家都暴发并持续受到新冠疫情的冲击,经济活动受到严重影响。尽管如此,2020年,中国仍然实现了2.3%的经济增长,在全球所有主要经济体当中表现最为突出。

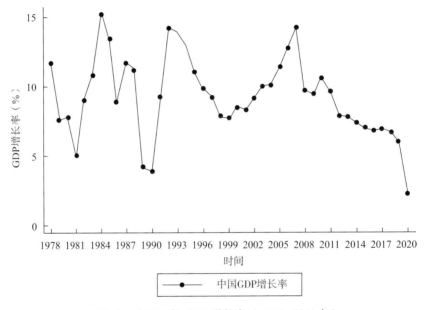

图1-2 中国历年GDP增长率(1978—2020年)

数据来源:国家统计局 http://www.stats.gov.cn/

中国改革开放以来走的是中国特色社会主义市场经济的发展道路,实践证明这一发展道路是可行的、成功的。在改革开放四十余年的经济发展过程当中,有两个宏观经济研究议题最为重要。

第一,从长时期维度来看,中国实现了GDP规模以及人均GDP水平的持续提高,出现了长期经济增长。中国GDP从1978年的3 679亿元连年跨越,1986年上升到1万亿元,1991年达到2万亿元,2000年突破10万亿元大关,2006年超过20万亿元,2012年迈上50万亿元新台阶,达到53.7万亿元,2020年突破100万亿元,达到100.5万亿元。中国对世界经济增长的贡献不断提高,经济总量居世界各国的位次不断前移,1978年居世界第11位,2000年超过意大利居世界第6位,2007年超过德国居世界第3位,2010

年超过日本成为世界第二大经济体。中国这一经济增长过程已经被认为是空前的经济增长奇迹,对于这一典型事实,应该如何用主流宏观经济理论予以阐释,是否还需要进行理论拓展与创新,是一个至关重要的研究议题。

第二,从中国经济的发展过程来看,中国的经济活动并非一路向上,而是呈现出显著的波动特征。中国在改革开放走向市场经济发展道路的过程中经历过多次的经济衰退或者经济增长相对缓慢时期,包括1989—1991年、2008—2009年等较为突出的阶段。这种经济波动也是中国经济发展的重要议题,它们是否能够用主流宏观经济理论进行解释,是否需要进行理论拓展与创新,仍然有很大的研究空间。

2017年,党的十九大报告指出,在2020年全面建成小康社会、实现第一个百年奋斗目标的基础上,再奋斗15年,在2035年基本实现社会主义现代化;从2035年到本世纪中叶,在基本实现现代化的基础上,再奋斗15年,把我国建成富强民主文明和谐美丽的社会主义现代化强国。2022年,党的二十大报告再次提出,全面建成社会主义现代化强国,总的战略安排是分两步走:从2020年到2035年基本实现社会主义现代化;从2035年到本世纪中叶把我国建成富强民主文明和谐美丽的社会主义现代化强国。上述战略安排,清晰地擘画了全面建成社会主义现代化强国的时间表、路线图,展现了中华民族伟大复兴的壮丽前景,令人鼓舞、催人奋进。

从中国经济发展的历程可以看出,中国作为一个发展中经济体,其宏观经济发展的过程要比主流宏观经济学所刻画的经济增长过程更为复杂。当一个相对落后的经济体在宏观意义上呈现长期经济增长趋势时,其必然伴随着巨大的经济结构转型的过程,这在经济学当中被称为工业化。而且,发展中经济体的宏观经济增长过程背后是一个市场出现、创造和扩展的过程。因此,考察中国的宏观经济发展历程,需要将宏观经济学、发展经济学、马克思主义政治经济学等学科视角有机结合起来。

第五节 本书的结构与章节安排

本书共有18章,包括基础篇:宏观经济学的中国视角与基本指标;古典篇:长期视角下的宏观经济理论;经济波动篇:凯恩斯主义视角下的宏观经济波动理论；微观基础篇：总需求的主要成分即消费、投资的相关理论；经济增长篇：超长期视角下的经济增长理论；经济政策篇：中国发展视角下的宏观经济政策分析。

基础篇主要是第一章至第三章：第一章是宏观经济学的整体介绍，第二章是 GDP 指标的深入分析，第三章是对以 CPI 为代表的价格指数以及以失业率为代表的劳动力市场指标的介绍和分析。第二章和第三章旨在为宏观经济学理论学习奠定指标基础。

古典篇是长期视角下的宏观经济理论，覆盖第四章至第七章，分别介绍了国民收入理论、货币理论、劳动力市场理论和开放经济理论，为读者呈现了一个完整的古典视角下的宏观经济框架。第四章是产品和服务市场与国民收入决定，第五章是货币市场与通货膨胀，第六章是劳动力市场与失业，第七章是国际市场与开放的宏观经济。根据宏观经济学家的共识，古典视角下宏观经济的特点是价格灵活调整，从而可以实现市场出清，达到市场均衡。

经济波动篇关注的是短期的宏观经济波动，提供了一系列的理论，覆盖第八章至第十二章，本书集中在凯恩斯主义理论，主要介绍总需求和总供给（AD-AS）模型、IS-LM 模型，并且介绍菲利普斯曲线等经典内容。第八章是对经济波动的概览，第九章是 IS-LM 模型，第十章是蒙代尔－弗莱明模型（其本质是 IS-LM 模型的开放经济版本），第十一章是 AD-AS 模型，第十二章是菲利普斯曲线。这五章内容构成了经济波动理论的经典模型。

微观基础篇覆盖第十三章和第十四章，分别对消费和投资决策与行为建立了相关的微观基础。第十三章是消费理论的介绍，第十四章是投资理论的介绍。

经济增长篇关注的是超长期的经济变化规律，简而言之是经济增长理论，覆盖第十五章至第十七章。第十五章以通俗的语言介绍了经济增长的重要性，并且较为全面地展现了经济增长的直接因素和深层因素。第十六章讲解了经济增长最为基础性的模型——索洛模型及其应用，第十七章对内生增长模型与理论进行了初步的介绍。长期经济增长情景仍然具有价格灵活调整和市场出清的前提，并且强调生产要素数量乃至技术水平的变化，这方面的理论更加强调动态意义上的变化。

经济政策篇是第十八章，主要是对财政政策、货币政策等主流宏观经济政策的进一步分析,并且在此基础上基于中国经济制度背景阐述了中国特色宏观经济政策。

专栏1-1

宏观经济学在中国的发展

中国的改革开放始于十一届三中全会之后,经济体制逐渐从计划经济向市场经济转型,宏观经济运行开始呈现出愈加明显的市场经济规律。也正是由此,中国开始与国外有更多的交流互动,主流宏观经济学理论和思想开始进入和传播,中国也开始了宏观经济学范式的建立和转换,并结合中国的宏观经济实践,进行了一定的创新。①

在中国开始突破计划经济体制以及宏观经济学理论开始进入中国的早期,中国学者在宏观经济学研究方面的第一项工作是确立宏观经济学的研究对象与分析角度。张曙光(1993,1999)认为,宏观分析是以总量分析、波动分析、需求分析、短期分析为主要内容和主要特征的,实际总供给是由总需求和前定价格决定的,短期内影响总供给的各个变量是给定的。因此,从供给方面很难说明产量是因何和如何波动的,以波动分析为主的宏观分析必须以需求分析和短期分析为主。樊纲(1990,1997)的观点与张曙光接近,他认为宏观经济学所要研究的就是,在制度与结构因素给定的情况下,在短期内如何烫平经济波动的问题,但考虑到中国正处于体制转轨与结构转换时期,因此,对宏观经济变量的说明还必须引入制度分析和结构分析。

改革开放之初,如何从计划经济开始引入非计划经济活动,激活底层经济活力并且保持宏观经济稳定,是一个主流经济学理论无法回答的问题。计划内生产的商品和计划外生产的商品价格如何协调,成为20世纪80年代的一个焦点问题。华生、张维迎等经济学家在1984年9月的浙江莫干山第一次中青年经济科学工作者讨论会等场合提出了"价格双轨制"的改革思路。1984—1985年间,国务院进一步扩大了国营工业企业的定价自主权。此后,计划内计划外实行两种不同价格的政策开始风行于中国80年代末90年代初

---

① 本专栏部分内容摘自陈东琪、张亚斌,中国宏观经济学的理论构架与创新发展,《社会科学战线》,2002年,第4期。

的工业领域。"价格双轨制"成为计划经济背景下引进竞争性市场机制、推动经济快速增长的重要思路。

在80年代末，中国经济改革过程中出现了供给短缺等不平衡的经济现象，同时让-帕斯卡尔·贝纳西的《市场非均衡经济学》与《宏观经济学：非瓦尔拉斯分析方法导论》、亚诺什·科尔内的《短缺经济学》开始在中国传播，中国宏观经济分析开始广泛引入非均衡概念（刘小玄，1987；林义相，1987；樊纲，1990）。中国宏观经济学者并非简单地引入非均衡概念，而是基于中国经济改革与转型过程中的特定特征，从非均衡的视角来进行系统性解释，并且寻找其中经济问题的解决之道。厉以宁（1990）认为，无论是在传统经济体制下，还是在双轨体制下，中国经济运行都处于一种非均衡状态，这是中国经济"滞胀"的根源，也是中国经济运行中二元机制的根源，他还在此基础上引申出进行企业股份制改革来破解经济非均衡问题的改革思路。

在中国学者对宏观经济学进行的本土化努力中，更为突出的是引入了制度视角。厉以宁（1990）在研究中国经济的非均衡性质、杨瑞龙（1992）在探讨宏观非均衡的微观基础、吴晓求（1991，1992）在分析社会主义经济运行时，都在不同程度上引入了制度分析。正如张曙光所言，对处于巨大社会变迁和市场化进程中的中国经济来说，制度始终是一个无法舍去的重要因素，必须作为宏观分析的一个内生因素加以考察。这也是中国的宏观经济分析不同于西方国家的重要特征。樊纲主编的《公有制宏观经济理论大纲》是这一领域的代表作之一，其讨论了分权化体制下公有制经济的宏观运行，未考察"二元混合体制"下的经济问题。它为20世纪八九十年代中国宏观经济运行中的高增长、高通胀提供了合理的解说，却无法说明其中的高失业现象。于是，樊纲等（1993）又从体制转轨和制度变迁过程入手，分析了双轨体制条件下中国宏观经济波动的特点，考察了"二元混合经济"条件下宏观经济变量的机理及特征，并提出了"双轨调控"的新思路。樊纲（2000）沿着这一路径，进一步探讨所有制结构变化与宏观经济效率之间的相关性，从而使制度因素在其经济模型中内生化的工作迈出了重要的一步。

在中国经济改革和宏观经济研究当中，还形成了一系列代表性的宏观经济理论，包括但不限于吴敬琏提出的"整体改革理论"、厉以宁提出的非均衡经济理论以及马建堂等人提出的"中国经济结构调整理论"。吴敬琏始终鲜明地坚持市场取向的改革观点，并主张实施整体改革推动市场经济建立和发展。吴敬琏和刘国光、董辅礽、赵人伟等经济学家共同工作，在20世纪80年代初期创建了中国的比较制度分析学科。他们通过分析和比较计划与市场两种资源配置方式的交易成本，论证了我国建立社会主义市场经济的合理性与必然性。吴敬琏（1991）指出，现代市场经济均是有宏观经济管理的市场经济，或称"混合经济"。这种经济以市场资源配置方式为基础，政府等公共机构通过自己的调节和引导，修正市场失灵，优化资源配置。吴敬琏（1985）提出企业、竞争性市场体系和宏观调节体系"三环节配套改革"的主张。这套政策包括：企业从计划的消极执行者转变为自主的市场主体；形成以能够灵敏反映资源稀缺程度的相对价格体系为基础的产品市场和要素市场；改变行政当局通过下达指令性计划直接在地区之间、部门之间和企业之间配置资源的体系，而以市场作为社会资源的基本配置机制，政府只是运用财政政策、货币政策和收入分配政策进行需求总量的调节，以保持宏观经济的稳定。吴敬琏等学者提出的这种"整体改革"的主张，是我国理论界最具代表性的学派之一。

厉以宁在对中国以及其他许多国家经济运行的实践进行比较研究的基础上，发展了非均衡经济理论，并运用这一理论解释了中国的经济运行。厉以宁于1990年出版的《非均衡的中国经济》以中国经济的非均衡状态为考察对象，主要从非均衡经济的特征来说明中国经济中资源配置失调、产业结构扭曲等现象的深层次原因。厉以宁进一步区分了两类经济非均衡：在第一类非均衡中，市场不完善，价格不灵活，既存在超额需求，又存在超额供给，既存在需求约束，又存在供给约束，但微观经济单位是成熟的市场主体；第二类非均衡在市场特征上与第一类相同，区别在于其微观经济单位没有摆脱行政机构附属物的地位。厉以宁提出，中国可行的方案是使第二类非均衡转变为第一类非均衡，即优先改造企业运行机制，使之成为成熟的市场主体，并积极发挥政府在商品市场配额调整和建立社会主义商品经济秩序中的主导作用，这样才能促进市场的完善，使中国经济从非均衡状态转向某种均衡状态。

马建堂、周叔莲、江小涓等人提出了"中国经济结构调整理论"，认为在中国经济发展过程中，要借助市场手段和政府行政手段，通过主动改革体制障碍、消除要素市场分割、减少瓶颈部门制约、选择主导产业等经济结构调整措施，协调国民经济各个部门、各类产业、各种所有制成分、各类经济组织、各个地区以及各个方面的构成和比例关系，协调资源在各种经济结构间的配置状态和发展水平，最终形成要素在各产业、各地区、各部门之间的重新优化配置。他们强调，中国改革开放很大的线索就是从计划经济向市场经济转变，就是政府和市场各自边界不断调整，改革过程调的就是政府和市场的关系、政府和社会的关系、政府和公民的关系（马建堂，1989；周叔莲，1989；江小娟，1996）。无论是"整体改革理论"、非均衡经济理论还是"中国经济结构调整理论"，这些宏观经济管理理论都有共同的特点，即都源自中国的宏观经济管理和改革实践，都关注中国宏观经济发展和改革的制度性特点与结构性特点，致力于为改革做出相应的理论指引。

纵观改革开放以来的发展历史，中国宏观经济学成功地实现了范式的转换，初步形成了规范的理论构架，将制度分析、结构分析等引入宏观分析，从而在宏观经济学"本土化"和"中国化"的道路上迈出了重要的一步，并为构建中国的宏观经济调控体系及出台宏观经济政策以实现国民经济的良性运行提供了理论支撑。当前随着中国经济进入高质量发展阶段，中国宏观经济学重任在肩，应当也必将为中国经济可持续高质量发展提供更为坚实的理论支撑。

参考文献

陈东琪、张亚斌，中国宏观经济学的理论构架与创新发展，《社会科学战线》，2002年，第4期。

樊纲，论均衡、非均衡及其可持续性问题，《经济研究》，1991年，第7期。

樊纲，论体制转轨的动态过程——非国有部门的成长与国有部门的改革，《经济研究》，2000年，第1期。

樊纲、张曙光、王利民，双轨过渡与"双轨调控"（上）——改革以来我国宏观经济波动特点研究，《经济研究》，1993年，第10期。

樊纲、张曙光、王利民，双轨过渡与"双轨调控"（下）——当前的宏观经济问题与对策，《经济研究》，1993年，第11期。

樊纲等，公有制宏观经济理论大纲，上海三联书店，1994年。

樊纲等，体制改革与宏观稳定——中国体制转轨新时期的宏观经济问题研究，浙江人民出版社,1997年。

江小娟,经济转轨时期的产业政策:对中国经验的实证分析与前景展望,上海三联书店,1996年。

厉以宁,非均衡的中国经济,经济日报出版社,1990年。

林义相,"非均衡学派"及其理论,《经济研究》,1987年,第6期。

刘小玄,宏观非均衡模型的比较,《经济研究》,1987年,第10期。

马建堂,周期波动与结构变动,湖南教育出版社,1989年。

让-帕斯卡尔·贝纳西,宏观经济学:非瓦尔拉斯分析方法导论,上海三联书店,1990年。

让-帕斯卡尔·贝纳西,市场非均衡经济学,上海译文出版社,1989年。

吴敬琏,经济改革初战阶段的发展方针和宏观控制问题,《人民日报》,1985年2月11日。

吴敬琏,论作为资源配置方式的计划与市场,《中国社会科学》,1991年,第6期。

吴晓求,紧运行论——中国经济运行的实证分析,中国人民大学出版社,1991年。

吴晓求,社会主义经济运行分析——从供求角度所作的考察,中国人民大学出版社,1992年。

亚诺什·科尔内,短缺经济学,经济科学出版社,1986年。

杨瑞龙,宏观非均衡的微观基础,中国人民大学出版社,1994年。

张曙光,总量关系及其制度分析——兼评宏观经济研究中的一些理论观点,《经济研究》,1993年,第1期。

张曙光,中国宏观经济理论,《论争与发展:中国经济理论50年》(张卓元主编),云南人民出版社,1999年。

周叔莲,中国的经济改革和企业改革,经济管理出版社,1989年。

前沿拓展与文献速递

宏观经济学近年来的发展

宏观经济学是探索总体经济运行规律的学科,主要研究短期经济波动与长期经济增长。正如我们所讨论的,宏观经济学发展至今已有近百年的历史,在研究范式和观察世界的方式上都有很大的改进,使得我们愈加能够把握经济运行规律。

现代宏观经济学家倾向于采用数理模型刻画宏观经济运行,近年来较为流行的是新凯恩斯主义与动态一般均衡方法相结合的解释方式,即现代新凯恩斯主义模型。这些模型的构建主要使用了动态一般均衡的方法,而在模型假设上吸收和保留了价格黏性或者市场不完全等各种摩擦性因素,从而致力于解释经济波动等现象。尽管如此,这些模型仍然无法很好地刻画真实宏观经济的复杂运行状态,从而使得宏观经济学的解释力受限。特别是2008年全球金融危机的爆发,引发了宏观经济学界的反思,也引致了宏观经济学的进一步发展。

现代宏观经济学通过构建模型解释宏观经济运行,并且强调模型的微观基础,比如会设定单个家庭的效用和偏好,进而探讨其消费和储蓄行为,最后,家庭的这种决策行为可以推导出整体宏观经济运行规律。实际上,现实世界是非常复杂的,每个家庭的状态都不太一样,比如每个家庭的财富禀赋就存在巨大差异。但是,为了保持模型的适度简洁和方便处理,数十年来,宏观经济模型的主流是假设所有家庭是同质的,即没有差异。在研究经济周期和波动的文献当中,这是维持了很长一段时期的做法。但是,经济学家愈加认识到如果简单地将经济主体(主要是家庭和企业两大类主体)都认为是同质的,则难以刻画经济中的许多重要现象。Kaplan和Violante(2018)对宏观经济模型当中引入微观主体异质性的重要性与做法进行了阐述,重点论述了将消费者异质性引入模型对于解释经济冲击如何引起宏观经济波动的重要性。这些消费者异质性包括资产负债状况、信贷流动性约束等。此外,企业层面也具有不可忽略的异质性,包括投资调整成本、融资约束等。

宏观经济学模型对于现实经济运行刻画的另一个不足也开始被经济学家所关注到,即经济运行过程中的生产是一个网络(Carvalho,2014)。Carvalho(2014)对从生产网络视角理解宏观经济和构建宏观经济模型、实现从微观到宏观的更好连接进行了详细分析。现代经济是一个由许多生产单元组合而成的网络,每个生产单元都从其供应商购进中间投入进而生产出其产品,这些产品又成为其下游生产单元的中间投入。现代经济的生产网络特征空前突出,在这种情况下,一个可能仅仅针对某个部门或者某个生产单元的冲击,很可能会通过生产链或者生产网络得以传递,从而产生不可忽略的宏观经济效应。这种生产网络决定的冲击传递效应,是传统宏观经济分析所忽略的。

正因为生产网络如此重要，考虑生产网络的宏观经济分析也开始兴起，并且开始扩展到产业经济学、国际贸易学等领域。

参考文献

Carvalho, V. M., From Micro to Macro via Production Networks, *Journal of Economic Perspectives*, 2014, 28 (4), 23-48.

Kaplan, G., Violante, G. L., Microeconomic Heterogeneity and Macroeconomic Shocks, *Journal of Economic Perspectives*, 2018, 32 (3), 167-194.

本章总结

本章是全书的开篇，为读者打开宏观经济学的大门。宏观经济学是经济学最为重要的分支学科之一，我们先在第一节介绍了宏观经济学的研究对象和研究话题，希望使读者更好地认识宏观经济学的重要性。随后，我们在第二节阐述了宏观经济学的研究范式与方法，指出宏观经济学的研究方法具有严谨性，这使宏观经济学一定程度上成为一门具有科学性的学科。第三节阐述了宏观经济学的发展历程，重点介绍了过去近百年间宏观经济理论如何因应时代与社会需要而创新。第四节结合中国的经济发展历程，阐述了宏观经济学在经济发展过程中可能的作用。最后，第五节对全书的章节安排进行了介绍。

问题与应用

1. 宏观经济学是什么时候诞生的？其背景是什么？为什么宏观经济学诞生于那个时代？

2. 宏观经济学主要有哪些重要的理论突破？

3. 宏观经济学研究的主要步骤是什么？模型在宏观经济学研究中发挥何种作用？

4. 宏观经济学理论对中国和世界经济发展有何指导意义？

5. 宏观经济学研究当中是否会考虑微观个体的特征差异？

第二章
宏观经济数据与指标 I：GDP 与中国经济

本章概览

宏观经济学是一门探索整体经济运行规律的经济学学科。宏观经济学重点关注现实世界的经济社会运行。研究现实现象就需要对现实现象进行观察和提炼。但是，宏观经济学的研究有一个难点，即个别的观察难以反映出整体的经济运行状态。因此，要构建可靠的宏观经济学理论，必须依靠对现实世界整体经济现象的系统性观察和监测。系统性观察所提炼的典型事实往往是建立宏观经济学理论的基础，并且更多的观察也是推进相关理论的重要支撑。因此，宏观经济学的发展离不开对经济现象的系统性观察。而在当今世界，对现实经济现象的系统性观察都反映为经济指标和数据。

本章将会阐释宏观经济学最为重要的指标之一：国内生产总值（或者称为本地生产总值，gross domestic product，GDP）。GDP 是经济学家为了能够全面地反映一段时期一个经济体的经济活动的活跃程度而设计出来的指标。这一指标主要是从生产的角度来反映经济繁荣程度，是对众多微观生产主体表现的综合反映。经济学家已经建立起一套统计 GDP 数据的规则体系。本章将会对 GDP 的内涵和统计规则进行详细的讲解，特别是从支出、收入等角度分析 GDP 的构成原理，并且解释 GDP 在时间维度上如何测算分解。在进行指标讲解的过程中，我们注重提供一些现实案例来增进读者对此指标的理解。

本章主要内容如图 2-1 所示。

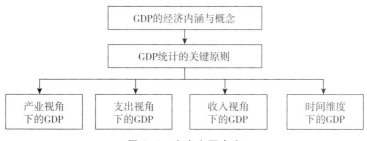

图 2-1 本章主要内容

第一节 GDP 的经济内涵与概念

GDP 是指一个国家或者地区在一定时期内（通常是一年或者一个季度）生产的最终产品和服务的市场价值总和，代表了某个地域在某一给定时期所有经济活动的货币价值。GDP 是对经济表现进行度量的最重要的指标。通过观察 GDP 的变动，我们可以了解一定地域范围内的经济活动的活跃程度，它实现了这样一个目标，即用一个单一的数字来向人们呈现出整体经济表现的好坏。

我们可以从不同的角度来理解 GDP，而这一切均源于我们对现实经济世界的模拟。设想一个只用劳动一种投入要素生产单一产品面包的经济体。

家庭拥有人口，人口需要消费面包，而面包需要从市场中购买获得。劳动力归家庭所有，劳动供给决策由家庭做出，当家庭为企业提供了劳动供给后就可以获得劳动收入。企业雇用劳动力生产面包、销售面包以实现企业目标。企业雇用劳动力必须支付工资报酬。企业的股份由家庭拥有，因此企业利润属于家庭。

我们可以用两种方法来计算 GDP。第一种是从总支出的角度计算，具体是指购买面包的总支出，这是货币由家庭向企业的流动。第二种是从总收入的角度计算，具体是指生产面包得到的总收入，在这个例子中等于劳动力获得的劳动收入和企业的利润之和，这是货币由企业向家庭的流动。

需要指出的是，这两种方法计算的结果是相同的，这是因为购买者在产品和服务上的支出必然等于产品销售者的收入。影响支出的每一笔交易必然也影响收入，影响收入的每一笔交易必然也影响支出。

可以看出，GDP 计算一个经济体一段时期的总收入或总支出，无论是总收入还是总支出，都属于一种流量，即一段时期内发生的量或者变化的量。与流量相对的量是存量，存量是某个特定时点所达到或者存有的量。比如，一个人的财富（比如银行存款）是存量，而他的收入是流量。一个经济体的资本量是存量，而固定资产投资额是流量。在上面两个例子中，流量的发生往往会改变存量。

GDP 反映一个国家的经济实力和市场规模。我们可以在 GDP 的基础上计算得到人均 GDP（人均国内生产总值，GDP per capita）。具体方法是将一个国家核算期内实现的 GDP 与该国的常住人口相比。人均 GDP 常常作为经济学中衡量国家经济发展状况的指标，是衡量各国人民生活水平的重要标准。

■ 专栏 2-1

绿色 GDP

威廉·诺德豪斯（William D. Nordhaus）为耶鲁大学教授，于 2018 年获得诺贝尔经济学奖，主要研究领域是气候变化经济学，他研究了人类如何忽视气候变化以及对环境污染不作为所带来的灾难性高代价。1972 年，诺德豪斯和另一位诺贝尔经济学奖获得者詹姆斯·托宾（James Tobin）提出净经济福利指标（net economic welfare）。他们主张把经济行为所产生的社会成本（如污染等）从 GDP 中扣除并加上一直被忽略的家政、社会义务等经济活动。[①]

美国国家人文与科学院院士小约翰·柯布（John Cobb, Jr.）等最早提出"绿色 GDP"的概念。绿色 GDP（green GDP）是指扣除经济活动中投入的资源和环境成本后的 GDP。该指标能够反映经济增长水平，体现经济增长与自然环境和谐统一的程度，实质上代表了国民经济增长的净正效应。绿色 GDP 占 GDP 的比重越高，表明国民经济增长对自然的负面效应越小，经济增长与自然环境的和谐度越高。

2004 年，国家统计局、国家环保总局正式联合开展了中国环境与经济核算绿色 GDP 研究工作。中国政府在 2006 年发布了第一份绿色 GDP 核算

---

① 部分参考资料来自：Nordhaus, W. D., New Directions in National Economic Accounting, *American Economic Review*, 2000, 90(2), 259-263; Fleurbaey, M., Beyond GDP: The Quest for a Measure of Social Welfare, *Journal of Economic Literature*, 2009, 47(4), 1029-1075。

研究报告。

到目前为止，绿色 GDP 核算只涉及自然意义上的可持续发展，包括环境损害成本、自然资源的净消耗量。这只是狭义的绿色 GDP，实际上，正如威廉·诺德豪斯等经济学家的观点，应该把社会意义上与可持续发展有关的指标纳入 GDP 核算体系。因此，GDP 核算体系仍然存在进一步完善的空间。

早在 20 世纪 80 年代初，保护环境就已经成为我国的基本国策。2005 年 8 月，时任浙江省委书记习近平在浙江湖州安吉考察时提出"绿水青山就是金山银山"。经济发展和环境保护之间的关系不是互斥而是互补的，可以走出一条兼顾经济与生态、开发与保护的发展新路径。

专栏 2-2

人类发展指数

我们已经知道，GDP 是人们了解和把握一个国家或地区的宏观经济运行状况的有效指标。在此基础上，人均 GDP 成为衡量一个国家或地区人们生活水平的一个重要标准，并得到了广泛和普遍的应用。但是，人均 GDP 主要代表了经济水平，单独用人均 GDP 可能无法代表一个国家或地区的全面发展水平。

1990 年，联合国开发计划署（United Nations Development Programme，UNDP）创立和编制了人类发展指数（human development index，HDI），取代单一的人均 GDP 衡量体系，用以衡量联合国各成员的经济社会发展水平。人类发展指数以"预期寿命、教育水平和生活质量"三项作为基础变量，按照一定的计算方法，得出综合指标。联合国开发计划署在当年的《人类发展报告》中发布了人类发展指数。之后，联合国开发计划署每年都发布世界各个国家和地区的人类发展指数，并在《人类发展报告》中用它来衡量各个国家和地区的发展水平。该指标已在指导发展中国家和地区制定相应发展战略方面发挥了极其重要的作用。

联合国依据指数值排序将世界各个国家和地区分为极高、高、中、低人类发展指数四个组别。在《2021—2022 年人类发展报告》公布的人类发展指数当中，排名前十的国家和地区分别为瑞士、挪威、冰岛、中国香港特别行政区、澳大利亚、丹麦、瑞典、爱尔兰、德国、荷兰。美国则排名第21位。中国内地排名第79位，进入"高人类发展指数"国家和地区行列。[①] 《2021—2022年人类发展报告》并未评估和发布中国澳门特别行政区、中国台湾地区的人类发展指数。

中国案例 2-1

中国内地、中国香港和中国澳门的 GDP 比较

本案例分析并比较中国内地、中国香港和中国澳门的 GDP 以及人均 GDP 的变迁。我们采用世界银行公开数据进行分析，这些数据均统一为美元计价，因此尽管三地使用不同计价货币，但地区生产规模仍可比较。

根据图 2-2，1982 年，中国内地的 GDP 为 2 051 亿美元，中国香港的 GDP 为 323 亿美元，中国澳门的 GDP 为 11.4 亿美元。2020 年，中国内地的 GDP 已经达到 14.7 万亿美元，中国香港为 3 466 亿美元，中国澳门为 256 亿美元。在这 38 年间，中国内地以美元计价的名义 GDP 年均增长率接近 12%，中国香港约为 6%，中国澳门约为 8.5%。2020 年中国香港和中国澳门的 GDP 相比 2019 年都出现了下滑，其中中国澳门下滑尤为突出，收缩约为五成，其主要原因是新冠疫情影响：两地的产业结构主要以对外开放的服务业为主，受到的冲击尤为严重。

根据图 2-3，1982 年，中国内地人均 GDP 为 203 美元，中国香港为 6 134 美元，中国澳门为 4 549 美元。2020 年，中国内地人均 GDP 为 10 435 美元，中国香港为 46 324 美元，中国澳门为 39 403 美元。在这 38 年间，中国内地以美元计价的名义人均 GDP 年均增长率接近 11%，中国香港约为 5.5%，中国澳门约为 5.8%。相较于 2019 年，中国香港和中国澳门 2020 年的人均 GDP 都出现了不同程度的下降，特别是中国澳门下滑幅度超过五成。

综合来看，过去 40 年，中国内地、中国香港和中国澳门三地当中，中国内地的经济增长表现最好，实现了长期快速稳定增长，已经成为世界第二大

---

① 1990 年，中国内地的人类发展指数在 144 个国家和地区中排名第 103 位，属于低人类发展指数分组。

经济体,但是与中国香港和中国澳门相比,其人均GDP水平仍然较低,仍然需要坚持以经济建设为中心,努力向高收入水平经济体迈进。

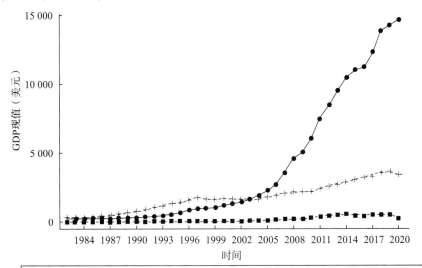

图2-2 1982—2020年中国内地、中国香港、中国澳门GDP

数据来源:世界银行公开数据,https://data.worldbank.org/。

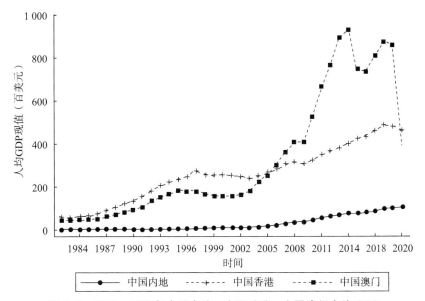

图2-3 1982—2020年中国内地、中国香港、中国澳门人均GDP

数据来源:世界银行公开数据,https://data.worldbank.org/。

第二节　GDP 统计的关键原则

在一个复杂的经济体当中,要统计得到全部的经济活动所产生的增加值并不是一件容易的事情。为了获得一个可靠的具有经济意义的统计数字,我们必须建立一系列的统计原则。实际上,通过了解这些原则,我们也能够更好地理解 GDP 的真正含义。

1. 货币价值原则

GDP 所衡量的最终产品和服务往往涉及许多种类,而不是单一类别。在现实世界中,我们所生产的产品和服务包括汽车、电脑、手机、面包、理发服务等,形式各样。我们需要将它们综合为一个单一的衡量指标,而不同产品和服务的价值显然不同,因此不能简单进行数量加总。

如果经济中生产了 10 瓶牛奶和 5 次理发服务,我们该如何计算 GDP?简单加总并不合适。为了计算不同的最终产品和服务的总价值,我们使用的是市场价格。假设 1 瓶牛奶的价格为 10 元,1 次理发服务的价格为 40 元,那么 GDP 为:

$$GDP = 牛奶价格 \times 牛奶数量 + 理发价格 \times 理发数量$$
$$= 10 元 \times 10 + 40 元 \times 5 = 300 元$$

由此可知,计算 GDP 需要用到产品和服务的市场价格,因此 GDP 统计的基础是市场经济。如果没有市场经济,产品和服务就没有市场价格,GDP 的准确统计也就无从谈起。我国当前实行市场经济体制,为国民经济核算奠定了体制基础。

2. 增加值原则

在现实中,产品生产往往不是直接投入劳动要素就生产出最终产品那么简单,一种最终产品往往需要经过多个生产阶段才能被生产出来。我们需要恰当处理不同阶段的产品价值,才能准确衡量这些经济活动的价值。

我们可以举一个例子。一位种小麦的农民以 3 元的价格把 1.5 千克的小麦卖给了面粉厂,面粉厂用 1.5 千克小麦磨成 1 千克面粉后以 5 元的价格卖给了家庭。在这种情况下，GDP应该是8元还是5元？

GDP衡量最终产品和服务的价值。因此，面粉包括在GDP当中，但小麦并不包括在GDP当中，GDP是5元。在这个生产过程中，小麦是一种中间产品，其价值已经体现在最终产品面粉当中。如果将中间产品加到最终产品上，会产生重复计算。

计算所有最终产品和服务的价值可以采用价值链上各生产阶段的增加值相加的方法。一个企业的增加值等于该企业产出的价值减去该企业购入的中间产品的价值。

在面粉的例子中，农民的增加值是3元，面粉厂的增加值是（5-3）=2元。因此，这里共有2个生产阶段，整个生产链条的总增加值是（3+2）=5元。从一个经济体的角度来看，所有增加值之和必定等于所有最终产品与服务的价值。

3. 存货处理原则

假设一个企业在我们计算GDP的时期内生产了产品，但产品在这一段时期中没有销售出去。在这种情况下，没有销售出去的产品仍然存放在企业当中，我们将之称为存货。在GDP的计算中，应当如何处理存货呢？

如果这是一种耐存放的产品，那么它们就可以用于日后销售。在当前计算GDP时，我们将其价值计入GDP。需要记住，GDP统计的是一段时期经济体生产的所有最终产品和服务的货币价值。所以，这些存货已经生产出来了，尽管暂时没有销售出去，只要它们未来可出售，我们仍然将其纳入统计之中。从收入的角度来看，企业生产产品需要支付工人工资，但由于没有卖出去的产品没有带来销售收入，因此企业的利润减少。从支出的角度来看，我们可以假定企业"购买"了自己生产的产品，将其作为存货，用于今后的销售。因此，企业对这些产品的购买构成了"存货投资"支出。这笔"存货投资"将会成为GDP的一部分。

当企业日后能够将存货销售出去时，出售存货是正支出（比如消费者购买企业出售的产品）和负支出（企业将存货销售出去从而其"存货投资"支出是负的）的结合，两种方向相反的支出刚好完全抵消，因此GDP在存货销售的时候并不改变。

4. 非二手货原则

GDP 旨在统计一段时期的经济活动的价值，因此其关注该时期新生产出来的最终产品与服务的价值。由此可知，在这段时期之前生产出来而留存到该时期的最终产品和服务的价值并不计入该时期的 GDP。除了上一点提及的非当期生产形成的存货不计入当期 GDP，二手货也不计入 GDP。从这个角度来看，尽管许多耐用性的最终产品重新在市场上进行交易，但这些交易额并不算入交易时期的 GDP。一个常见的例子就是，在二手房交易当中，二手房的货币价值并不算入交易时期的 GDP。

5. 重要非交易产品与服务估值原则

计算 GDP 时，大部分的产品与服务都按照市场价格计算。但是，一些重要的产品和服务并未在市场上交易，它们没有市场价格，而我们希望将其纳入 GDP 当中。在这种情况下，我们就需要对其价值进行估算。

在城市经济生活中，租房是一种普遍而重要的经济行为。租房的人购买住房服务，向房东支付租金；房东通过出租住房获得租金收入。因此，租房服务对应的租金可以计算到 GDP 当中。根据这个逻辑，居住在自己的房子中的人也享受着类似的住房服务。如果他们不住在自己的房子中，就可以将住房出租从而获得租金收入。因此，我们可以假设其向自己支付租金，购买了自己所提供的住房服务。为了获得这些没有在住房市场上交易的租房服务的价值，统计部门对其市场租金进行估算。

但是，统计部门也并非对所有类似的租赁服务进行估算，因为很多租赁服务的价值相对较小而且种类差别很大，估算工作量庞大，它们并没有被纳入 GDP 计算当中。比如，所有国家均统一口径，在家做饭的劳务价值并没有纳入 GDP。

此外，大部分国家都存在不同规模的"地下经济"。地下经济往往是那些政府难以监测和统计的经济活动，不少是由于经济参与者逃避税收或者从事非法活动。发达经济体的地下经济规模和占比相对较小，而在落后的发展中经济体，地下经济的占比往往较高，一些非洲国家的地下经济甚至超过官方经济的一半。这说明了对于某些发展中经济体而言，GDP 数据往往难以客观反映其经济活跃程度和规模。

第三节 产业视角下的GDP

经济活动所生产和提供的最终产品和服务往往具有不同的类型与形式，最为简单的视角可以将其分为有形的产品和无形的服务，我们可以据此对经济活动进行产业分类。由于人类经历了不同的文明时期，在进入工业文明时期之前，人类主要的生产活动是农产品的生产，对应的产业是农业。自进入工业文明时期以来，人类更加主要的生产活动是工业产品的生产，对应的产业是工业。随着工业化和城市化进程的进一步推进，在现代经济当中形成了以农业、工业和服务业为代表的三大产业。在国民经济行业分类当中，各国更为正式地分为第一产业、第二产业和第三产业。

三次产业的划分是世界上较为常用的产业结构分类，但各国的划分标准不尽一致。根据《国民经济行业分类》（GB/T 4754—2011）和《三次产业划分规定》，我国的三次产业划分为第一产业、第二产业和第三产业。第一产业是指农、林、牧、渔业（不含农、林、牧、渔服务业）。第二产业是采矿业（不含开采辅助活动），制造业（不含金属制品、机械和设备修理业），电力、热力、燃气及水生产和供应业，建筑业。第三产业即服务业，是指除第一产业、第二产业以外的其他行业。

中国案例 2-2

中国内地、中国香港和中国澳门的产业结构

图 2-4、图 2-5 和图 2-6 分别显示了中国内地、中国香港和中国澳门的三大产业增加值比重及其变化趋势。随着经济的不断发展，一个经济体的产业结构会发生动态变化。对于一个发展中经济体而言，其产业结构特征往往是以传统农业为主，第一产业比重较高，第二和第三产业比重均较低。随着工业化的推进，经济体的第二产业比重会提高，而第一产业比重会随之下降。随着经济体的工业化推进到高级阶段，经济体进入服务业快速发展阶段，第三产业比重会提高得更快，到一定程度，第三产业比重会超越第二产业比重。

2000 年，中国内地第一产业、第二产业和第三产业比重依次为 15%、45% 和 40%，显示了突出的工业化特征。2012 年，三次产业比重依次为 9%、

45%、46%，第三产业首次成为第一大产业。2015年，第三产业比重超过50%。2020年，三次产业比重依次为7%、38%、55%。中国香港和中国澳门作为成熟的发达经济体，其产业结构较为稳定，且呈现典型的服务化特征，其服务业比重超过90%。

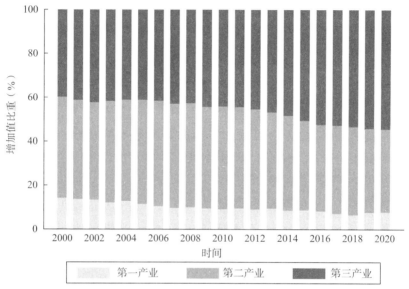

图 2-4　2000—2020 年中国内地三大产业增加值比重

数据来源：国家统计局，http://www.stats.gov.cn/。

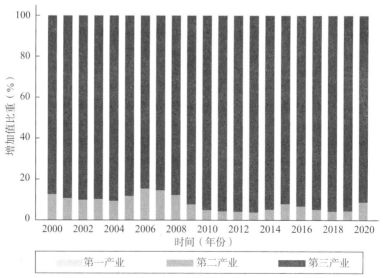

图 2-5　2000—2020 年中国香港三大产业增加值比重

数据来源：香港特区政府统计处，https://www.censtatd.gov.hk/。

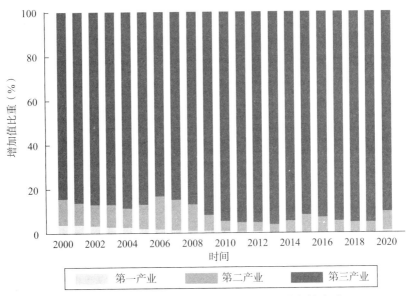

图 2-6　2000—2020 年中国澳门三大产业增加值比重

数据来源：澳门特区政府统计暨普查局，https://www.dsec.gov.mo/zh-CN/。

第四节　支出视角下的 GDP

我们在本章学习之初用一个高度简化的经济模型说明了 GDP 既是一个经济体的总收入，也是一个经济体的总支出。本节从支出的角度来解释 GDP，即考察所生产出来的产品和服务的需求去向。

从支出的角度来看，GDP 由四大类的支出构成，分别是消费、投资、政府购买和净出口。这种统计处理方式被众多国家和地区采用。从会计恒等式的角度来看，GDP 是消费、投资、政府购买和净出口之和。

消费是家庭在产品和服务上的支出。有形的产品可以分为耐用品和非耐用品。耐用品是使用持续时间较长的产品，而非耐用品是使用持续时间相对较短的产品。家庭日常购买的食品、衣物等属于最常见的非耐用品，而耐用品包括汽车、大型电器和家私等。家庭消费的服务包括理发、就医等。家庭所购买的产品和服务，既可以是本国生产或提供的产品和服务，也可以由其他国家生产或提供，即产品和服务的进口。

投资在宏观经济学中是指为未来使用而购买产品的行为。更为准确的理解是，宏观经济学的投资本质上创造了资本的新实物资产，这种新实物资产将可以在未来的生产活动中重复使用。投资被分为三个类别，分别是企业固定投资、住房投资和存货投资。企业固定投资是企业购买新建筑物、机器设备及知识产权产品的行为。住房投资是家庭购买新住房的行为。由企业固定投资和住房投资可以看出，投资所对应的产品都是为未来使用而购买的，而且这些产品都可以在未来对生产具有促进作用。最后，存货投资是企业产品存货的增加。我们在经济逻辑上想象企业购买自己生产出来而暂时未销售出去的产品，将这种虚构的行为称为存货投资。如果企业存货减少，那么在数值上，存货投资可以为负。

政府购买是政府购买产品和服务的行为。政府购买包括政府所有的购买行为，不管是购买新建筑物还是购买各类物品和服务。不过，政府购买不包括向个人和企业发放的转移支付。因为转移支付是已有收入的再分配，政府并不获得相应的产品与服务。

净出口是一国卖给其他国家的产品与服务的价值（出口）减去外国卖给本国的产品与服务的价值（进口）。净出口可正可负。当净出口为正时，表明本国有更多的产品和服务被售卖到了其他国家，代表了其他国家对本国产品与服务的净支出。

中国案例 2-3

中国和美国的 GDP 支出构成

美国 GDP 由消费、投资、政府购买和净出口四个支出部分组成。表 2-1 展示了 2019—2020 年美国 GDP 的支出构成。2020 年，美国 GDP 接近 21 万亿美元，消费、投资、净出口和政府购买比重分别为 67.2%、17.4%、-3.1% 和 18.5%。显然，消费支出在美国 GDP 中占据了绝对的主导地位，是驱动美国 GDP 最为重要的总需求成分。

中国对 GDP 的支出分类统计与美国并不完全一样，具体是将 GDP 分为三大类的支出：消费、投资和净出口，即最终消费、资本形成总额、货物和服务净出口三个部分。前文提及的政府购买并未单列，而是分列到最终消费、资本形成总额等项目当中。

表 2-1 美国 2019—2020 年 GDP 的支出构成

	GDP 及各支出成分现值 (10 亿美元)		各支出成分占 GDP 的比重（%）	
	2019 年	2020 年	2019 年	2020 年
GDP	21 431.6	20 893.7	100.00	100.00
消费	14 583.8	14 047.6	68.05	67.23
商品消费	4 514.4	4 653.8	21.06	22.27
耐用品	1 531.0	1 616.4	7.14	7.74
非耐用品	2 983.5	3 037.4	13.92	14.54
服务	10 069.4	9 393.7	46.98	44.96
投资	3 729.5	3 637.8	17.40	17.41
固定投资	3 668.1	3 697.4	17.12	17.70
非居民固定投资	2 867.7	2 799.6	13.38	13.40
建筑	622.7	597.2	2.91	2.86
设备	1 237.9	1 123.9	5.78	5.38
知识产权产品	1 007.1	1 078.5	4.70	5.16
居民固定投资	800.4	897.8	3.73	4.30
存货投资	61.5	-59.6	0.29	-0.29
净出口	-635.8	-651.2	-2.97	-3.12
出口	2 498.1	2 123.4	11.66	10.16
商品出口	1 637.6	1 416.6	7.64	6.78
服务出口	860.4	706.8	4.01	3.38
进口	3 133.9	2 774.6	14.62	13.28
商品进口	2 528.2	2 309.2	11.80	11.05
服务进口	605.7	465.4	2.83	2.23
政府购买	3 754.2	3 859.5	17.52	18.47
联邦政府	1 423.1	1 501.8	6.64	7.19
国防	845.9	881.3	3.95	4.22
非国防	577.3	620.5	2.69	2.97
州和地方政府	2 331.1	2 357.8	10.88	11.28

资料来源：美国商务部，https://www.bea.gov/sites/default/files/2021-12/gdp3q21_3rd.pdf。

表 2-2 展示了 2016—2020 年中国 GDP 的支出构成。2020 年，中国的 GDP 突破 100 万亿元人民币，最终消费、资本形成总额、货物和服务净出口比重分别为 54.7%、42.9% 和 2.4%。可以看出，最终消费和资本形成总额在中国 GDP 中都占据非常大的比重，因此中国的 GDP 增长具有由消费和投资共同驱动的特点。当然，如果考察居民消费占 GDP 的比重，2020 年中国该比重只有 37.7%，与发达经济体相比仍然具有提升空间。

表 2-2 中国 GDP 的支出构成

指标	2016 年	2017 年	2018 年	2019 年	2020 年
支出法生产总值（亿元）	745 980.5	828 982.8	915 774.3	990 708.4	1 025 628.4
最终消费（亿元）	410 806.4	456 518.2	506 134.9	552 631.7	560 811.1
居民消费（亿元）	288 668.2	320 689.5	354 124.4	387 188.1	387 185.8
政府消费（亿元）	122 138.3	135 828.7	152 010.6	165 443.6	173 625.4
资本形成总额（亿元）	318 198.5	357 886.1	402 585.1	426 678.7	439 550.3
固定资本形成总额（亿元）	310 144.8	348 300.1	393 847.9	422 451.3	430 624.9
存货变动（亿元）	8 053.7	9 586.0	8 737.3	4 227.4	8 925.4
货物和服务净出口（亿元）	16 975.6	14 578.4	7 054.2	11 397.9	25 266.9
最终消费率（%）	55.1	55.1	55.3	55.8	54.7
资本形成率（%）	42.7	43.2	44.0	43.1	42.9

数据来源：《中国统计年鉴》；国家统计局网站，http://www.stats.gov.cn/。

第五节 收入视角下的 GDP

我们还可以从收入视角来理解 GDP，因为 GDP 是一段时期内家庭等主体所获得的总收入。在现实经济中，收入的分配是多元复杂的，我们将基于一些新的概念来叙述收入视角下的 GDP。

要从收入视角理解经济活动，需要先理解一个与 GDP 相近的概念，即国民生产总值（gross national product，GNP）。GNP 是一段时期内一个国家和地区的常住居民所赚取的总收入。一个国家的国民往往通过运用各种生产要素取得收入，包括但不限于工资、企业分红和租金等。这些收入既可能来自本国国内的生产活动，也可能来自其他国家的生产活动。因此，GNP 与 GDP 是两个不完全一样的概念。GDP 是一个国境地域的概念，而 GNP 是一个国民的概念；GDP 是一个产出的概念，而 GNP 是一个收入的概念。两者的关系是：

$$GNP = GDP + 来自国外的要素报酬 - 支付给国外的要素报酬$$

为了剖析收入分配，我们需要引入国民生产净值（net national product, NNP）的概念。在 GNP 的基础上，扣除资本折旧就得到国民生产净值。资本折旧对应于相应时期当中加工厂、机器设备和住房等资本存量损耗的数额。资本折旧应被看成是生产过程中的成本，因此国民生产净值才是经济活动的净结果。

$$NNP = GNP - 折旧$$

在国民收入核算中，GDP 又被称为国民收入（national income, NI）。因此，国民收入衡量了一个经济体当中所有人一共赚了多少收入。

我们可以将国民收入分为以下类别。

雇员报酬：工人通过提供劳动获得的工资和福利津贴。

租金收入：家庭或者个人通过出租房屋物业等获得的收入减去折旧等支出。

企业利润：企业在向雇员和债权人支付报酬后的收入。

生产税：企业的某些税收（比如销售税）减去冲抵的企业补贴。这些税收往往由购买者（比如消费者）支付，但企业最终并未获得这部分购买者支付的货币价值。这些税收显然成为政府的收入。

业主收入：个体户等非企业型经营主体的收入，这些个体户的收入很难被区分为雇员报酬和利润，因此我们不再对其进行进一步细分。

在国民收入的基础上，我们可以进一步计算得到个人收入（personal income, PI）。为了得到个人收入，我们必须在国民收入的基础上减去生产税、企业利润以及社会保险费。生产税没有进入任何家庭和个人的收入。企业利润由企业保留，因此并没有进入家庭和个人的收入范围。如果个人需要向政府缴纳社会保险费，那么也必须在国民收入的基础上减去社会保险费。此外，我们需要加上某些重要的项目，包括股息、政府对个人的转移支付以及个人利息收入。股息可以看作企业对个人的收入分配，能够导致个人收入变动。

同样地，政府对个人的转移支付和个人利息收入也导致个人和家庭收入变动。总之，

个人收入 = 国民收入 − 生产税 − 企业利润 − 社会保险费 − 企业净利息支出 + 股息 + 政府对个人的转移支付 + 个人利息收入

第六节 时间维度下的 GDP

我们用 GDP 统计获得的是所有最终产品和服务的货币价值，简而言之，这个数字是基于产品和服务的市场价格计算的。然而，尽管价格反映了产品和服务的供需信息，但是市场价格还与货币发行量等许多因素相关。从这个角度看，GDP 如果是因为产品价格变化而发生变化，那么就并不一定能够表明我们从这些最终产品和服务中获得的福利水平提高了。我们从时间维度来对此进行进一步分析。假定一个只生产牛奶和提供理发服务的经济体。在这个经济体中，GDP 是生产的所有牛奶的价值和所有理发服务的价值之和。

我们首先引入名义 GDP 的概念。名义 GDP 就是采用当期价格度量的所有最终产品和服务的价值。在这个定义之下，2017 年的名义 GDP 是采用 2017 年的价格计算得到的，2018 年的名义 GDP 是采用 2018 年的价格计算得到的。如果 2018 年的名义 GDP 相比 2017 年的名义 GDP 增加了，那么这种增加可能是由于价格上升，也可能是由于产品和服务数量增加，或者两者兼而有之。如果增加的原因仅仅是价格上升，那么这种名义 GDP 增加传递的信息不能反映人们福利的改善，人们并未获得更多的产品和服务。

如果我们认为最终产品和服务的数量对于人们的福利水平是重要的，那就需要设计一个能够不受价格变动影响的指标，我们将之称为实际 GDP。实际 GDP 是用一组固定不变的价格衡量的最终产品和服务的价值。因为保持了价格的不变，所以如果实际 GDP 在不同时期内发生了变化，那么这种差异就是产品和服务的数量变化带来的。

计算实际 GDP 需要确定一组基准价格，这样一组基准价格往往是某一期的价格，即基期价格。假设我们需要计算 2017 年和 2018 年两年的实际 GDP。这个经济体还是生产牛奶和提供理发服务。我们选择 2017 年的产品和服务价格作为基准价格（当然，另外一种做法是选择 2018 年的产品和服务价格作为

基准价格)。

2017 年的实际 GDP = 2017 年的牛奶价格 × 2017 年的牛奶数量
                  + 2017 年的理发价格 × 2017 年的理发数量

2018 年的实际 GDP = 2017 年的牛奶价格 × 2018 年的牛奶数量
                  + 2017 年的理发价格 × 2018 年的理发数量

由此可知,只有产品和服务数量的变动才会引起实际 GDP 的跨期变动。

表 2-3 名义 GDP 与实际 GDP 计算举例

	牛奶价格	牛奶数量	理发价格	理发数量	名义 GDP	实际 GDP
2017 年	10	10	40	5	300	300
2018 年	15	10	50	6	450	340

根据表 2-3,以 2017 年的产品和服务价格作为基准价格,得到 2017 年的名义 GDP 和实际 GDP 都是 300,而由于 2018 年所有商品的价格都出现了上升,因此 2018 年的名义 GDP 与实际 GDP 存在差异。我们已经可以判断出来,同时期的名义 GDP 与实际 GDP 的差异是由于价格变动所带来的。为此,我们可以构造出一个反映总体物价变动程度的指标——GDP 平减指数,它的定义是名义 GDP 与实际 GDP 之比:

$$GDP 平减指数 = 名义 GDP \div 实际 GDP$$

由此可知,两个时期的名义 GDP 的差异可以分解为两个部分,一部分是源于实际 GDP 的变化,另一部分是源于 GDP 平减指数所反映的总体物价水平的变化。接着上面的例子,我们可以计算:

2017 年名义 GDP = 2017 年实际 GDP × 2017 年 GDP 平减指数

$$300 = 300 \times 100\%$$

由于此处计算实际 GDP 时选择 2017 年作为基准时期,因此 2017 年 GDP 平减指数为 100%,当年名义 GDP 与实际 GDP 相等。

2018 年名义 GDP = 2018 年实际 GDP × 2018 年 GDP 平减指数

$$450 = 340 \times 132\%$$

由此可知,2018 年的 GDP 平减指数为 132%,而平减指数在这里的经济含义是 2018 年的总体物价水平相比 2017 年上升了 32%。

正是因为 GDP 具有名义 GDP 和实际 GDP 两种计算方式,GDP 在时间维度上的增长速度也有名义增速和实际增速两种。名义增速采用当期名义 GDP 与基期名义 GDP 计算得到，而实际增速采用当期实际 GDP 和基期实际 GDP 计算得到。两者具体的计算公式如下：

名义 GDP 增长率 =（当期名义 GDP – 基期名义 GDP）/基期名义 GDP

实际 GDP 增长率 =（当期实际 GDP – 基期实际 GDP）/基期实际 GDP

上述两个计算公式进行简单变换可得：

名义 GDP 增长率 =（当期名义 GDP/基期名义 GDP）– 1

实际 GDP 增长率 =（当期实际 GDP/基期实际 GDP）– 1

GDP 指数是反映一定时期内 GDP 变动趋势和程度的相对数。根据上述公式，我们可以计算实际 GDP 指数和名义 GDP 指数，并推导出实际 GDP 指数和名义 GDP 指数的关系。

名义 GDP 指数 =（当期名义 GDP/基期名义 GDP）

实际 GDP 指数 =（当期实际 GDP/基期实际 GDP）

根据上述公式可以得到：

名义 GDP 指数 =（当期名义 GDP/基期名义 GDP）

＝（当期实际 GDP × GDP 平减指数）/基期名义 GDP

＝（当期实际 GDP × GDP 平减指数）/基期实际 GDP

＝ 实际 GDP 指数 × GDP 平减指数

因此，如果考察的跨期当中存在价格上涨，GDP 平减指数大于 1，就会出现实际 GDP 指数小于名义 GDP 指数的情况，这也是现实当中最为常见的情形。

中国案例 2-4

中国国民经济核算体系的演变

国民经济核算体系亦称"宏观经济核算体系"。它是以整个国民经济为对象的宏观核算，是宏观经济信息系统的核心部分，是进行宏观经济管理、调控和决策的基础。

国际上存在两大核算体系：一是市场经济国家采用的国民账户体系（the system of national accounts，SNA）；二是计划经济国家普遍采用的物质产品平衡表体系（the system of material product balance，MPS）。两个体系最根本的区别是所依据的基本理论不同。MPS强调物质生产概念，只把物质产品生产作为生产核算的基础；SNA采用全面生产的概念，包括所有产品和服务的生产。

中华人民共和国自成立以来，在不同时期采用了不同的国民经济核算体系。

1949年之后，经济生产迅速恢复，国民经济核算体系开始建立。1952年，我国开始采用物质产品平衡表体系（MPS）。MPS是由苏联首先建立起来的，后逐渐为东欧各国、古巴、蒙古等国采用。它依据经济活动的性质把整个国民经济部门分为物质生产领域和非生产领域。物质生产领域包括农业、工业、建筑业等生产物质产品的部门，以及为农业、工业、建筑业产品生产而追加劳动的商业、物资供应、货物运输业和为生产服务的邮电业等部门。非生产领域包括教育、文化、卫生、体育、科研、金融保险、公共事业、居民服务机构、行政管理机构等。MPS以物质产品的生产、分配、交换和使用为主线来核算物质产品再生产过程，核算范围包括农业、工业、建筑业、货物运输及邮电业、商业等物质生产部门，核算方法主要采用平衡法，由一系列平衡表所组成。由于受当时各种条件的限制，我国并没有完整地实行MPS，而只是根据当时的实际需要有重点地采用了一些内容。这一国民经济核算体系一直延续至改革开放前后。因此，这一时期我国的国民经济核算体系是不系统、不全面的，特别是随着经济体制的发展变化，它的缺陷也日益突出，主要表现在如下四个方面：第一，体系不完整，不能反映国民经济循环全貌；第二，生产范围狭窄，不能反映包括大量服务业在内的非物质生产部门发展的情况；第三，提供的经济信息少，不能系统反映社会资金运动情况；第四，核算方法单一，缺少联系性和严密性，不能反映国民经济各环节之间联系和衔接的情况。

1985年，我国已经进入改革开放阶段，市场经济活动开始活跃起来。国民经济核算工作既要考虑计划指令为主导方面所需要的指标体系，又要兼顾市场调节为辅所需要的数据资料，以适应我国经济体制的发展变化过程，满足国民经济发展和党政决策部门的需要。因此，我国开始进入物质产品平衡表体系（MPS）和国民账户体系（SNA）并存的阶段。1992年，我国出台了具有中国特色的、能够把两种国民核算体系相互转换的《中国国民经济核算体系（试行方案）》，并付诸实施，较好地解决了从计划经济向社会主义市场经济转换时期的核算问题。在这一阶段，国家统计局不仅发布了以MPS体系"国民收入"为挂帅指标的系列核算数据，还发布了以SNA体系"国内生产总值"为挂帅指标的系列核算数据，并且成功地解决了历史国民核算资料的相互转换问题。但是，新制定的国民经济核算体系仍存在一些不足之处：受核算基础薄弱的限制，相当一部分核算内容无法得到实施，而且随着形势的发展，保留MPS的内容显得多余，使体系复杂化。

20世纪90年代以来，我国开始坚定走社会主义市场经济体制道路，国民经济核算体系也随之发生更大幅度的变革。党的十四大根据改革开放实践发展的要求和邓小平同志关于社会主义也可以搞市场经济的思想，确定了建设社会主义市场经济体制的改革目标，实现了社会主义经济理论的重大突破，为国民经济核算制度改革扫除了体制上的障碍。从国际环境看，以前实行MPS的苏联、东欧国家也已陆续放弃了MPS而改用SNA，MPS的国际比较性与通用性已日趋淡化直至消失。我国国民经济核算工作的实践也表明，MPS在反映国民经济发展变化方面的不足越来越明显，宏观经济分析和管理工作者逐步适应了使用SNA的有关指标来分析和处理经济问题。为了适应这种形势变化的需要，从1993年起，我国根据联合国1968年SNA的标准，并采纳了1993年SNA的部分标准，对1992年《中国国民经济核算体系（试行方案）》进行重大修改，探索建立中国国民经济核算体系新版本，发布《中国国民经济核算综合报表制度》并将其作为新版国民经济核算体系的雏形。

总的来看，中国自1992年起从MPS向SNA平稳过渡，国家统计局制定了《中国国民经济核算体系（试行方案）》，1999年对该试行方案进行了修订，2002年颁布《中国国民经济核算体系（2002）》的规范性文本。2017年7月，国务院批复同意《中国国民经济核算体系（2016）》，明确"能为所有者带来经济利益的研究与开发支出"不再作为中间收入，而是作为固定资本形成计入国内生产总值。经过多年的探索和建设，我国的国民经济核算体系已经不仅能比较全面地反映改革开放以来的经济发展情况，保持了理论上的合理性，而且具有很强的可操作性，实现了我国国民经济核算工作的重大飞跃。

参考文献

李强，中国国民经济核算体系的建立、变化和完善，《统计研究》，1998年，第4期。

许宪春，中国国民经济核算核心指标的变迁——从MPS的国民收入向SNA的国内生产总值的转变，《中国社会科学》，2020年，第10期。

中国案例 2-5

中国 GDP 统计数据质量改进

我国自1985年建立生产总值核算制度以来，一直采用分级核算制度，即国家统计局核算国内生产总值，各省（自治区、直辖市）统计局核算本地区生产总值。在实施过程中，分级核算制度的弊端和问题逐渐暴露出来，突出表现是地区与全国数据不衔接，地区生产总值汇总数长期大于国内生产总值。这种状况既不利于正确把握各地经济形势，又不利于实施科学的宏观调控，还影响了政府统计公信力。

党中央、国务院高度重视深化统计管理体制改革、完善统计核算制度工作。2013年11月，十八届三中全会通过的《中共中央关于全面深化改革若干重大问题的决定》明确提出"加快建立国家统一的经济核算制度，编制全国和地方资产负债表，建立全社会房产、信用等基础数据统一平台"。2017年6月，中央全面深化改革领导小组第三十六次会议审议通过了《地区生产总值统一核算改革方案》，决定实施地区生产总值统一核算改革，通过改革核算主体，改革核算方法，完善工作机制，提高核算数据质量，准确反映地区经济增长的规模、结构、速度。2019年11月，国家统计局召开地区生产总值统一核算改革动员部署会议，深入贯彻落实党中央、国务院关于实施地区生产总值统一核算改革的决策部署，动员安排实施地区生产总值统一核算改革。根据工作安排，地区生产总值统一核算于2020年年初正式实施，统一核算 2019 年地区生产总值。

地区生产总值统一核算改革主要包括以下三个方面的内容：

一是改革核算主体。地区生产总值将由各省（自治区、直辖市）统计局负责核算改为由国家统计局统一组织、领导和实施，各省（自治区、直辖市）统计局共同参与核算。

二是完善核算机制。国家统计局将统一领导地区生产总值核算工作，组织各省（自治区、直辖市）统计局制定地区生产总值核算方法、制定和规范统一核算工作流程，开展统一核算。统计系统和国务院有关部门负责提供地区生产总值核算所需的有关分地区统计资料、财务资料、财政收支和决算资料等。

三是规范数据公布。各地区生产总值数据将由国家统计局统一部署公布或授权各地区统计局公布本地区数据。在统一核算改革初期，考虑到与改革前数据公布方式的衔接，将主要采用国家统计局授权各地区统计局公布本地区数据的方式。

实施统一核算改革后，地区生产总值汇总数将实现与国内生产总值的基本衔接。改革前的 2018 年，各省级地区生产总值汇总数为 914 707.5 亿元，全国国内生产总值数为 900 309.5 亿元，两者差率为 1.6%。改革后的 2019 年数据于 2020 年年初公布，各省级地区生产总值汇总数为 985 333.4 亿元，而全国国内生产总值数为 990 865 亿元。这意味着，以往各省级地区生产总值总和大于全国国内生产总值的"打架"现象得到解决。

同时，按照核算制度要求，驻外使领馆、部分不宜划分地区的保密单位和总部经济、军队武警等活动仅核算在全国，未核算到地区，因此地区生产总值的汇总数会略小于国内生产总值。从国际上看，一些实行统一核算体制的国家，也是将一些经济活动仅核算在全国、不分至地区，从而地区生产总值汇总数略小于国内生产总值。以美国为例，其 2018 年各州地区生产总值汇总数比国内生产总值小 1 168 亿美元，两者差率为 0.6%。从国内来看，经过地区生产总值统一核算改革，2019 年后我国省级地区生产总值汇总数已经小于全国国内生产总值数。

前沿拓展与文献速递

数字经济的兴起与统计

2016年，G20杭州峰会通过了《二十国集团数字经济发展与合作倡议》，首次将数字经济列为G20创新增长蓝图中的一项重要议题。2017年，我国《政府工作报告》首次提出数字经济，指出要推动"互联网+"深入发展、促进数字经济加快成长。近年来，我国深入实施数字经济发展战略，新一代数字技术创新活跃、快速扩散，加速与经济社会各行业各领域深入融合，有力支撑了现代化经济体系的构建和经济社会的高质量发展。

数字经济的发展规模和水平已经成为国内外广泛关注的话题。2020年8月，美国经济分析局（Bureau of Economic Analysis）发布了《最新数字经济核算报告》，指出2018年美国数字经济增加值为1.85万亿美元，占GDP比重为9.0%。2021年4月，中国信息通信研究院发布了《中国数字经济发展白皮书》，指出2020年中国数字经济规模达到39.2万亿元，占GDP比重为38.6%。这些数据是基于不同标准和口径测算的，给国际比较分析增加了难度，也给国内外社会公众了解各国数字经济的发展水平带来了困扰。

显然，数字经济的蓬勃发展对数字经济含义界定和数字经济核算工作提出了迫切要求。为准确衡量数字经济的规模、速度、结构，必须首先研制出科学合理的数字经济统计分类标准。在此背景下，经过严谨、周密的研判、讨论和完善，2021年5月，中国国家统计局发布了《数字经济及其核心产业统计分类（2021）》。

实际上，数字经济是一个内涵比较宽泛的概念，而且随着人类社会逐渐进入以数字化为主要标志的新阶段，数字经济的内涵不断扩展延伸。以相关文件为指导，结合统计工作实际，我们将数字经济界定为以数据资源作为关键生产要素、以现代信息网络作为重要载体、以信息通信技术的有效使用作为效率提升和经济结构优化的重要推动力的一系列经济活动。数字经济紧扣三个要素，即数据资源、现代信息网络和信息通信技术，三个要素缺一不可。

《数字经济及其核心产业统计分类（2021）》立足现行统计制度和方法，聚焦数字经济相关实物量和价值量指标需求，考虑了数字经济产业活动数据的可获得性，力求全面、准确地反映数字经济发展状况，其在最大限度上对应国民经济行业分类中的全行业,以便能够基于现有数据资料或者通过适当补充调查后的所得资料进行统计测算。

《数字经济及其核心产业统计分类(2021)》基于《国民经济行业分类》(GB/T 4754-2017)同质性原则,涵盖了国民经济行业分类中符合数字经济产业特征和以提供数字产品(货物或服务)为目的的相关活动。由于数字经济具有发展速度快、融合程度高、业务模式新等特点,《数字经济及其核心产业统计分类(2021)》也包含一部分近年来发展迅猛或者已经出现苗头但在国民经济行业分类中尚没有单独列示的数字经济活动,以反映我国数字经济产业的最新动态和发展趋势。

数字经济统计是一个新兴的研究领域。许宪春和张美慧(2020)基于国际比较的视角,筛选出数字经济产品和数字经济产业,对中国数字经济增加值进行了测算。根据其测算,2017年,中国数字经济增加值为53 028.85亿元,占国内生产总值的6.46%;数字经济总产出为147 574.05亿元,占国内总产出的6.53%。基于国际比较的视角,2017年,中国数字经济增加值约为美国的58.12%;数字经济增加值占GDP比重低于美国0.44个百分点。近年来,中国数字经济增加值年均实际增长率明显高于美国和澳大利亚。2008—2017年,中国数字经济增加值年均实际增长率达14.43%,明显高于国内生产总值年均实际增长率8.27%,数字经济推动经济增长的作用明显。

当前,国际上关于数字经济的概念、范围和增加值测算方法还处于探索过程中,尚未达成统一的意见和一致的方法,从而不同的机构和学者测算的数字经济增加值结果差异较大。许宪春和张美慧(2022)系统梳理了窄口径和宽口径的数字经济概念和范围界定,详细归纳了GDP核算中的生产法、基于增长核算框架的方法和计量经济学方法三种数字经济增加值测算方法。

参考文献

国家统计局副局长鲜祖德解读《数字经济及其核心产业统计分类(2021)》,http://www.stats.gov.cn/tjsj/zxfb./202106/t20210603_1818130.html。

许宪春、张美慧,中国数字经济规模测算研究——基于国际比较的视角,《中国工业经济》,2020年,第5期。

许宪春、张美慧,数字经济增加值测算问题研究综述,《计量经济学报》,2022年,第2期。

本章总结

本章介绍和讨论了宏观经济学最为重要的指标——国内生产总值（GDP），以及与之相关的其他重要指标。GDP衡量了一个经济体一段时期当中的整体经济绩效表现。公共和私人决策者都会借助这一关键统计指标来监测经济表现并制定自身的经济决策。这一经济指标一般由一个经济体的经济统计部门予以统计与发布。这一指标应用得非常广泛，一个常见的处理方式就是计算其人均量，从而度量一个经济体的经济发展程度。经济学家使用这一指标来建立关于宏观经济运行的理论并且检验这些理论。当然，这一指标并非完美的经济表现指标。社会科学领域并不存在完美的统计指标，经济学家长期致力于提高这一指标的科学性，并且取得了巨大的进步，这些工作成果也被应用于中国和世界经济实践中。

问题与应用

1. GDP统计有哪些方法？中国主要采用哪些GDP统计方法？

2. GDP是否统计了所有的经济活动对应的经济价值？为什么？

3. 一家汽车厂今年制造了100辆汽车，其定价为10万元每辆，今年只售出50辆，剩余50辆仍然存放在仓库当中。请计算以下情况下的GDP：

（1）今年没有销售出去的50辆汽车，完好地存放在仓库中，准备明年继续出售；

（2）今年没有销售出去的50辆汽车，在仓库中不幸被大水浸泡报废。

4. 假定国家延长了国庆假期，请根据本章学习的知识，分析这一假期政策对GDP的影响。

5. 近年来，中国政府出台了更为严格的环境规制措施，旨在降低工业生产所带来的环境污染，请根据本章学习的知识，分析这一环境政策对GDP的短期和长期影响。

6. GDP与GNP的关系是怎样的？在国际经济联系愈加密切的情况下，两者的关系会有怎样的具体变化？

7. 近年来，经济学家采用卫星采集的夜间灯光数据作为GDP的替代指标，以测度地区经济活动的活跃程度。其背后的逻辑是什么？

第三章

宏观经济数据与指标Ⅱ：CPI、失业率与中国经济

本章概览

宏观经济现象是丰富多彩的，我们除了关注整体经济运行的产出表现，还需要关注整体物价变动及劳动力市场表现等重要方面。整体物价变动关乎百姓生活成本和企业经营发展环境，劳动力市场表现则关乎民众生产生活，这些都极其重要。本章主要关注总体价格指数和劳动力市场两个方面的统计指标。

对于总体物价变动，经济学家设计了众多的指标予以衡量，最为常见的指标是消费价格指数（consumer price index, CPI），它反映了一个经济体的整体消费品价格变动情况。本章的第一节主要介绍 CPI 的含义。第二节介绍 CPI 和 GDP 平减指数两个反映总体物价变动的指标的异同，GDP 平减指数在上一章已有介绍。第三节介绍另外一个总体物价指数——生产价格指数（producer price index, PPI）（顾名思义，PPI 即是从生产端反映价格变化），并将其与 CPI 进行比较分析。从前三节可以看出，每一个总体价格指数都有其独特信息与价值。第四节是劳动力市场指标的讨论，主要包括失业率与劳动参与率，失业率是反映劳动力市场状况最为关键的指标，而劳动参与率反映了一个经济体的人口参与劳动力市场的情况。为了使读者更好地理解这些重要的经济维度和指标，我们提供了丰富的案例。

本章主要内容如图 3-1 所示。

第三章 宏观经济数据与指标Ⅱ：CPI、失业率与中国经济

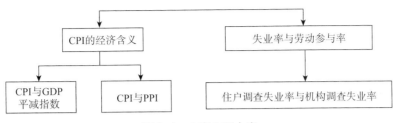

图 3-1 本章主要内容

第一节 生活成本度量与 CPI 的含义

猪肉涨价、水果涨价、学费上涨、房租上涨……当百姓察觉到众多的商品和服务在涨价的时候，他们就会感到自己的收入和财富在缩水，其生活成本提高了。怎样能够较好地反映经济中物价的一般性变化，特别是与人们生活成本密切相关的物价变化呢？经济学家设计出的指标是物价指数，即通过把经济中的许多价格加总成一个单一指数来衡量总体价格的变化。

最简单的办法是直接计算所有产品与服务价格的平均值，但是这种办法的不足之处是把所有的产品与服务等同起来进行处理。在现实中，人们购买的面包的数量与手机的数量显然是不同的，因此从数量来看我们通常赋予面包更大的权重。经济学家设计出的衡量总体价格变化最为常用的指标就是 CPI。

CPI 是典型消费者的一篮子产品与服务当期的价格对于同一篮子产品与服务在某个基期的价格的比值。

比如，假定某个典型的消费者每年购买的一篮子商品包括 5 个面包和 2 个苹果，对于这一篮子商品：

$$CPI = (5 \times 今年面包价格 + 2 \times 今年苹果价格)/(5 \times 基年面包价格 + 2 \times 基年苹果价格)$$

根据 CPI 的计算公式可知，当 CPI 大于 1 即 100% 的时候，表明居民生活成本较之以前变高，此时如果你的收入没有增加，那么你的收入实际上是降低了。举一个简单的例子：假设去年你得到 105 元但没有花掉，而今年 CPI 为 105，即总体物价上升了 5%，那么你现在用 105 元其实只能买到去年 100 元就能买到的商品及服务。

由此可知，在计算 CPI 的过程中，典型消费者在基期和现期所消费的商

品和服务类型以及数量都是固定不变的。CPI是一个固定权重的价格指数，它不能反映新产品的出现和消费，也不能反映消费者对不同种类商品的消费数量的变化。

当然，尽管CPI不能反映某些经济活动的调整，但是其清晰的定义使得它具有较强的可测性，从而成为使用最广泛的物价指数。而且由于其恰好度量了消费者的生活成本，因此成为各个国家和地区大众最为关注的经济指标之一。

中国案例3-1

中国内地、中国香港、中国澳门和美国的CPI趋势

图3-2反映了历年中国内地、中国香港、中国澳门、美国四个经济体的CPI指数变动情况。可以发现：第一，四个经济体的CPI变动都有某种程度的共同趋势，中国香港、中国澳门两地的CPI变动的共同趋势更为明显；第二，在四个经济体当中，美国的CPI变动最为平缓，这反映出美国的CPI控制得相当稳定；第三，中国内地在样本段中早期的CPI变动较为明显，但近年来CPI变动平缓和稳定了许多，反映出近年来中国内地的物价调控相当有成效。

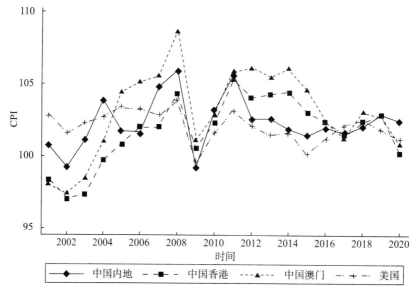

图3-2　2001—2020年中国内地、中国香港、中国澳门和美国的CPI

数据来源：世界银行公开数据库，https://data.worldbank.org.cn/。

中国案例 3-2

中国与美国的 CPI 统计

为指导全球各国政府进行 CPI 的编制工作，2004 年国际劳工组织、国际货币基金组织、欧盟统计局等国际组织联合制定了《消费者物价指数手册：理论与实践》，这一手册中规定："CPI 是用于衡量家庭为消费目的所获取、使用或支付商品和服务的总体价格水平的变化。其目的是衡量消费价格随时间而发生的变动情况。这可通过衡量一个质量保持不变和特征相同的固定的商品和服务的篮子的购买成本来实现。篮子中所选取的商品和服务能够代表家庭在一年内或其他特定时期中的支出水平"。正是因为编制 CPI 的初衷是反映一段时期内人们消费成本的变化，因而各商品和服务在居民消费支出中的占比自然就成为 CPI 篮子商品和服务权重的制定标准。由于各国居民收入水平不同，其消费支出的结构也不同，因而不同国家 CPI 篮子商品的权重也不同。

来自中国国家统计局的资料表明，中国的 CPI 计算覆盖八大类商品：食品烟酒，衣着，居住，生活用品及服务，交通和通信，教育、文化和娱乐，医疗保健，其他用品和服务等。按照统计制度的规定，我国 CPI 每五年进行一次基期轮换，在基期年选取一篮子商品和服务，五年保持不变，以兼顾指数的连续可比与消费结构变动的及时反映。2016—2020 年基期，我国 CPI 中八大分项权重由大到小依次为：食品烟酒 28.19%，居住 20.20%，教育、文化和娱乐 14.15%，交通和通信 10.35%，医疗保健 10.34%，衣着 8.51%，生活用品及服务 4.74%，其他用品和服务 3.40%。相对于 2011—2015 年基期的 CPI 分项权重，食品烟酒权重下降，而非食品价格权重上升，其中居住、交通和通信、医疗保健分别有不同程度的上调。2021 年 1 月开始，国家统计局编制和发布以 2020 年为基期的 CPI。2021 年 2 月 10 日，国家统计局城市司负责人接受《中国信息报》专访时指出：与上轮基期（2016—2020 年）相比，新基期的 CPI 权数总体变动不大，其中，食品烟酒，衣着，教育、文化和娱乐，其他用品和服务的权重约比上轮分别下降了 1.2、1.7、0.5 和 0.4 个百分点，居住、交通和通信、医疗保健权重约比上轮分别上升了 2.1、0.9

和 0.9 个百分点，生活用品及服务权重变动不大。①

来自美国劳工统计局的资料说明，美国 CPI 覆盖的商品和服务共有八大类，其中包括食品烟酒，住房，衣着，教育和通信，交通，医疗，娱乐，其他商品及服务。根据美国劳工统计局的数据，2011 年，美国统计的 CPI 中住房、交通、食品烟酒、医疗、教育和通信、娱乐的权重分别为 41.02%、16.87%、15.25%、7.06%、6.79%、6.04%。2021 年，美国 CPI 中上述各部分权重调整为 42.4%、15.2%、15.2%、8.9%、6.8%、5.8%。我们看到，住房在美国 CPI 中占了相当大的比重，而如果按美联储看重的核心 CPI 看，住房价格的比重就更大了。

从中国、美国等国家和地区的情况来看，我们可以得到关于 CPI 的几个典型事实。第一，各地的 CPI 构成商品和服务类别大致相同。第二，横向对比来看，不同类别商品和服务在 CPI 中的权重在不同国家存在差异，这些差异与该国的经济发展水平等因素有关。例如住房价格权重在美国超过 40%，而在中国则为 20% 左右；食品烟酒价格权重在中国超过 1/4，而在美国仅为 15% 左右。第三，CPI 的商品和服务类别的构成权重会随着一国经济发展水平的变动而动态调整。最为突出的规律是，随着一国经济的持续发展，居民收入持续提高，生活水平持续改善，居民的消费结构也将不断升级：由最初的以解决温饱为主的食品服装等生存型消费逐步向追求文化娱乐等服务性和享受型消费为主升级。居民主要消费支出往往先由食品转向家用电器等家庭用品，再转向居住和交通支出，最后转向教育娱乐等服务性消费。这种消费水平和消费结构的变化，自然要求 CPI 权重也做相应的调整。第四，无论是在中国还是在美国，食品、居住类的商品和服务价格都是 CPI 构成中权重最大的两类价格，两者权重之和接近 50%，所以稳定这两类商品和服务的价格将会有效地控制 CPI，进而控制通胀率。

---

① 国家统计局城市司负责人就价格指数基期轮换接受《中国信息报》专访，http://www.stats.gov.cn/tjsj/sjjd/202102/t20210210_1813306.html，访问日期 2022 年 5 月 8 日。

第二节 CPI 与 GDP 平减指数

在衡量总体物价变化的指标方面，除了本章重点介绍的 CPI，另外一个非常重要和常用的指标是上一章所介绍的 GDP 平减指数。CPI 和 GDP 平减指数都提供有关经济中总体价格水平变动的信息，但是它们存在显著的不同。二者之间有三个关键性的差别：

第一，CPI 衡量的只是本地消费者购买的产品与服务的价格，而 GDP 平减指数衡量本地生产出来的所有产品与服务的价格。因此，企业或政府购买的本地生产的产品与服务价格的上升将反映在 GDP 平减指数上，但不反映在 CPI 上。

第二，GDP 平减指数只包含国内生产的产品。进口品并不是 GDP 的一部分，因此其价格并不反映在 GDP 平减指数上。因此，新西兰制造而在中国销售的奶粉的价格上升只会反映在 CPI 中，因为消费者购买进口奶粉，但是这种价格上升并不影响 GDP 平减指数，因为奶粉并非在中国本土生产。

第三，CPI 与 GDP 平减指数的权重分配方法不同。CPI 给不同产品与服务的价格分配固定的权重，而 GDP 平减指数分配变动的权重。根据定义，CPI 是用固定的一篮子产品与服务计算出来的，而 GDP 平减指数允许一篮子产品和服务在 GDP 组成成分中变动。例如，汶川地震造成农业基础设施严重受损，农产品加工企业生产中断，农产品有效供给明显下降。一种极端情况是某种农产品生产完全中断，没有新产品上市，市场上的产品都是之前剩下的存货。此时，该农产品价格会因为供给减少而大幅上升，但是其价格上升并不影响 GDP 平减指数，这是因为该农产品的产量为 0，不进入 GDP 核算，所以不影响 GDP 平减指数。然而，由于 CPI 使用包括该农产品在内的固定一篮子产品计算得到，该农产品价格的上升就会引起 CPI 的大幅上升。

基于 CPI 与 GDP 平减指数的第三点差别，我们介绍两类不同的价格指数，一类是拉氏指数（Laspeyres index），另一类是帕氏指数（Paasche index）。用一篮子固定产品和服务计算的价格指数被称为拉氏指数，而用一篮子可变产品和服务计算的价格指数被称为帕氏指数。究竟哪一种类型的价格指数能够更好地反映生活成本的变化呢？实际上，并没有哪一种价格指数具有绝对的优势。

当不同产品价格的变动不一样时,拉氏指数(固定一篮子)倾向于夸大生活成本,因为这一指数没有考虑到消费者有机会用相对便宜的产品去替代较为昂贵的产品这一事实。相反,帕氏指数(可变的一篮子)倾向于低估生活成本的增加,尽管这个指数考虑到不同产品的替代,但是它并没有反映出这种替代可能引起消费者满足程度的降低。

我们继续采用被极端天气中断生产和供应的农产品的例子来说明拉氏指数与帕氏指数的区别。假设这种完全中断供应的农产品为汶川脆李,其市场价格明显上升。由于 CPI 是拉氏指数,它会夸大汶川脆李价格的上升对消费者的影响,因为它忽略了消费者用苹果等其他水果代替汶川脆李的能力;相反,由于 GDP 平减指数是一个帕氏指数,它低估了汶川脆李价格的上升对消费者的影响,GDP 平减指数显示总体价格没有上升,但是实际上,汶川脆李价格的上升会恶化消费者的福利境况。因此,我们可以发现,拉氏指数和帕氏指数都不能完美地反映价格变化对消费者的生活成本造成的影响。正因为如此,每一类价格指数所提供的信息都是有用的。

CPI 作为使用最为广泛的物价指数,其是否能够较为客观地反映整体价格变化程度呢?实际上未必总是如此,经济学家和统计部门发现,CPI 存在着高估整体物价上涨幅度的倾向,原因至少包括以下三个方面:

第一是质量偏差。假设 CPI 篮子里的产品和服务都是 10 年前确定的,那么这 10 年之中很多产品和服务都会有质量改善,质量的改善往往会导致此产品和服务价格上升(无通货膨胀)。例如零食,现在的零食产品无论是在质量上还是在价格上都显著高于过去的零食产品。如果计算 CPI 的时候忽略了这种价格变化所隐含的质量改善因素,那么 CPI 可能无法客观反映通货膨胀。

第二是新产品偏差。这是指将新产品和服务引入 CPI 篮子经常存在滞后,CPI 未能反映出新产品出现对消费者效用的影响而产生偏差。CPI 的固定篮子要求报告期和基期有相同篮子的商品和服务,但事实上消费者面对的可能是两个不同的消费篮子,当一部分新产品进入市场时,消费者可能会选择购买这些产品而提高效用水平,因此根据相同篮子商品和服务编制的 CPI 会存在新产品偏差。

第三是替代品偏差。CPI的固定篮子不允许商品之间进行替代。但是，在某些商品价格上涨时，理性的消费者往往会通过商品替代来尽量维持效用水平。比如当猪肉涨价时，我们便会通过购买牛肉来替代猪肉。由于CPI按照固定商品篮子的权重，因此编制所得的CPI无法反映消费者的这种替代行为，通常会高估人们为维持既定效用所需要的生活成本。

第三节　CPI与PPI

生产价格指数（PPI）是衡量工业企业产品出厂价格变动趋势和变动程度的指数，是反映某一时期生产领域价格变动情况的重要经济指标，也是制定有关经济政策和进行国民经济核算的重要依据。

PPI与CPI不同，主要的目的是衡量企业购买的一篮子物品和服务的总费用变动。由于企业最终要把它们的费用以更高的消费价格的形式转移给消费者，因此通常认为PPI的变动对预测CPI的变动是有用的。PPI是用来衡量生产者在生产过程中所需采购品的价格变动状况，因而这项指数包括了原材料、半成品和产成品等三个生产阶段产品的价格信息。理论上，生产过程中所面临的物价波动将反映至最终产品的价格上，因此观察PPI的变化情况有助于预测未来整体物价的变化状况。PPI并不仅仅是一个指数，而是一组指数，包含生产的三个渐进过程每个阶段的价格指数：原材料价格指数、中间品价格指数和产成品价格指数。

PPI和CPI既有区别又有密切关联。PPI反映生产环节价格水平，CPI反映消费环节价格水平。整体价格水平的波动一般先出现在生产领域，然后通过产业链向下游产业扩散，最后波及流通领域。以工业品为原材料的产品生产过程中，工业品价格向消费品价格的传导途径为原材料→生产资料→生活资料，这一途径在PPI和CPI之间建立了逻辑关联。

图3-3呈现了中国2000—2020年的CPI、PPI以及GDP平减指数。通过对比分析可以发现三类价格指数的变动趋势整体上是一致的，因此能够对价格走势做出类似的反映。

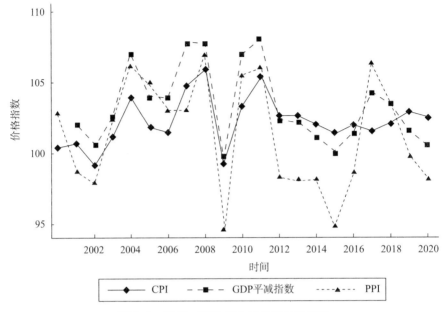

图 3-3　2000—2020 年中国各类价格指数

数据来源：国家统计局，http://www.stats.gov.cn/。

专栏 3-1

CPI、核心 CPI 和 PCE

对于消费价格变化给生活成本带来的影响程度，除了 CPI，还有核心 CPI、PCE 价格指数等重要的度量指标。

核心 CPI 是美国在 CPI 基础上设计出来的物价指标。该指标是剔除了食品和石油价格影响的 CPI，其本质上是剔除了受气候和季节影响较大的产品价格后所计算出来的 CPI。

经济学家主要是在两种意义上使用核心 CPI。一种含义是指消费价格的变化趋势或者说是指消费价格中变化较为稳定的成分。另一种含义是指受需求拉动而发生的消费价格上涨的幅度，其核心思想是认为那些因供给原因暂时上涨的商品价格不影响价格上涨的长期趋势，为了准确判断价格上涨的长期趋势，应该将其影响扣除。

依靠核心 CPI 来判断价格形势这种方法最早是由美国经济学家罗伯特·J. 戈登（Robert J. Gordon）于 1975 年提出的，其背景是美国在 1974—

1975年受到第一次石油危机的影响而出现了较大幅度的通货膨胀，但当时消费价格的上涨主要是受食品价格和能源价格上涨的影响。当时有不少经济学家认为美国发生的食品价格和能源价格上涨主要是受供给因素的影响，受需求拉动的影响较小，因此提出了从CPI中扣除食品和能源价格的变化来衡量价格水平变化的方法。从1978年起，美国劳工统计局（Bureau of Labor Statistics）开始公布从CPI和PPI中剔除食品和能源价格之后的上涨率。

此后，核心CPI逐渐成为美国宏观经济分析中较为常用的术语，1981年就出现了以核心CPI为书名的专著。但是，关于是否应该从CPI中扣除食品和能源价格来判断价格水平，至今仍然存在很大的争论。

另外一个重要指标是个人消费支出（personal consnmption expenditures，PCE）价格指数。PCE价格指数用于反映所有国内个人消费品价格的平均增长，能够反映由于价格变动使消费者购买替代产品的价格。CPI和PCE价格指数具有一系列的差别。核心的差别在于，PCE价格指数不像CPI那样基于一篮子固定商品，而是基于所有国内个人消费品价格的加权平均增长，能够较为全面地反映由于价格变动使消费者购买替代产品的价格。

第四节　失业率与劳动参与率

度量经济表现的一个思路是考察经济体利用生产资源的程度。劳动力是一个经济体非常重要的生产资源，因此我们可以通过测度劳动力利用的充分程度来反映经济活跃程度。另外，大部分百姓的主要收入来源是通过向企业等组织提供劳动获取的薪酬收入，因此大众非常关心自己的就业状况以及宏观层面的就业景气程度。当经济表现景气时，人们更容易获得工作机会，失去其工作的可能性也更小；当经济表现不景气时，人们更难获得工作机会，失去其本来拥有的工作的可能性也更大。因此，经济学家和统计部门设计了与就业有关的指标来度量经济表现，这个指标就是失业率。失业率直接反映了劳动力市场的状况。各国政府历来都把失业率作为判断宏观经济运行状况和劳动力市场景气程度,进而出台或调整相关宏观经济政策和就业政策的重要依据。

为了完整地理解失业率等相关的劳动力市场指标,我们先从整个经济体的人口结构角度切入。

一个经济体的所有人口可以分为成年人口和非成年人口。在中国,年满十六周岁即可通过劳动获取收入,可以视为成年人口。成年人口可以分为两类,分别是劳动力和非劳动力。劳动力是那些具有劳动能力同时当下具有劳动主观意愿的成年人。

劳动力可以进一步区分为就业者和失业者。就业者包括为获得报酬而给雇主打工的人、在自有企业中工作的人、在家庭成员的企业中工作的人。当然,如果这些拥有工作的人当下因为休假等原因没有上班,那么也应当算作就业者。失业者是那些希望从事劳动但没有工作的人,他们当下还有寻找工作的动机和意愿。

非劳动力是成年人当中不属于劳动力的人,一般包括达到十六周岁的全日制学生、全职居家人群、退休人员等,以及那些早期曾经试图寻找工作但当下已经放弃寻找工作的成年人。

根据上述人口分类,我们可以构建两个关键的指标。

一个统计指标是失业率,即

$$失业率 = (失业人数 / 劳动力人数) \times 100\%$$

另一个统计指标是劳动参与率,即成年人口中属于劳动力的百分比:

$$劳动参与率 = (劳动力人数 / 成年人口) \times 100\%$$

失业率和劳动参与率都是理解整个社会劳动就业状况的关键指标。

失业率是劳动力中失业者所占的比重。通过该指标可以判断一定时期内全部劳动人口的就业情况。一直以来,失业率都被视为反映整体经济状况的重要指标,而且它的更新频率往往比 GDP 更高,一般以月度频率进行统计和发布。劳动参与率是劳动力(包括就业者和失业者)占成年人口的比率,是用来衡量人们参与经济生产活动状况的指标。根据经济学理论和各国的经验,劳动参与率反映了潜在劳动者个人对于工作收入与闲暇的选择偏好。

中国案例 3-3

中国劳动力市场及登记失业率向调查失业率的转变

中国经济在发展与转型过程中形成了有特色的劳动力市场及劳动力市场就业情况监测指标。

城镇登记失业率是中国特有的失业统计指标。它是指城镇登记失业人数同城镇从业人数与城镇登记失业人数之和的比例关系。其中，城镇登记失业人员指有非农业户口，在一定的劳动年龄内（16 岁以上及男 60 岁以下、女 50 岁以下），有劳动能力，无业而要求就业，并在当地就业服务机构进行求职登记的人员。

登记失业率与领取失业救济和低保补助密切相关，统计登记失业率更多的是劳动社会保障部门从社会保障的角度出发，对城镇无业者提供帮助。在中国，登记失业率由人力资源和社会保障部门统计。

中国从 20 世纪 80 年代初开始建立登记失业制度，当时由于中国还处于计划经济体制下，称为"待业登记"，所有的城镇无业者必须首先到政府劳动部门去登记，处于等待期的劳动者即登记为"待业"。

随着 1994 年党的十四大提出要从计划经济转向市场经济，中国劳动用工制度发生重大变化，政府不再统一分配和安置，企业和劳动者开始进行双向选择。于是，1994 年"待业登记"被更名为"失业登记"。中国"城镇登记失业率"的概念也由此开始。

城镇登记失业率的问题在于，有一些符合失业条件、渴望工作的人，出于种种原因未主动登记，因此未纳入失业统计。此外，城镇登记失业率还不包括留在农村的剩余劳动力，也不包括农村进城务工的劳动力。

改革开放初期，由于计划招工、商品粮配给和严格的户籍管理而实行城乡隔离，登记失业率对国家判断城镇劳动力市场的状况，特别是开展失业保险管理发挥了重要作用。但由于其统计的是符合一定条件且自愿主动前往就业服务机构进行登记的失业者，因此在我国快速发展变化的经济社会环境下越来越难以全面反映失业状况。

2005 年，我国正式建立了全国劳动力调查制度，开始按照国际通行做法组织开展劳动力调查，进行调查失业率统计。调查失业率是指通过劳动力调查或相关抽样调查推算得到的失业人口占全部劳动力（就业人口和失业人口之和）的百分比。我国的就业人口和失业人口定义与国际劳工组织标准相一致，调查失业率具有国际可比性。据统计，目前全世界有180多个经济体开展劳动力调查，其中，大部分发达市场经济都发布基于劳动力调查的失业率。

城镇调查失业率统计范围是城镇常住人口，既包括城镇本地人口，也包括外来的常住人口，如从农村转移至城镇的人口，它不要求失业登记，也不限定户籍、工作经历等条件。调查失业率通过对住户抽样调查的方法获得失业率数据。

基于劳动力调查获得的调查失业率由于覆盖范围更广、发布频率更高、指标定义符合国际标准，可以更全面、及时、合理地反映我国劳动力市场变动情况。此外，劳动力调查内容丰富，除失业率外，还涵盖了劳动参与、工作时间、就业质量、工作搜寻等方面的内容，是多维度研究劳动力市场运行的重要数据来源。

2018年的《政府工作报告》首次将城镇调查失业率作为发展预期目标指标，提出"2018年我国城镇调查失业率5.5%以内"。至今，城镇调查失业率已经成为我国政府的重要发展预期目标指标。

图3-4呈现了1991—2020年中国内地、中国香港、中国澳门和美国的失业率变动趋势。在同一时间段内，中国内地的失业率统计与其他三个经济体的失业率统计具有系统性差异。图3-4的中国内地失业率数据是城镇登记失业率数据，而其他三个经济体的失业率数据是调查失业率数据。

在样本期当中，虽然发生了多次经济冲击，但是中国城镇登记失业率仍然基本保持稳定。最大的一次上升发生在2000—2003年间，这一定程度上是当时全球经济增长放缓以及国内国有企业改革所带来的阶段性影响。另外一次轻微的上升发生在2007年美国金融危机爆发之后，2009年上升到4.3%，但这次城镇登记失业率上升的幅度和之前一次相比显得非常小，这一定程度上是由于中国政府采取了及时的经济刺激政策应对外部经济冲击，从而稳定了城镇就业。样本期内最后一次失业率上涨是新冠疫情暴发之后，失业率从2019年的3.6%快速上升到2020年的4.2%。由于城镇登记失业率对经济环境变化反应不甚敏感，因此这一变动表明劳动力市场的确发生了一定程度的波动，值得引起关注。

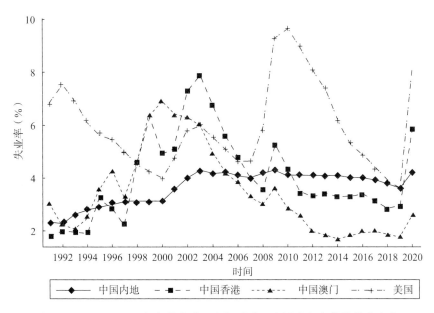

图 3-4　1991—2020 年中国内地、中国香港、中国澳门和美国的失业率

数据来源：世界银行公开数据库，https://data.worldbank.org.cn/。

美国的失业率走势呈现出大起大落的特点，样本中最大的一次波动是2007 年金融危机之后，失业率大幅攀升，从 2007 年的 5% 左右上升到 2010 年的接近 10%，并且经历很长时间才逐渐恢复到此前的正常水平。这表明金融危机对美国经济特别是就业产生了巨大影响。2010—2019 年，美国失业率呈逐步下降趋势，2019 年失业率下降到 3.7%，而 2020 年因为新冠疫情冲击急剧上升到 8.1%。这反映出新冠疫情冲击对世界各个主要经济体的劳动力市场均造成了重要影响。

尽管图 3-4 中的中国内地和美国的失业率统计使用了不同的定义，但是数据仍然显示出 2000 年以来两个经济体的劳动力市场周期仍然具有某种程度的相似性和相关性，这背后折射的是两个经济体的经济联系愈加紧密以及两个经济体在全球经济当中的重要性。

图 3-4 显示，中国香港和中国澳门的失业率也具有较为明显的波动性，其波动性明显大于中国内地城镇登记失业率的波动性。此外，从长周期来看，两者的失业率变动态势与美国的失业率变动态势是类似的。当然，中国香港和中国澳门的失业率变动呈现更高的同步性，体现了两地紧密的经济联系。

由于前文指出中国政府已经将城镇调查失业率作为反映劳动力市场状况的重要指标,因此我们也对此进行简单介绍。图3-5展示了中国内地2018—2021年的月度城镇调查失业率。样本期内最大的失业率波动出现在2020年年初,2020年1月的城镇调查失业率为5.3%,而当年2月的城镇调查失业率急剧上升到6.2%。随着我国政府有力的疫情应对措施,失业率逐步下降,2021年12月的失业率回落至5.1%。可以看出,城镇调查失业率有更高的时间频率,也有更显著的变动,能够更加灵敏地反映城镇劳动力市场的变化。

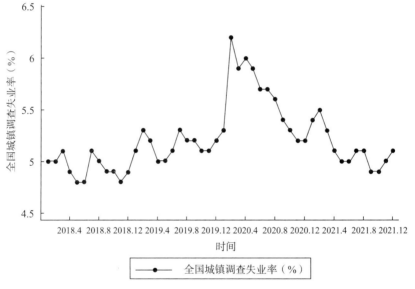

图3-5 中国内地城镇调查失业率

数据来源:国家统计局,http://www.stats.gov.cn/。

中国案例3-4

中国与世界主要国家的劳动参与率

1990年,中国劳动参与率[①]接近80%,随后持续平稳下降。进入21世

---

① 本案例所讨论的中国劳动参与率仅指中国内地的劳动参与率,未包括中国香港特别行政区、中国澳门特别行政区和中国台湾地区。

纪，中国劳动参与率下降得更快。2019年，中国劳动参与率约为68%，仍然远高于世界平均水平（60%），处于较高水平。更多信息可见图3-6。

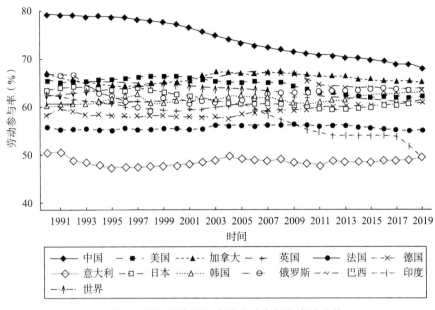

图3-6 部分代表性国家的劳动参与率变动趋势

中国较高的劳动参与率是由中国的工资和福利政策、教育和社会保障的发展程度等多方面原因共同决定的。中国尚处于社会主义初级阶段，虽然改革开放以来中国经济实现了高速起飞和快速增长，但由于中国经济发展起点较低，与发达国家相比，中国的工资水平仍处于较低水平。这就使得家庭中需要有更多的成员参与社会劳动来维持家庭生计，从而扩大了家庭向社会的劳动力输出。

中国近年来的劳动参与率之所以在下降，与多种经济社会因素相关，其中一个重要因素就是人口年龄结构——人口老龄化程度的提高会拉低劳动参与率。此外，高等教育的普及也会导致青年推迟进入劳动力市场，从而降低劳动参与率。

影响一个经济体劳动参与率的因素是复杂的，不同因素所起的作用有多大需要采用数据进行严谨的测算，这也是一个具有研究价值的话题。

数据来源：世界银行公开数据库，https：//data.worldbank.org.cn/。

第五节　住户调查失业率与机构调查失业率

调查失业率是指通过劳动力调查或相关抽样调查推算得到的失业人口占全部劳动力（就业人口和失业人口之和）的百分比。调查失业率的统计口径来源主要有两种，即住户调查失业率和机构调查失业率。住户调查失业率主要以国家或者地区的家庭作为样本，对成年人口进行就业状况调查，具体由统计部门的工作人员通过电话和信函等方式按专业调查程序完成，调查目的在于测算失业率。机构调查失业率是一国或者地区的统计部门针对用人单位进行有关就业数据的统计汇编，调查企业和政府机构中有工资关系的雇佣人数的增减变化，从而计算失业率。

住户调查失业率和机构调查失业率有很多不同点，二者相互独立并互为补充。二者的调查数据来源不同，收集方法和计算程序各异，抽样的标准不同，因而反映的就业市场的情况也有所差异。总体而言，机构调查往往能够有更加广的覆盖面，因此结果可能更精确。但在经济发展转折期，住户调查会更精确，因为机构调查一般无法覆盖新公司或倒闭的公司。住户调查失业率更加偏重于对就业和失业人口的具体人口特征的分析调查，而机构调查失业率则更加注重分析各行业的就业与失业情况。

因此，住户调查失业率和机构调查失业率均从各自的角度提供了劳动力市场状况的有用信息，能够综合使用两者的数据是最好的做法。不过，我国现行的失业率统计体系当中已经包括住户调查失业率，但并未包括机构调查失业率。

中国案例 3-5

中国宏观经济调控的目标调整

经济增长、物价稳定、增加就业和国际收支平衡是宏观经济管理和调控最重要的四个目标。我国政府也将这四个方面作为政府宏观经济管理的核心维度。这集中体现在每年国务院的《政府工作报告》当中，其一般会对当年的经济增长、居民消费价格涨幅、失业率等做出引导性目标设定。

表 3-1 列出了 2013—2022 年国务院《政府工作报告》中关于经济增长、物价稳定、充分就业和国际收支平衡四大宏观经济目标的具体表述。

表 3-1　2013—2022 年中国政府主要宏观经济调控目标

	经济增长率	居民消费价格涨幅	城镇登记失业率	城镇调查失业率	国际收支
2013	7.5%左右	3.5%左右	低于4.6%	—	进一步改善
2014	7.5%左右	3.5%左右	4.6%以内	—	基本平衡
2015	7%左右	3%左右	4.5%以内	—	基本平衡
2016	6.5%—7%	3%左右	4.5%以内	—	基本平衡
2017	6.5%左右	3%左右	4.5%以内	—	基本平衡
2018	6.5%左右	3%左右	4.5%以内	5.5%以内	基本平衡
2019	6%—6.5%	3%左右	4.5%以内	5.5%左右	基本平衡
2020	未提出	3.5%左右	5.5%左右	6%左右	基本平衡
2021	6%以上	3%左右	未提出	5.5%左右	基本平衡
2022	5.5%左右	3%左右	未提出	5.5%以内	基本平衡

资料来源：国务院历年《政府工作报告》。

从表 3-1 中可以看出，我国每年的《政府工作报告》基本上都对四个宏观经济方面设置了具体的目标，其中经济增长、物价稳定和充分就业方面有较为具体的数字引导，而国际收支方面则要求"基本平衡"。而且，在给出具体的数字引导的情况下，这些目标也是具有一定的弹性的，以"经济增长率"为例，常常要求处于某个增长率的"左右"，或者处于某个区间之内。这些都体现了宏观经济调控的科学性与艺术性的有机结合。

近年来最为特殊的年份当属 2020 年，这一年全球遭受了罕见的新冠疫情冲击。当年中国直到 5 月份才召开全国"两会"。2020 年 5 月 22 日，国务院总理李克强代表国务院向十三届全国人大三次会议作《政府工作报告》。阅读《政府工作报告》的具体内容，能够更好地理解政府如何进行宏观经济发展引导与调控。

综合研判形势，我们对疫情前考虑的预期目标作了适当调整。今年要优先稳就业保民生，坚决打赢脱贫攻坚战，努力实现全面建成小康社会目标任务；城镇新增就业900万人以上，城镇调查失业率6%左右，城镇登记失业率5.5%左右；居民消费价格涨幅3.5%左右；进出口促稳提质，国际收支基本平衡；居民收入增长与经济增长基本同步；现行标准下农村贫困人口全部脱贫、贫困县全部摘帽；重大金融风险有效防控；单位国内生产总值能耗和主要污染物排放量继续下降，努力完成"十三五"规划目标任务。

需要说明的是，我们没有提出全年经济增速具体目标，主要因为全球疫情和经贸形势不确定性很大，我国发展面临一些难以预料的影响因素。这样做，有利于引导各方面集中精力抓好"六稳"、"六保"。"六保"是今年"六稳"工作的着力点。守住"六保"底线，就能稳住经济基本盘；以保促稳、稳中求进，就能为全面建成小康社会夯实基础。要看到，无论是保住就业民生、实现脱贫目标，还是防范化解风险，都要有经济增长支撑，稳定经济运行事关全局。要用改革开放办法，稳就业、保民生、促消费，拉动市场、稳定增长，走出一条有效应对冲击、实现良性循环的新路子。

经济增长目标是我国最为核心的宏观经济目标。2020年，经过艰苦努力，我国率先实现复工复产，经济恢复好于预期，全年国内生产总值增长2.3%，宏观调控积累了新的经验，以合理代价取得较大成效。在此基础上，李克强总理2021年3月5日在第十三届全国人民代表大会第四次会议上作的《政府工作报告》提出了2021年的宏观经济调控目标，特别是重新提出了当年的经济增长目标，国内生产总值增长6%以上。2022年3月5日，李克强总理代表国务院在十三届全国人大五次会议上作的《政府工作报告》提出了2022年宏观经济目标，国内生产总值增长5.5%左右。

消费价格指数也是我国政府高度关注的指标。2015年以来，我国政府基本上将居民消费价格预期涨幅定在"3%左右"，唯一例外同样发生在2020年，由于当时经济形势的较大不确定性，目标定在了更加具有弹性空间的"3.5%左右"。

我国政府同样关注失业率指标，2017年及以前，我国政府所采用的预期指标是城镇登记失业率，2018年起则开始采用城镇调查失业率作为预期指标，并基本上将目标设定在"5.5%以内"或者"5.5%左右"。唯一例外同样发生在2020年，由于当时经济形势的较大不确定性，目标定在了更加具有弹性空间的"6%左右"。

前沿拓展与文献速递

资产价格波动与宏观经济管理

一直以来，世界各国央行多将物价稳定作为货币政策的主要甚至是唯一目标。但是，2008年金融危机对各国经济造成了巨大冲击，也影响了各国政府的宏观经济调控政策体系设计。由于传统的货币政策取向没有对资产价格变化做出合理应对，从而未能有效防范金融危机。因此，货币政策应当以通胀还是其他相关价格指标为锚呢？

实际上，宏观经济学界近年来逐渐取得一些共识。货币政策难以在追求物价稳定的同时平滑金融周期，因此有必要引入宏观审慎政策，实现对经济和金融周期的双重调控。在此背景下，危机后各国金融调控均呈现出货币政策与宏观审慎政策更加紧密结合的趋势。中共十九大报告中明确提出，健全货币政策和宏观审慎政策"双支柱"调控框架。

在这方面，Bernanke和Gertler（2001）以及Blanchard等（2010）进行了研究。Bernanke和Gertler（2001）认为中央银行应该关注资产价格变化，而Blanchard等（2010）则进一步认为中央银行应该具有更大的职责和权力，中央银行不仅应该具有货币政策，而且也应该成为宏观审慎监管的部门。近年来，金融稳定理事会、国际货币基金组织、国际清算银行、巴塞尔银行监管委员会等国际组织就建立健全宏观审慎政策框架发布了一系列标准，部分国家也在不断探索构建宏观审慎政策框架。在此过程中，中央银行发挥着关键作用。以我国为例，中国人民银行从2009年开始研究强化宏观审慎管理的政策措施，2011年正式引入差别准备金动态调整机制，2015年将外汇流动性和跨境资金流动纳入宏观审慎管理范畴，2016年起正式将差别准备金动态调整机制升级为宏观审慎评估……这些举措都成为近年来我国金融体系和实体经济健康发展的重要保障。总之，宏观审慎政策的理论和实践属于新领域，各界对宏观审慎政策的认识仍在持续深化。

参考文献

Bernanke, B. S., Gertler, M., Should Central Banks Respond to Movements in Asset Prices?, *American Economic Review*, 2001, 91（2），253-257.

Blanchard, O., Dell'Ariccia, G., Mauro, P., Rethinking Macroeconomic Policy, *Journal of Money, Credit and Banking*, 2010, 42（s1），199-215.

本章总结

本章主要讨论了两方面的内容，分别是如何度量总体价格特别是消费价格变化以及如何度量劳动力市场状况。在总体价格变化度量方面，第一节介绍了最重要的指标——消费价格指数（CPI），第二节介绍了CPI与GDP平减指数之间的关系，第三节介绍了CPI与PPI之间的关系，我们还通过专栏额外介绍了核心CPI、PCE价格指数等重要指标。由此可见，在度量总体物价变化方面，经济学家设计出了许多互补的指标。

在劳动力市场状况度量方面，我们介绍了一些重要的指标，特别是失业率、劳动参与率两个指标，并且具体阐释了这些指标在现实中如何统计获得。我们还结合中国和美国的劳动力市场统计指标进行了对比分析。

问题与应用

1. 度量总体物价变动的经济指标有哪些？经济学家为何设计和使用多种指标度量总体物价变动？

2. 某些时候，以CPI度量的通货膨胀速度较慢，但民众却感觉生活成本上升幅度较大、速度较快。试分析统计数据和民众感受出现偏差的可能原因有哪些。

3. 中国为何需要采用调查失业率来反映就业市场状况？中国应当如何更好地监测劳动力市场状况？

4. 如果政府对大学教育实施免费教育政策，分析这一政策对失业率和劳动参与率的影响。

5. 2011年以来，国家对生育政策进行了多次调整，特别是二胎、三胎放开政策的依次出台导致相当比例的家庭增加生育行为。分析这一政策对失业率和劳动参与率的可能影响。

6. 中国内地和中国香港的CPI统计方法是否完全相同？为什么？

古 典 篇

第四章
产品和服务市场与国民收入决定

本章概览

宏观经济运行中,国民收入决定问题尤为重要。从亚当·斯密《国富论》中的国民财富到现在被广泛讨论的各个国家和地区的 GDP,其实关注的都是国民收入问题。国民收入一直都是衡量一个国家或地区贫穷和富裕程度的重要指标。尽管国民收入并不直接反映人民幸福感,但较高的国民收入往往意味着较高的儿童营养水平、较高的教育投入、较好的基础设施建设以及较完善的福利保障体系等。国民收入仍然是宏观经济学中最重要的变量,也是一国人民和政府重点关注的主要目标。那么国民收入是如何决定的?本章主要从介绍产品和服务市场出发,围绕国民收入的生产、分配以及变动,回答如下问题:

首先,什么因素决定了一个经济体的总产出?

其次,这些总产出去到了哪些地方?

然后,总产出带来的国民收入是如何分配的?

最后,从供给和需求的视角来看国民收入决定背后有怎样的经济学原理?本章主要内容如图 4-1 所示。

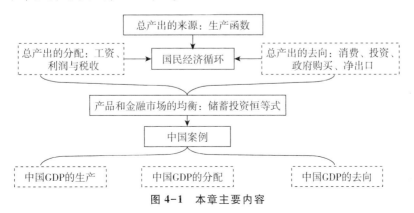

图 4-1 本章主要内容

第一节 国民收入是如何产生的

为了认识国民收入的生产问题,有必要先了解一下宏观经济的运行,见图4-2。

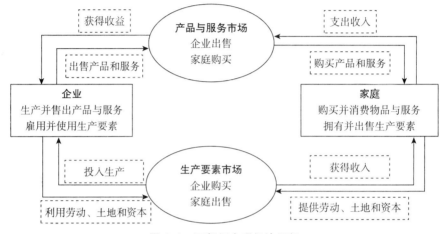

图 4-2 两部门宏观经济运行

图4-2刻画了只有家庭和企业参与,暂时不考虑政府和国际贸易的两部门经济的基本运行状况。两部门经济的主体是家庭和企业,串联家庭和企业让经济体系运转起来的是产品和服务市场与生产要素市场。家庭作为生产要素的供给方在生产要素市场为企业提供要素从而获得收入,而企业作为生产要素的需求方从生产要素市场购买要素进行生产。在产品和服务市场上,企业通过出售产品和服务获得收益,而家庭则通过支出其获得的收入购买企业生产的产品和服务。在两部门经济中,企业的生产和家庭的消费是宏观经济运行的重要组成部分,而产品与服务市场和生产要素市场则是宏观经济运行的重要支撑。我们首先从企业生产的角度对国民收入进行考察。宏观经济是微观经济活动的加总,在微观经济学中,我们知道产品和服务的产生可以用生产函数来刻画。同样地,在对宏观的国民总收入的产生进行描述时,我们也可以采用生产函数的形式。利用宏观生产函数刻画国民收入的生产涉及两个部分:一是包括劳动和资本等在内的生产要素;二是组织这些生产要素生产出产品和服务的生产函数关系。

1. 生产要素

生产要素是用于生产产品与服务的投入，我们在第二章介绍了测度 GDP 的三种方法，其中收入法就涉及生产要素的回报，在利用收入法核算 GDP 时，劳动、资本、土地和企业家才能被作为主要的生产要素，其中劳动对应的回报是收入、资本对应的回报是利息、土地对应的回报是租金、企业家才能对应的回报是利润。在传统的宏观经济学领域，两种主要的用来生产产品和服务的生产要素是劳动和资本。

劳动。普通劳动力的时间分为劳动时间和闲暇时间，而作为生产要素的劳动就是劳动力花在工作上的劳动时间，一般用 L 表示。在本章，我们假设生产要素都是既定的，即经济的劳动供给处于一个给定的水平。经济学家一般在字母的上方加一横表示该变量是外生给定的常数，固定的劳动供给用 $\bar{L}$ 表示。同时，我们也假设经济不存在失业（在第六章中我们将重点讨论失业问题），所有的生产要素都被充分利用。

资本。宏观经济学中的资本和我们日常生活中经常提到的资本不同，这里的资本专指企业用来扩大再生产的设备、厂房等实物资产，一般用 K 表示。同时，在本章中我们也假设资本处于给定的水平，用 $\bar{K}$ 表示。

技术。技术是生产函数中的另一个重要因素，劳动和资本需要组合起来才能进行生产，而更好的生产技术能够更有效地组合劳动和资本从而达到更高的生产率。更高水平的技术意味着经济体能用相同数量的要素投入生产更多的产出。在宏观经济学中，生产技术一般用字母 A 表示，代表当前的技术发展水平，它是一个综合指标，用来衡量全要素生产率（total factor productivity, TFP）。

■ 专栏 4-1

技术与全要素生产率

技术的维度。实际上，技术的维度是比较宽泛的。狭义的技术专指科学技术和专业生产技术，比如科技发明和企业的专利等；广义的技术则可以指代要素的配置效率，即劳动和资本的组合生产效率。我们日常意义上理解的技术多指的是狭义上的技术，比如计算机的发明、5G 等通信技术、移动互联网、智能机器人、数字技术等。这些技术可以被理解为一种实物资本，或者参与经济生产，或者直接衍生出新的经济增长点。前者如智能机器人可以直接参与生产，提高劳动生产率，后者如基于数字技术可以衍生出数字经济产业。根据中国通信研究院的《中国数字经济发展白皮书》，2019 年我国数字经济增加值规模达到 35.8 万亿元，占 GDP 比重达到 36.2%。数字产业化增加值达 7.1 万亿元，产业数字化增加值为 28.8 万亿元。广义的技术进步主要指的是除资本和劳动等生产要素以外其他综合因素带来的产出的增加。从这个意义上来说，技术进步更多地用来描述生产方式或者劳动和资本的配置方式的优化。比如在资本和劳动存量没有发生变化的情况下，由于组织结构的完善、管理效率的提升或者市场透明度的提高，资本和劳动的配置进一步优化，从而产量得到提升。因此，从广义上讲，对技术进步的追求即是对全要素生产率的追求。

全要素生产率。全要素生产率是指"生产活动在一定时间内的效率"，是衡量单位总投入到总产量的生产率指标。通俗地讲，全要素生产率是总产出增长中扣除了资本和劳动等要素投入贡献以后的余额，因为这个余额很难归为某个生产要素的贡献，所以称其为全要素生产率，反映不能用要素投入变动来解释的产出变动。全要素生产率是基于要素投入的整合，有形的生产要素包括劳动力、资本、土地，这也是三种基本的生产要素；无形的生产要素包括管理、技术。全要素生产率也可以看作技术进步带来的生产率。

宏观经济的生产过程涉及众多生产要素以及经济活动的诸多方面。为了分析的简化，我们在最初始的分析中只考虑劳动 L 和资本 K 两种生产要素，同时假设技术水平 A 为不变的常量。当然，这些假设在以后的分析中会逐步被放松，以使模型更接近真实的经济。在了解了基本的生产要素以后，接下来我们需要知道生产要素是如何形成总产出的。我们通常运用宏观生产函数来说明由生产要素组织形成总产出的过程。

2. 宏观生产函数

生产要素提供了用于生产的基本条件，而生产技术则决定了给定的生产要素可以生产出多少产品和服务。生产要素和生产技术决定了经济中的产品与服务的产出。一种生产要素使用的增加或技术进步会导致国民收入的增加。为了研究方便,一般把产出看成是资本量 K 和劳动量 L 的函数,而技术水平 A 是影响国民收入的另一重要因素,而且技术水平可以全面提高生产效率,因此,生产函数可以表示为:

$$Y = AF(K, L) \tag{4-1}$$

在一种理想的经济环境中[①],各生产要素均得到充分的利用,即经济中资本和劳动数量给定,$K = \bar{K}$,$L = \bar{L}$。生产要素和生产技术共同决定了所生产的产品与服务量,即经济的总产出。因为生产要素的量是固定的,技术是稳定的,所以经济的产出 Y 也是固定的,即经济中产品与服务的总供给为 $Y = \bar{Y}$。[②]此时,产品和服务的供给达到潜在最大值,社会实现了充分就业以及现有资源的充分利用,一个经济体的总产出完全取决于其当前的劳动、资本和技术水平。

专栏 4-2

一个重要的生产函数——柯布-道格拉斯生产函数

生产函数的具体形式有很多,其中,柯布-道格拉斯(Cobb-Douglas)生产函数是宏观经济学中较为常用的分析经济总产出的函数形式。柯布-道格拉斯生产函数是美国数学家查尔斯·柯布(Charles Cobb)和经济学家保罗·道格拉斯(Paul Douglas)从美国经济增长发展的历史中总结出来的,并经受了多次的统计验证。该生产函数的一般形式为:

$$Y = A K^a L^{1-a} \quad (0 < a < 1) \tag{4-2}$$

在式(4-2)中,Y 为经济体总产量;L 和 K 分别为劳动和资本投入量;α 为参数,用来度量劳动和资本对产出的贡献率;A 表示技术系数(也可以认为是全要素生产率),它告诉我们资本和劳动组合起来的生产率有多高。

[①] 在古典主义理论中,生产要素在长期被认为是固定不变的。

[②] 在本章中,我们假设短期内资本 K、劳动 L 和总产出 Y 都是给定不变的,但在后面的经济增长部分,我们开始讨论劳动、资本甚至技术的变化如何影响总产出的变化。

柯布-道格拉斯生产函数具有两个典型的特点：规模报酬不变和边际产量递减，这两个概念都是我们在微观经济学中学习过的。

（1）规模报酬不变

如果将所有要素同比例增加一定的规模，那么在柯布-道格拉斯生产函数下，总产出也会增加同样的规模，用数学表示就是：当资本和劳动都增加 λ 倍时（$\lambda > 1$），有

$$A(\lambda K)^a (\lambda L)^{1-a} = \lambda A K^a L^{1-a} = \lambda Y \tag{4-3}$$

（2）要素的边际产量递减

要素的边际产量递减的含义也和微观经济学企业生产行为中的边际产量递减相同，表示在所有其他生产要素投入数量不变的条件下，额外一单位要素投入带来的产出增加（边际产量）随着该要素投入数量的增加而减少。例如在资本不变的前提下，随着劳动投入的不断增加，劳动的边际产出（MPL）是下降的（达到最优投入比后）；而在劳动不变的前提下，随着资本投入的不断增加，资本的边际产出（MPK）是下降的。劳动的边际产出和资本的边际产出可以表示如下：

$$\text{MPL} = (1-a) A K^a L^{-a} \tag{4-4}$$

$$\text{MPK} = aA K^{a-1} L^{1-a} = aA \left(\frac{L}{K}\right)^{1-a} \tag{4-5}$$

由于 $0 < a < 1$，可得出劳动和资本的边际生产力递减。同时，根据边际产出的贡献计算可以得到：

$$\text{MPK} \cdot K + \text{MPL} \cdot L = aA K^{a-1} L^{1-a} \cdot K + (1-a) A K^a L^{-a} \cdot L = A K^a L^{1-a} \tag{4-6}$$

a 和 $1-a$ 分别表示资本和劳动在生产过程中的相对重要性，或者说是表示资本所得和劳动所得在总产量中所占的份额。一般认为劳动对经济的贡献度为 0.7，资本对经济的贡献度为 0.3。对于一个经济体，我们可以较为准确地刻画和测量总产出、劳动和资本，但无法直接测量整体技术水平和全要素生产率，但借助柯布-道格拉斯生产函数，我们就可以通过产出、劳动和资本来计算全要素生产率。

3. 生产函数的变动：供给冲击与供给侧改革

到目前为止，我们一直假设一个经济的生产要素和生产函数随着时间的推移而保持恒定。但实际情况是生产要素和生产函数可能在短时间之内保持固定，但不会长期不发生变化，也就是生产要素和生产函数都可能变化。对于因生产要素受到突发因素的影响而导致的价格变动对总供给的影响，我们称之为供给冲击；如果是从制度和政策的层面主动改变生产要素供给以及技术，则称之为供给侧改革。供给冲击涉及劳动、资本要素的变化和全要素生产率的变化，例如我国1978年开始改革开放，此后大量引进外资和农村剩余人口向城市转移就是资本和劳动的变化。而速度更快的计算机以及5G技术等新技术的发明和应用也能够全面提高全要素生产率。除了正向的供给冲击，当然还存在负向的供给冲击，比如洪水、地震等自然灾害以及以石油为主的能源危机等。当发生较为严重的自然灾害和国际石油危机从而导致能源价格提高时，既定数量资本和劳动的生产率都可能降低。

生产函数变动的另一个方面就是供给侧改革，这是政府从制度和政策层面对生产函数的主动干预。例如2021年我国放开三胎生育政策可能会影响未来的劳动供给，而当前我国强调的"三去一降一补"（即去产能、去库存、去杠杆、降成本和补短板）则是通过调整经济结构，优化经济模式，从而提高全要素生产率。

■ 专栏 4-3

供给侧结构性改革

供给侧结构性改革由习近平总书记于2015年11月在中央财经领导小组第十一次会议上提出。随后在2015年12月18日至21日的中央经济工作会议上，习近平总书记发表重要讲话。会议指出要"着力加强结构性改革，在适度扩大总需求的同时，去产能、去库存、去杠杆、降成本、补短板，提高供给体系质量和效率，提高投资有效性，加快培育新的发展动能，改造提升传统比较优势，增强持续增长动力，推动我国社会生产力水平整体改善，努力实现'十三五'时期经济社会发展的良好开局"。上述提到的"三去一降

一补"就是供给侧结构性改革的重要内容,"三去一降一补"的具体内容为:

去产能,即化解落后和过剩的产能。主要是为了解决产品供过于求而引起产品恶性竞争的不利局面,寻求对生产设备及产品进行转型和升级的方法。比如受国际金融危机的深层次影响,国际市场持续低迷,国内需求增速趋缓,我国部分产业供过于求矛盾日益凸显,传统制造业产能普遍过剩,钢铁、水泥、电解铝等高消耗、高排放行业尤为突出。因此,需要对产能过剩的行业进行转型升级,淘汰过剩产能。

去库存,即化解房地产库存问题。房地产的库存问题主要集中在三、四线城市。比如可以按照加快提高户籍人口城镇化率和深化住房制度改革的要求,通过加快农民工市民化,扩大有效需求,打通供需通道,消化库存,稳定房地产市场。

去杠杆,即降低居民、企业和地方政府的负债。"杠杆"是指特定主体通过借入债务,以较小规模的自有资金撬动大量资金,以此扩大经营规模。比如个人、企业和政府等主体向金融机构借贷或发债等,都是加杠杆的行为。如果企业和地方政府的债务过高会增大金融风险,影响经济发展。因此,需要在提高生产效率、推动经济增长的过程中改善债务结构,增大权益资本比重,以可控方式和可控节奏逐步减少杠杆,防范金融风险,促进经济持续健康发展。

降成本,即降低企业经营成本。当前我国中小企业经营成本较高,融资困难,降低企业经营成本有利于企业良性发展。降成本主要是降低制度性经营成本、企业税费负担以及企业财务成本等。

补短板,即补足发展和民生短板。主要是培育发展新产业,加快技术、产品、业态等创新,补齐软硬基础设施短板,提高投资有效性和精准性,推动形成市场化、可持续的投入机制和运营机制。

资料来源:2015年中央经济工作会议公报。

第二节 国民总产出去向哪里

上一节我们介绍了总产出是如何生产的,是从供给的视角看待国民收入问题。本节我们从需求的视角了解产品和服务的总产出将去向哪里。我们在本书第二章中根据支出法将 GDP 的组成分为四个部分：消费（C）、投资（I）、政府购买（G）和净出口（NX），这四个部分即是从需求的视角对国民总产出的去向进行了分类，一般来说，消费表示居民的需求，投资表示企业的需求，政府购买表示政府的需求，净出口表示国外部门的净需求。由此，国民总产出可以表示为：

$$Y = C + I + G + NX \tag{4-7}$$

从上述的核算公式来看，经济主体主要有家庭、企业、政府和国外部门，国民总产出主要为这四个主体提供其所需要的产品和服务。本节我们重点考虑国民总产出是如何在四者之间进行分配的。

1. 消费

消费是我们非常熟悉的概念，日常的衣食住行、教育支出、医疗支出、爱好以及休闲等方面的支出都属于消费。对大多数国家而言，消费占到 GDP 的相当比例，2019 年，美国的消费占 GDP 的比重大约是 70%，而我国居民消费占 GDP 的比重则比美国低很多，近年来一直维持在 40% 左右。在本章最后的中国案例部分，我们会详细讨论我国消费占 GDP 比重的趋势和现状。在此之前，我们需要知道关于消费的一般分析框架。

如图 4-2 的宏观经济流程图所示，家庭部门提供劳动力及其拥有的资本等生产要素，生产要素参与生产带来的收入成为家庭部门的回报，家庭部门拥有收入以后就会购买产品和服务作为消费。在这里我们将经济模型尽可能简化，假设消费主要取决于家庭部门的收入，具体而言，取决于家庭部门的可支配收入。① 可支配收入也就是家庭总收入中扣除税收（T）以后的收入，可支配收入越高，消费越多。经济学的分析一般开始于假设，在分析消费问题时，我们假设家庭的消费和可支配收入直接相关，而且为了简化分析，我们假设这种关系为简单的线性关系。② 那么，描述可支配收入与消费关系的

---

① 影响消费的因素很多，本书第十三章将重点从宏观经济学的微观基础视角来讨论消费的决定。

② 线性假定是经济学中最常用的假定之一，它可以帮助我们简易快捷地讨论两个变量之间的关系，在多数场合下，这样的假定是合理的。当然，在必要的时候我们也可以放开这样的假定，进行更复杂的分析。

消费函数可以写为：

$$C = \alpha + \beta(Y - T) \tag{4-8}$$

其中，C 是指消费，α 为自发消费支出（即与收入无关的维持生活的必要性消费支出），β 为边际消费倾向（即与收入相关的引致消费支出），Y 为总收入，T 为定量税收。经济学通常从边际上分析问题，与消费函数相关的一个重要概念是边际消费倾向 β（marginal propensity to consume，MPC），边际消费倾向是指收入中每增加一单位所引起的消费的变化。边际消费倾向的取值范围为 0 到 1 之间，边际消费倾向越大，表示收入的额外增加中用来消费的比例越高。比如假设一个经济体的边际消费倾向为 0.8，那么表示家庭收入每增加 100 元，其中 80 元会用来消费，剩下的 20 元则作为储蓄。自发消费支出指的是不随收入变化的固定消费支出，比如保障基本生活的衣食住行支出等，不论收入是多少，维持正常生活的每月基本消费是相对固定的，并不会因为收入的增加和减少而发生变化。图 4-3 表示线性的消费函数，对于线性的消费函数来说，其斜率是边际消费倾向，截距则表示自发消费支出。

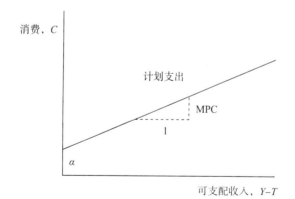

图 4-3　消费函数

2. 投资

投资是一个常见的概念，日常意义上的投资范围很广。例如，我们购买一笔某公司的股票、去银行买一份理财产品、提供资金参与朋友的创业项目，这些都叫作投资，它主要是指投入本金用以取得一定的资产性回报。但是，和我们日常生活中的投资概念有所不同，宏观经济学中的投资特指企业对投资品的购买，这里的投资品对企业来说主要是指用来扩大再生产的产品和服务，主要指的是实物性资产投资，例如为了扩大生产购买了厂房和机器设备。投资是为了盈利，因此以盈利为目的的投资原则就是成本和收益的考量。如果一项投资的收益高于成本，剩下的利润符合投资者的预期，那么就是值得投资的；反之，如果一项投资的收益等于或者低于成本，那么就不值得投资。在投资标的既定的前提下，投资行为就与投资的成本相关，而投资的成本主要是资金成本。即使是自有资金，不需要向银行贷款，那么从经济学的角度考虑，持有自有资金本身就是有机会成本的，如果我们不持有这笔现金而是将它存在银行那么至少会获得一笔利息收入。在金融市场上，我们用利率（r）来表示资金成本，也就是货币的价格（我们将在本书第五章讨论利率的决定问题）。利率越低意味着在金融市场上获得货币的成本越低，家庭或者企业进行投资的可能性就会越大。例如某企业根据市场反馈情况希望扩大再生产，此时市场利率为5%，企业扩大生产贷款1 000万元只需要支付5%的市场利率，如果投资的回报率是7.5%，那么理性的企业会考虑扩大生产。但假设市场利率是8%甚至10%，理性的企业都不会选择投资。即使企业有充足的自有资本，不需要在金融市场上进行融资以后再去投资，投资与利率的反比关系仍然是成立的。在企业有充足资金的情况下，如果市场利率足够高，企业的理性选择不是扩大再生产，而是把资金放到金融市场上去获得高额的利息回报。因此，投资的多少取决于利率的高低，利率越高，投资越少。同样地，为了简化分析，我们用线性关系刻画投资函数，即投资函数表示为：

$$I = e - dr \tag{4-9}$$

式（4-9）中，I表示投资，e表示自发投资，dr表示引致投资，d表示投资对利率的敏感性，r表示利率。自发性投资指的是和利率无关的自发投资行为，比如企业正常运转中需要定期更换的设备等。而引致投资是由于利率变化而带来的投资行为，比如当市场利率降低时，企业从金融市场上融资的成本较低，在预期收益不变的前提下，成本降低，企业有动力扩大投资，因此引致投资和利率成反比。投资函数如图4-4所示。

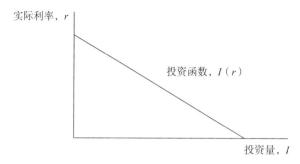

图 4-4 投资函数

上述投资函数中的利率一般是指实际利率（real interest rate），和实际利率相对应的是名义利率（nominal interest rate），各金融机构公布的利率通常是名义利率。实际利率是剔除通货膨胀因素以后的真实市场利率，理性的家庭和企业在做投资决策时会考虑到通货膨胀的影响，因此投资函数中的利率一般指的是实际利率。关于通货膨胀和名义利率的问题我们会在第五章重点介绍。

▍专栏 4-4

各种利率知多少？

利率是日常生活中我们经常会接触到的一个概念，最常见到的利率主要包括存贷款基准利率和金融市场利率等。

存贷款基准利率。存贷款基准利率是金融市场上具有普遍参照作用的利率，也是利率市场化的重要前提之一。在利率市场化条件下，融资者衡量融资成本，投资者计算投资收益，以及管理层对宏观经济的调控，客观上都要求有一个普遍公认的基准利率水平作为参考。所以，从某种意义上讲，基准利率是利率市场化机制形成的核心，其他利率水平或金融资产价格均可根据这一基准利率水平来确定。基准利率具有市场化、基础性、传递性特征。

而宏观经济学中讨论的利率更多的是一般化的平均市场利率，比较接近的是金融市场利率。

金融市场利率。利率市场化是指金融机构在货币市场经营融资的利率水平由市场供求来决定，包括利率决定、利率传导、利率结构和利率管理的市场化。实际上，就是将利率的决策权交给金融机构，由金融机构自己根据资金状况和对金融市场动向的判断来自主调节利率水平，最终形成以中央银行基准利率为基础、以货币市场利率为中介、由市场供求决定金融机构存贷款利率的市场利率体系和利率形成机制。常见的金融市场利率有同业拆借利率（interbank offered rate，IOR）和贷款市场报价利率（loan prime rate，LPR）。同业拆借利率是指金融机构同业之间的短期资金借贷利率。它有两个利率，拆进利率表示金融机构愿意借款的利率；拆出利率表示愿意贷款的利率。同业拆借利率是拆借市场的资金价格，是货币市场的核心利率，也是整个金融市场上具有代表性的利率，它能够及时、灵敏、准确地反映货币市场乃至整个金融市场短期资金供求关系。比较有名的同业拆借利率有伦敦同业拆借利率（Libor）和上海同业拆借利率（Shibor）。而为了促进以制造业、服务业为核心的实体经济增长，减轻经济下行的压力，2019年8月中国人民银行决定改革完善贷款市场报价利率（LPR）机制。LPR在推出之初，其计算方法由18家银行共同报价产生，去掉一个最高报价和一个最低报价后取算术平均得出，每月20日重新报价计算。

除了存贷款基准利率和金融市场利率，还有一个概念也和利率较为相关，那就是资本边际效率。

资本边际效率。资本边际效率（marginal efficiency of capital，MEC）是一种贴现率，这种贴现率正好使一项资本物品的使用期内各项预期收益的现值之和等于这项资本品的供给价格或者重置成本。比如，某企业投资一个项目，在期初需要投入10万元购买机器设备，假设机器设备使用期限为5年，将每年利用该机器新产生的预期收益按照10%的利率折现到基期，五年预期收益经过折现加总后刚好等于10万元（假设机器5年后彻底报废，没有残值），那么该资本品的边际效率为10%。如果实际利率高于10%则该项目不值得投资，如果实际利率低于10%则该项目就值得投资。因此，实际利率越高，值得投资的项目就越少，通过资本边际效率有助于理解投资与实际利率成反比。

资料来源：中国人民银行官方网站；高鸿业，宏观经济学（第七版），中国人民大学出版社，2018年。

3. 政府购买

除了家庭部门和企业部门，一个经济体生产的全部产品和服务还有一部分到了政府部门。政府需求通常以政府购买的形式出现。财政支出和财政收入是政府财政的两大部分，政府通过税收等渠道获得收入，而财政支出方面，除了部分用来转移支付，其他的部分就是政府购买。政府购买主要包括两部分：一部分是正常的公共支出和政府活动需求，如国防、教育、医疗和维持政府日常运转的支出等；另一部分则是政府的投资行为，比如政府的大型基础设施建设项目和对某些产业的直接投资行为。

政府收入（主要是税收）和政府支出（主要是政府购买）是财政政策的主要工具，政府收入和支出占 GDP 的比重也被认为是衡量政府调节经济能力的重要指标之一。古典经济理论认为政府的首要职责是维持年度收支平衡，简化分析用 G 代表政府支出、用 T 代表政府收入时，平衡预算财政的观点认为 $G=T$ 是政府的财政目标。但凯恩斯认为，政府不应该机械地保持财政收支平衡，政府的财政收支应该被作为一种有效的干预工具。为了调节经济，政府财政可以允许适当的赤字。对于财政政策以及政府应该如何看待财政收入和支出的问题，本书将会在最后一章进行详细讨论。

4. 出口

在一个传统的封闭经济体中，国民总产出的去向包括消费、投资和政府购买三个渠道。在后续章节中涉及的开放经济中，国民总产出的另一个去向是出口，即本国所生产的全部产品和服务的总和除被本国家庭消费、被本国企业投资和被本国政府购买以外，也会被国外部门购买，这一部分叫作出口。例如改革开放初期我们大量出口到国外的廉价手工制品以及现阶段我们出口到国外的高端制造业产品等。在国际贸易中，存在出口的同时也存在进口，因此，我们一般用净出口（净出口等于出口减去进口）来表示本国产品和服务的净流出。在后面的分析中我们用 NX 代表净出口。

在本书的部分章节中，为了简化分析过程，我们只考虑封闭的经济体，即一个不与其他国家和地区进行贸易的经济体。在后面的章节中将会有专门的部分对开放经济进行讨论。那么，对于一个封闭经济，经济中产品和服务的总产出主要被用于消费、投资和政府购买。

第三节　国民总收入的分配

前面我们分开讨论了总产出从哪里来到哪里去，这都是产品的形态，对应 GDP 核算中的生产法和支出法，考虑的是生产者和消费者之间的生产和交换问题。为了理解整个宏观经济循环过程，还需要考虑生产者和消费者之间进行互动的另一条线：分配，即由劳动和资本等生产要素生产出来的国民总产出如何在各要素之间进行分配。从本章第一节的宏观经济运行图 4-2 可知，家庭主要作为生产要素的拥有者，而企业主要作为生产收入的所有者，国民总收入的分配即是企业的产出在各生产要素拥有者之间进行分配。分析国民总收入的分配主要从企业的行为出发，在开始之前，我们仍然需要一系列的假设，保证后面的分析过程足够简化同时符合经济学直觉。

1. 重要的假设

第一，完全竞争市场。我们假设企业处于一个完全竞争的市场，所谓市场是完全竞争性的，是指作为无数个企业中的一个，企业是价格接受者，企业的产出价格和投入价格都是既定的，由市场供求决定。这一假设和微观经济学中完全竞争市场的假设一致。

第二，要素的边际产量递减。企业的生产过程中最基础的生产要素劳动和资本之间存在着最优的比例配置。在达到最优配置之后，在资本量（或劳动量）不变的情况下，随着劳动量（或资本量）的增加，劳动（或资本）的边际产量是递减的。这一假设也和微观经济学中企业生产行为的要素边际产量递减假设一致。

第三，规模报酬不变。如果生产函数是规模报酬不变的，即要素投入增加时总产出以同比例增加，那么产出的回报将按比例分配到各生产要素，要素之外的回报为零，即经济利润必为零。

以上假设符合大部分现实经济场景，有助于将复杂的经济现实抽象为简单的经济模型，在理解简化的经济模型以后，再逐步放开假设，讨论更一般化的现实经济问题。根据上述假设，我们进一步分别从要素的供给和要素的需求进行分析。

2. 要素的供给

要素的供给方主要为家庭，作为劳动和资本的所有者，家庭为生产提供基本所需的劳动和资本。而根据上一节的分析，家庭的劳动和资本在一定时期内是固定的，即劳动量为 $\bar{L}$，资本量为 $\bar{K}$。用供给函数的形式来分析即不论劳动和资本的价格如何，劳动和资本的供给量都是固定的，表现在供给曲线上就是劳动和资本要素的供给曲线为垂直于横轴的一条直线。

3. 要素的需求

要素的需求方主要为企业，企业需要劳动和资本等要素进行生产，通过产出获得利润。企业以盈利为第一目的，而企业的利润等于企业的总收益减去总成本，如果企业利润记为 Profit，产品价格计为 P，企业生产产品总数量记为 Y，单位劳动的回报即工资记为 W，单位资本价格即利率记为 R，带入式（4-1）的生产函数 $Y=AF(K, L)$，那么企业利润可以表示为：

$$\text{Profit} = PY - WL - RK = P \times AF(K, L) - WL - RK \qquad (4-10)$$

追求利润最大化的竞争性企业需要满足上式中的利润最大化，即在给定技术水平、市场价格水平、劳动力价格和实际利率的前提下，企业会选择合适的劳动（L）和资本（K）使得利润（Profit）最大化。在求解企业利润最大化之前，我们有必要首先介绍两个概念：劳动边际产量（marginal product of labor，MPL）和资本边际产量（marginal product of capital，MPK）[①]。

劳动边际产量（MPL）。劳动边际产量指的是每增加一单位劳动所带来的产量的增加。企业的决策是从边际的概念进行考量的，如果每增加一单位劳动所带来的收益大于这一单位劳动的成本，那么企业多雇用工人就是合理的。随着企业雇用工人数的增加，企业的决策临界条件是每多雇用工人所付出的成本等于增加的收益。从这个角度出发，企业的最优决策为每增加一单位劳动所带来的收益等于每增加一单位劳动所付出的工资成本。

资本边际产量（MPK）。资本边际产量指的是每增加一单位资本所带来的产量的增加。同样地，如果每增加一单位资本所带来的收益大于这一单位

---

① 在宏观经济学中，一般习惯将资本边际产量简记为 MPK。

资本的成本，那么企业多投入这一单位资本就是合理的。此时，企业的最优决策为每增加一单位资本所带来的收益等于每增加一单位资本所付出的利息成本。

如果直接对企业的利润方程进行最大化求解，也可以得出相同的结论，企业利润最大化的一阶条件为：

$$\text{MPL} = \frac{W}{P} \tag{4-11}$$

$$\text{MPK} = \frac{R}{P} \tag{4-12}$$

上述两式中，W/P 为劳动的实际价格即实际工资（w），R/P 为资本的实际价格（r），即实际利率。从分析可以看出，完全竞争性的、追求利润最大化的企业关于雇用多少劳动和租用多少资本都遵循一个规则：在竞争性市场中，企业需求的每一种生产要素的增加，会在其要素的边际产量等于实际要素价格时停止，也就是说，企业为了增加利润会持续增加要素投入，而当某种要素每多增加一单位，其付出的要素成本超过其所获得的收益时，企业会停止该生产要素的进一步投入。

4. 要素市场的均衡与国民收入分配

根据要素边际产量递减的假设，我们可以得到劳动和资本的需求曲线，即一条向右下方倾斜的曲线。有了劳动和资本的供给、需求曲线以后，我们便可以像利用供求关系分析市场价格和数量一样来分析劳动和资本的均衡价格和数量（如图 4-5 和图 4-6）。图 4-5 中纵轴表示实际工资水平 w，横轴表示劳动数量，图 4-6 中纵轴表示实际资本价格 r，横轴表示资本数量。

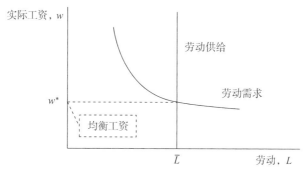

图 4-5 劳动市场

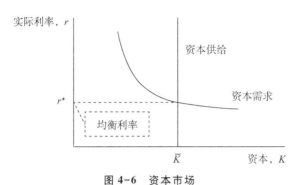

图 4-6 资本市场

在认识了要素均衡和企业利润最大化的最优决策以后,我们来分析要素的收入分配问题。企业支付了生产要素报酬之后留下来的收入是企业所有者的经济利润。因此,有:

$$\text{Profit} = PY - P(\text{MPK} \times K) - P(\text{MPL} \times L) \quad (4\text{-}13)$$

其中,国民总收入为经济体的总产出,在企业利润最大化的条件下,每种生产要素的报酬等于它对生产过程的边际贡献,即向每个工人支付的工资等于MPL,向每个资本所有者支付的资本价格等于MPK。因此,劳动要素报酬为劳动边际产量和劳动总量的乘积,资本要素报酬为资本边际产量和资本总量的乘积。那么,总收入的分配就被分为三个主要的组成部分:对劳动的回报、对资本的回报和经济利润。劳动和资本的回报统称为要素回报,我们较为关心的问题是在总收入中各类要素的回报占有多大的比重。根据基本假定的第三条,如果生产函数 $F(K, L)$ 是规模报酬不变的,那么经济利润为零,即:

$$F(K, L) = (\text{MPK} \times K) + (\text{MPL} \times L) \quad (4\text{-}14)$$

如果每单位要素都是按照边际产品去支付的,那么所有要素总和的回报就是总产出,也就是说,在生产函数规模收益不变的前提下,总产出全部作为劳动和资本的回报进行了支付,这时经济利润为零。规模收益不变是我们常用的假设,因此,在生产函数的规模报酬不变的前提下,国民总收入全部分配给了劳动和资本作为回报。需要说明的是,这里的经济利润并不是日常意义上的会计利润,一般企业作为资本的所有者,资本的回报部分则被计入企业的利润。

5. 国民收入的实际去向

在理想化的模型中，国民收入最后作为要素劳动和资本的回报被进行了分配，在实际经济运行中，国民收入按照经济活动的参与主体进行了分配，根据主体的不同，我国国民收入的去向也有所不同，国家统计局将一年的国民总收入主要分为如下几类[1]：

劳动报酬，指劳动者从事生产活动应获得的全部报酬，既包括货币形式的报酬，也包括实物形式的报酬，主要包括工资、奖金、津贴和补贴，单位为其员工交纳的社会保险费、补充社会保险费和住房公积金，行政事业单位职工的离退休金，单位为其员工提供的其他各种形式的福利和报酬等。

营业盈余，主要指资本的回报，即一定时期内本国产业生产者的增加值超过雇员报酬、固定资本消耗及间接税净额后的余额。营业盈余只产生于产业部门，只有产业部门才能取得营业盈余。生产者的增加值是由雇员报酬、营业盈余、固定资本消耗和间接税超过津贴部分所组成的，相当于企业利润，是企业可支配使用的净收益。营业盈余又具体分为财产收入和业主收入两部分。财产收入是指与企业生产经营活动有关的收入，如一经济机构使用其所有的金融资产、土地及版权和专利权等无形资产而产生的实际的或估计的收入。业主收入等于营业盈余超过财产收入的部分。营业盈余是企业一定时期内的经营成果，是一定时期的总产出与中间消耗之间的差额。这部分数额的多少直接关系到企业的发展前途，影响企业的投资方向。

生产税净额，指生产税减生产补贴后的差额。其中，生产税指政府对生产单位从事生产、销售和经营活动，以及因从事生产活动使用某些生产要素（如固定资产和土地等）所征收的各种税收、附加费和其他规费。生产税分为产品税和其他生产税，产品税主要有增值税、消费税、进口关税、出口税等；其他生产税主要有房产税、车船使用税、城镇土地使用税等。生产补贴则相反，它是政府为影响生产单位的生产、销售及定价等生产活动而对其提供的无偿支付，包括农业生产补贴、政策亏损补贴、进口补贴等。生产补贴作为负生产税处理。

---

[1] 资料来源：国家统计局。

固定资产折旧,指由于自然退化、正常淘汰或损耗而导致的固定资产价值下降,用以代表固定资产通过生产过程被转移到其产出中的价值。原则上,固定资产折旧应按照固定资产的重置价值计算。

本章第五节中国案例部分将对我国国民收入分配的实际情况进行具体介绍。

第四节 供给与需求的均衡:国民收入的决定

到现在为止,我们已经对图4-2所反映的宏观经济流程的各个经济主体以及它们之间的关系进行了分析。我们从供给的角度分析了生产的问题,讨论了生产要素和生产函数,了解了国民总产出从何处来;我们从需求的角度分析了消费、投资和政府购买行为,了解了国民总产出向何处;我们从分配的角度分析了各要素如何获得对应的回报,了解了供给和需求如何通过收入建立联系。但是,到目前为止我们都还只是独立地分析各个部分,而经济活动是一个运动的整体。图4-2所示的经济循环图是不是一个均衡的状态以及如何达成均衡状态?均衡分析是经济学最重要的议题之一,因此,本节我们分析产品和服务的供求均衡问题。为了简化分析,我们只考虑封闭经济条件下的三部门问题,即经济运行的主体为家庭、企业和政府,没有国外部门。

1. 储蓄

前面我们已经介绍过消费和投资的基本概念和函数形式,现在我们介绍一个与消费和投资都有较强关联性的概念,那就是储蓄。和消费一样,储蓄的概念在日常生活中也很常见,但是宏观经济学中的储蓄概念和日常生活中的储蓄概念并不相同。在宏观经济学中,我们将居民收入中没有用于消费的部分定义为私人储蓄。与私人储蓄对应的便是政府的收入中未被消费的部分,称为政府储蓄,即私人储蓄为:

$$S_p = Y - T - C \qquad (4-15)$$

其中,$Y-T$为可支配收入,可支配收入减去消费就是宏观经济学对私人储蓄的定义。而政府储蓄为:

$$S_G = T - G \qquad (4-16)$$

其中，T为税收，即政府收入，G为政府购买，即政府支出，政府收入减去政府支出即为宏观经济学对政府储蓄的定义。那么我们可以得到国民总储蓄：

$$S = S_p + S_G = Y - T - C + T - G = Y - C - G \qquad (4-17)$$

即国民储蓄等于总收入减去消费和政府购买。

由于财政收入和支出由政府的财政政策决定，因此在此模型中，G和T可以被看作由政府给定的常量，而总产出由资本、劳动和技术水平决定，短期内生产要素不变的情况下，总产出也可以被认为是外生的。可得：

$$S = \bar{Y} - C - \bar{G} \qquad (4-18)$$

在不考虑金融系统和货币市场时，从产品和服务形态来考虑，企业资金的唯一来源在于国民储蓄，国民储蓄是企业进行投资的源泉。国民储蓄转化为投资的调节因素正是实际利率，实际利率高，居民倾向于少消费、多储蓄，企业因此拥有了更多的可贷资金。实际利率低，居民倾向于多消费、少储蓄，企业拥有较少的可贷资金，融资成本高。第二节我们给出消费函数时假定消费只和总收入相关，是因为模型中还没有涉及利率因素，当利率因素被纳入分析框架时，消费的主要影响因素被假定为自发消费、可支配收入和实际利率，即：

$$C = \alpha + C(\bar{Y} - \bar{T}, r) \qquad (4-19)$$

其中，α为自发消费支出，是外生参数，$C(\bar{Y} - \bar{T}, r)$是引致消费，主要受可支配收入和实际利率水平的影响，引致消费和可支配收入正相关，和实际利率负相关。因此，国民储蓄水平为：

$$S = \bar{Y} - C - \bar{G} = \bar{Y} - \alpha - C(\bar{Y} - \bar{T}, r) - \bar{G} \qquad (4-20)$$

2. 产品与服务市场的均衡：储蓄等于投资

在封闭经济体中，产品和服务的需求侧主要考虑的是家庭的消费行为、家庭和企业的投资行为以及政府购买行为。其中，消费主要和可支配收入相关，投资主要和实际利率相关，政府收入和支出作为外生变量，可以暂时被假定为一个固定的值。讨论宏观层面的均衡问题，在考虑需求以后我们再回顾一下供给。由于资本、劳动和技术在短期内都是不变的，因此产品和服务的供给可以表示如下：

$$Y = \overline{\mathrm{AF}(KL)} = \overline{Y} = C + \overline{G} + S \tag{4-21}$$

而产品与服务市场达到均衡的条件就是总供给和总需求相等,即:

$$C + \overline{G} + S = \overline{Y} = C + I + \overline{G} \tag{4-22}$$

根据式 (4-22) 可知均衡的条件为储蓄等于投资 ($S=I$),将投资函数 [式 (4-9)] 和储蓄函数 [式 (4-20)] 带入 $S=I$ 后得到均衡条件为:

$$\overline{Y} - \alpha - C(\overline{Y} - \overline{T}, r) - \overline{G} = e - dr \tag{4-23}$$

到这里我们可知储蓄函数和投资函数都是关于实际利率的函数,而储蓄和实际利率正相关,投资和实际利率负相关。当产品和服务市场达到均衡时有储蓄等于投资。产品和服务市场的均衡条件出现在图 4-7 中储蓄曲线和投资曲线的交点,如果产品和服务市场的实际利率高于 r^*,那么储蓄大于投资,意味着在可贷资金市场上对资金的需求小于对资金的供给,放贷者愿意以更低的利率出借资金,实际利率会下降。同理,如果产品和服务市场的实际利率低于 r^*,那么投资大于储蓄,说明在可贷资金市场对资金的需求大于对资金的供给,实际利率会升高,直至达到均衡状态。

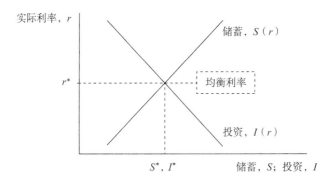

图 4-7 储蓄、投资和利率决定

需要注意的是,上述分析的产品和服务市场的均衡是一种理想状态,均衡的含义是当国民储蓄正好等于投资的时候,经济处于一种均衡的状态。实际利率可以调节供给和需求达到均衡,但是,实际利率本身也是一个不确定的变量。关于现实经济中实际利率是如何决定的,后续我们需要进一步对货币市场进行研究。

3. 均衡的改变:储蓄和投资的变化

对于均衡的分析,一方面在于均衡状态的求解,即供给曲线和需求曲线的交点;另一方面在于均衡状态的变化,即外部因素对供给和需求的影响导致新均衡的产生。以储蓄和投资为代表的可贷资金的供给和需求的均衡决定了均衡利率,但储蓄和投资在外部条件发生变化时是可能变化的,这种外部条件的变化导致的储蓄和投资的变化如何影响均衡利率?

储蓄的变动。根据前面的分析,储蓄 $S=Y-C-G$,在总产出不变的前提下,政府购买 G 的变化以及政府税收 T 的变化都会影响储蓄行为。如果政府在保持税收不变的前提下扩大财政支出,那么国民储蓄会减少,储蓄减少体现在图 4-8 上就是可贷资金供给曲线的左移。储蓄曲线从 S_1 向左移动到 S_2,在投资曲线不变的前提下,储蓄曲线与投资曲线的交点向左上方移动,这时新的利率水平由 r_1 升高到 r_2,投资水平降低。这被称为政府支出的挤出效应(crowd out effect),即政府部门由于扩大了财政支出而和私人企业形成竞争:政府购买的增加导致利率提高,利率提高进一步抑制了私人部门的投资。同样的道理,假设政府购买支出不变,政府税收增加会导致总储蓄增加,储蓄曲线往右移动,实际利率和投资水平都相应提高。

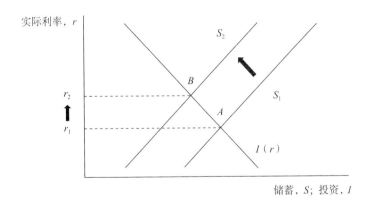

图 4-8 储蓄的变动与实际利率

投资的变动。除了储蓄会受到外部因素影响而发生变动,投资也可能受到其他因素的影响而发生变化。比如基础设施的大规模建设会降低企业的成本从而提高投资的概率,比如技术进步带来的部分产业红利期也会导致企业投资的可能性增加。表现在图 4-9 上就是对可贷资金的需求也就是投资会增加,需求曲线从 I_1 向右移动到 I_2,新的均衡利率由 r_1 上升到 r_2。投资曲线往右移动的结果是利率水平上升,投资也会相应增加。

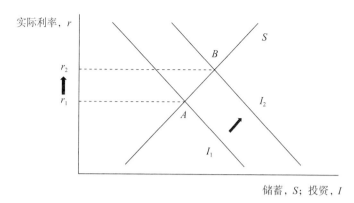

图 4-9 投资的变动与实际利率

第五节 中国案例：从 GDP 看国民收入的中国实践

1. 国民总产出来自哪里：劳动、资本和技术的贡献

改革开放以来，中国经济高速增长，到 2020 年，人均 GDP 已经突破 1 万美元，进入中上等收入国家的行列，下一阶段的目标是实现人均收入的不断提升，进一步缩小与发达国家的差距。从生产的角度看，我国国民总产出主要来自劳动、资本和全要素生产率。具体来说，改革开放以后的户籍制度逐渐放松，人口得以自由流动，农村大量剩余劳动力流向城市，劳动年龄人口数量不断增加，高考制度得以恢复，双重人口红利和人力资本的积累，再加上城市化和工业化带来的资本深化，都是这段时期经济发展的重要驱动力。更为重要的是，市场在经济发展中的作用越来越显著，价格机制开始发挥资源配置的作用，微观主体的能动性得以体现，技术进步对经济增长的贡献起着重要的作用，全要素生产率对于劳动生产率的贡献开始显现出来。

从图 4-10 中可以看出，在改革开放 40 年的高速发展阶段，劳动、资本和全要素生产率都为经济增长做出重要贡献。但同时也应看到，随着人口红利的逐渐消失，劳动对经济的贡献逐渐下降，同时，资本对经济的贡献逐年变动较大，对于全要素生产率的追求在未来显得尤为重要。

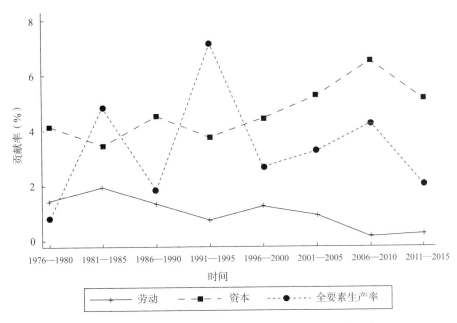

图 4-10 劳动、资本和全要素生产率对经济增长的贡献

数据来源：Asian Productivity Organization，APO productivity Databook 2018。

2. 国民总产出到哪里去：中国的消费、投资和净出口

投资、消费和净出口被认为是拉动中国经济增长的"三驾马车"。图 4-11 呈现的是支出法核算 GDP 中居民消费、资本形成（投资）、政府消费（政府购买）和净出口自改革开放以来的变化趋势。根据图 4-11，从 1978 年到 2020 年，我国投资和消费对经济增长的贡献起着主要作用，占到 80% 以上，而政府购买则基本维持在 GDP 的 15% 到 20% 之间。但对比投资和消费的趋势来看，消费对 GDP 的贡献在下降，而投资对 GDP 的贡献则在上升。从 1978 年到 2004 年，消费对 GDP 的贡献大于投资，而在 2004 年以后，消费对 GDP 的贡献开始被投资超过，近几年投资和消费对 GDP 的贡献均在 40% 左右，但投资贡献率仍然超过消费。我国居民消费占 GDP 的比重远低于国际平均水平，即我国的储蓄率较高被认为是一种消费不足现象。净出口方面，尽管从数据上看净出口对经济的直接拉动作用在比较好的时候也只有不到 10%，但中国的进出口体量较大，改革开放以后，对外开放在中国的经济增长中同样

扮演了重要的角色,从数据可以明显看到,2008年全球经济危机以后,净出口占GDP的比重也有一定的提升。

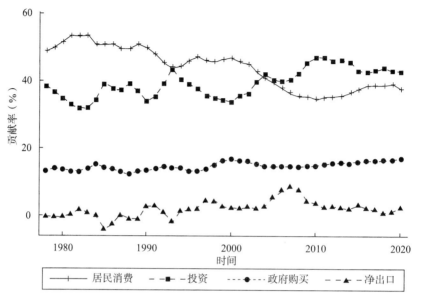

图4-11 中国支出法GDP构成的变化

数据来源:国家统计局,http://www.stats.gov.cn/。

3. 国民收入的分配

按照我国GDP的收入法统计,GDP从收入的角度分为四个部分:劳动报酬、营业盈余、固定资产折旧以及生产税净额。其中,劳动报酬可以看作对劳动生产要素的回报,营业盈余和固定资产折旧可以看作对资本生产要素的回报,生产税净额则可以看作政府的收入。根据图4-12,我们重点关注劳动和资本这两种要素的回报。我国劳动的回报占比较高,基本在50%左右,资本的回报在15%到20%之间。同时,从数据中还能看出要素报酬随时间的变化趋势。首先,劳动份额变化可以以1983年为分界线,之前处于迅速上升阶段,之后持续下降。1983年之前税前劳动份额的迅速上升与当时中国经济体制改革的进程密切相关。其次,资本份额的变化大体分为三个阶段:1978—1983年,资本份额迅速下降;1984—1992年,资本份额迅速上升;1993—2008年,资本份额有所波动,但是总体上处于缓慢增长状态。

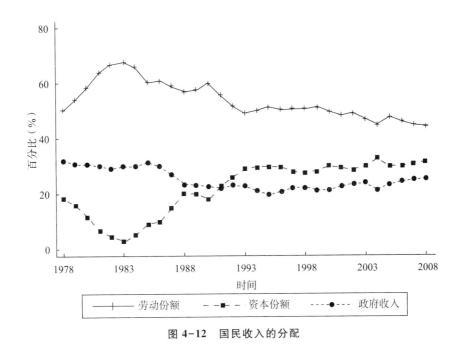

图 4-12 国民收入的分配

数据来源：吕冰洋、郭庆旺，中国要素收入分配的测算，《经济研究》，2012 年，第 10 期。

前沿拓展与文献速递

1. 中国的劳动与资本收入份额

国民收入部门分配格局指的是政府、企业、住户三大部门收入在国民收入中的分配。自 20 世纪 90 年代中期以来，我国国民收入部门分配格局发生了很大的变动，住户部门分配比重迅速下降，而政府和企业部门分配比重上升，这引起了社会各界的广泛关注（吕冰洋和郭庆旺，2012）。什么原因导致中国劳动收入份额下降？经济学相关研究分别从产业结构演化、有偏技术进步、市场扭曲、经济全球化、资本劳动相对价格以及资本市场配置效率等视角进行分析。也就是说，中国的劳动与资本份额变化的原因是多样复杂的，下面主要从资本劳动相对价格和资本市场配置效率两个维度进行介绍。

资本劳动相对价格与劳动收入份额。企业在生产过程中会根据要素相对价格来调整要素投入。换言之，要素相对价格是影响劳动收入份额最为直接的因素，因此研究劳动收入份额下降问题就需要考虑要素相对价格的变动。陈登科和陈诗一（2018）测算中国行业层面资本劳动替代弹性，并将其纳入最新劳动收入份额分解框架，将中国劳动收入份额变化分解为价格效应、行业内效应和行业间效应，研究发现资本劳动相对价格下降是中国劳动收入份额下降的重要驱动因素，该因素导致中国劳动收入份额在研究样本期间累计下降 0.16。资本劳动相对价格下降对劳动收入份额负向的影响，在不同省份存在显著差别，发达省份一般高于欠发达省份。

资本市场配置效率与劳动收入份额。金融市场是决定企业劳动收入份额的重要因素，从宏观层面来讲，金融市场上的变化会直接冲击劳动力市场，影响劳动收入份额；从微观层面来讲，当企业的信贷约束收紧，难以在金融市场上融资时，它会将所得利润更多留作未来发展，即向内融资，从而直接降低劳动收入份额。施新政等（2019）利用股权分置改革这一自然实验对中国上市公司的劳动收入份额变化进行了研究，发现股权分置改革对劳动收入份额具有显著的负向影响。股权分置改革主要通过工资市场化效应影响国有上市公司，股权分置改革后国有资本撤出，民间资本流入，股权分散化，国有上市公司逐步将利润最大化定为经营目标，使得"工资侵蚀利润"现象扭转，劳动收入份额降低。而非国有公司主要通过公司治理完善效应影响其劳动收入份额。股权分置改革显著降低了劳动密集型行业的劳动收入份额，而对资本密集型行业和技术密集型行业的劳动收入份额没有显著影响。股权分置改革对不同类型员工的影响也存在异质性，它显著降低了普通员工的劳动收入份额，但并没有改变高管的收入份额，这表明面对更加激烈的外部竞争，工资成本受到挤压。

2. 中国高储蓄低消费的经济学解释

自2008年经济危机以来，中国的高储蓄率一直是个备受关注的话题。关于全球经济失衡与我国高储蓄率的关系，可谓仁者见仁，智者见智。但是，仅就我国储蓄水平来说，高储蓄本身是客观事实。经济体的总储蓄由家庭储蓄、企业储蓄与政府储蓄三者构成，在我国，家庭储蓄与企业储蓄占据了总储蓄的大部分，并且家庭与企业均有较高的储蓄率。中国的家庭储蓄率从1990年的16%上升到了2007年的30%，而这种现象无论是从经典的生命周期理论还是从预防性储蓄抑或金融系统的不完善性方面均无法得到解释。关于我国的高储蓄率问题,经济学文献有如下几种解释。

老龄化与社会保障。根据生命周期理论,老年人通常不工作只消费,处于负储蓄状态,因此老年人口比重上升会导致国民储蓄率下降。也就是说,根据该理论,中国的国民储蓄率会随着人口老龄化进程的加快而进入下降通道。但自2000年进入老龄化社会后,中国的储蓄率仍增势不减,而且老龄化程度越高的地区,储蓄率反而更高,这与生命周期理论的预测不符。进一步分析会发现,老龄化一方面会增加纯消费群体,另一方面也伴随着巨大的养老压力。由于中国家庭养老的传统思想以及社会保障体系发展不完善,目前养老主要还是由子女负担,成年子女考虑到未来养老的压力,会倾向于在当前多储蓄,因此由寿命延长带来的"未雨绸缪"的储蓄动机能部分解释中国储蓄率的上升趋势。

高房价与性别失衡。由于传统的"重男轻女"观念,加之以往计划生育的限制以及人工流产技术的临床普及,从20世纪80年代中期开始,性别选择性流产导致我国的新生儿性别比一路攀升并偏离自然水平。我国2007年的新生儿男女性别比约为124/100,远远超过了自然水平下的106/100。长期的新生儿性别比失衡的影响就是2005年我国25岁以下男性的数量比同年龄段女性多3 000万。这意味着相较于自然水平下的性别比,男性找到配偶的可能性降低了。为了提升子女在婚姻市场中的地位,男方家庭会提高储蓄率以积累财富来吸引婚姻市场中的女性。同时,女方家庭不见得会降低储蓄,这是两种相反力量的结果:一方面,考虑到来自未来女婿家庭的财富转移,女方家庭会降低储蓄;另一方面,为不降低女儿在婚姻市场中的地位,女方家庭会增加储蓄。这两种作用叠加在一起对女方家庭储蓄的影响是不确定的。另外,还有一种渠道会增加家庭储蓄,如果男方家庭要为男孩的婚事购房的话,那么即使一个家庭没有儿子,它也需要增加储蓄以应对有待婚男子的家庭的购房行为带来的房价上涨。这些因素综合在一起的结果是,经济体中代表性家庭的储蓄率会上升。

低收入与收入差距。储蓄的来源是收入,个体收入的多寡以及群体收入的分配也会影响整体储蓄率。收入分配不均导致的收入差距问题之所以会影响储蓄,主要是因为不同收入水平面临不同的流动性约束。高收入家庭流动性约束小,相对储蓄率高,而低收入家庭流动性约束大,储蓄率也难以降低。

收入分配和流动性约束的相互作用是中国居民高储蓄率现象的根本原因。我国储蓄分布不均，高储蓄率由高收入家庭主导，且远高于中低收入家庭。当经济体中收入不平等程度加剧，且高收入家庭的储蓄率由于相对收入增加不断上升，低收入家庭由于受流动性约束限制储蓄率难以降低时，就导致了经济中家庭部门的高储蓄率。

参考文献

陈登科、陈诗一，劳动资本相对价格、替代弹性与劳动收入份额，《世界经济》，2018年，第12期。

甘犁、赵乃宝、孙永智，收入不平等、流动性约束与中国家庭储蓄率，《经济研究》，2018年，第12期。

吕冰洋、郭庆旺，中国要素收入分配的测算，《经济研究》，2012年，第10期。

施新政、高文静、陆瑶、李蒙蒙，资本市场配置效率与劳动收入份额——来自股权分置改革的证据，《经济研究》，2019年，第12期。

汪伟、艾春荣，人口老龄化与中国储蓄率的动态演化，《管理世界》，2015年，第6期。

Wei, S., Zhang, X., The Competitive Saving Motive: Evidence from Rising Sex Ratios and Savings Rates in China, *Journal of Political Economy*, 2011, 119 (3), 511-564.

本章总结

我们在本章介绍了一个国民经济循环图，循环图包含了家庭、企业和政府三个部门以及生产要素和产品与服务在各部门之间的流动。然后我们分别介绍了国民产出的总供给：生产要素如何通过生产函数生产产品和服务；国民产出的总需求：主要来自家庭的消费、企业的投资以及政府购买；国民产出的分配：劳动和资本的回报。最后我们用一个简单的模型介绍了国民收入的生产、支出和分配以及总供给和总需求均衡的问题，分析了宏观层面的总供给和总需求决定总产品和服务的问题。本章是对国民收入的一个整体性介绍，为了抽象出简化而易于理解的模型，我们设置了很多假设，仅仅分析了产品与服务市场，而接下来的工作就是要逐步放开这些假设，考虑更多的市场，让我们的模型更加接近真实的经济。

问题与应用

1. 请解释劳动边际产量为何会递减。资本边际产量是否也呈现出递减规律呢？

2. 宏观经济学中的投资概念和日常生活中的金融性投资有何区别？如何理解宏观经济学中的投资和利率成反比？

3. 假设某经济体中总收入 $Y=8\,000$，政府购买 $G=1\,000$，政府税收 $T=2\,000$，投资函数 $I=1\,200-100r$，边际消费倾向 $\beta=0.8$，那么

  (1) 求此经济体中的私人储蓄 S_1 和公共储蓄 S_2。

  (2) 求均衡的利率水平 r 和收入水平 Y。

  (3) 如果政府购买增加了 500，均衡将如何变化？

  (4) 如果政府税收减少了 500，均衡将如何变化？

4. 假设某经济体的生产函数是柯布-道格拉斯生产函数，主要生产要素有生产技术 A、劳动 L 和资本 K，即 $Y=AL^{\alpha}K^{1-\alpha}$，且如果 $\alpha=0.3$，那么

  (1) 求劳动和资本的边际产出。

  (2) 求总收入中劳动和资本的份额。

  (3) 如果农业剩余人口向城市转移使劳动力增加了 20%，那么总产出将如何变化？

  (4) 如果外资进入导致资本增加了 10%，那么总产出将如何变化？

  (5) 如果技术进步导致技术进步系数 A 增加了 30%，那么总产出将如何变化？

5. 请收集中国和美国的数据以及相关研究，分析劳动、资本和技术对中美经济增长贡献的不同。

6. 请收集数据从支出的角度对比分析中国和美国的国民收入流向问题。

第五章 货币市场与通货膨胀

本章概览

上一章我们介绍了宏观经济学中最重要也是最基础的产品和服务市场，对国民收入这一重要目标进行了讨论。在整个宏观经济的运行体系中，除了产品和服务市场，货币市场也扮演着至关重要的角色，产品和服务在家庭、企业和政府之间的流通离不开货币市场。同时，在上一章对产品和服务市场的分析中，我们提到了利率这一重要的因素，为了理解利率就需要深入分析货币市场。而货币市场的运行又和宏观经济管理的另一大目标通货膨胀相关。因此，本章我们从货币出发，首先对货币市场进行介绍，然后对通货膨胀相关问题进行讨论。

本章我们讨论与货币相关的三个重要问题：

第一，什么是货币？什么是国家银行系统？货币是如何创造的？

第二，货币与通货膨胀的关系如何？

第三，通货膨胀有何成本和后果？

最后，我们对中国的货币系统以及改革开放以来的货币供应和通货膨胀情况进行阐述。

本章主要内容如图5-1所示。

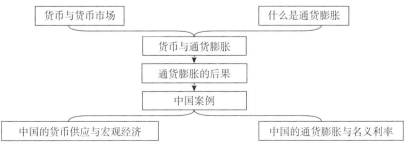

图 5-1　本章主要内容

第一节 货币与货币系统

1. 什么是货币

对于货币，人们常常感觉既熟悉又陌生。日常生活中人们遇到最多的和货币相关的概念是"钱"，"钱"一般被当作财富的象征，同时也用作商品计价和商品交易的工具。这里的"钱"其实可以看作货币的一种表现形式，而上面提到的"钱"的作用对应的就是货币的三种重要职能。人们经常接触到的另一个和货币相关的概念是货币政策，这个频繁出现在政府文件和新闻报道中的名词代表和货币相关的另一层含义，指的是银行系统的运行。在具体介绍银行系统之前，我们首先从货币的基础职能出发了解货币。

货币最开始来源于古代的物物交换，其早期是作为一般等价物出现在人类社会中的。货币是固定地充当一般等价物的特殊商品，具有流动性。我们可以从货币的三种主要职能更好地理解货币。

交换媒介：货币最早或者最日常的职能就是交换媒介，商品交易从最初的物物交换慢慢发展为使用一般等价物进行交易。这里的一般等价物随着经济社会发展的不同而有所变化，从早期的石器、后来的铜铁和金银衍变为现代社会的纸币等，大家利用这些公认的一般等价物就可以购买所需产品和服务，对产品和服务的购买实际上实现的就是产品和服务的交换，这是货币作为交换媒介的职能。

计价单位：除了日常作为商品交易的媒介，货币的另一大职能是计价单位，也就是货币提供了可以表示价格和记录债务的单位的职能。这也是货币常见的职能，比如人们购买商品和服务时需要知道商品的价格，而商品的价格就是以货币单位来实现的，比如一瓶水2元钱、一辆汽车20万元等。不同的货币对同一商品的计价还会有所不同，比如一瓶矿泉水在中国是2元，在美国可能就是0.5美元。

价值储藏：货币的第三大职能是价值储藏。所谓价值储藏实际上是指人们当前并不用它来购买商品和服务，而是把当下的货币储藏起来用于未来潜在的消费。比如当前有100元钱，如果去超市购物消费掉了，那么行使的是货币的交易媒介职能，如果这 100 元现在不花掉，而是留着下个月或者明年去消费，那么这里就行使了货币的价值储藏功能，相当于把货币的购买力保存到了未来。

现在我们日常接触、谈论和认识的货币指的都是法定货币（fiat money），比如人们钱包里的现金（纸币和硬币）、银行卡和存折里的存款以及各种理财账户里的金额都属于法定货币。法定货币是区别于一般商品货币的特殊货币，本质上是法律赋予其货币权利的货币符号。法定货币是指没有内在价值的、国家在法律上赋予其强制流通能力的货币。但法定货币并不是一开始就存在的，它是由商品货币演变而来的。早期的货币形式一般是商品货币，比如我国古代使用的铜钱、银锭和金元宝，在商品经济日益发达以后，一方面传统的商品货币显得越来越不方便，而且这种作为货币的特殊商品其自身的产量也是有限的，无法匹配经济的发展，这时就需要一种更加方便更加易于控制和管理的货币。另一方面，随着社会进步和法制建设的完善，由政府统一发行一种法定货币也成为可能。因此，目前所有国家都有属于自己国家的法定货币，而不同国家之间的法定货币还能以一定的比率进行兑换和交易。

2. 货币发行与货币乘数

前面讲到不同于商品货币，法定货币是由政府发行的，那么一国政府是如何发行和控制货币量的？如何去衡量一个经济体的货币是否够用？这里就需要首先了解货币的供给和货币衡量的概念。对货币量的供给主要是通过中央银行的货币政策实现的。在我国，中央银行是中国人民银行，中央银行被称为"银行的银行"，主要负责货币的发行和货币政策的制定等。中国人民银行是我国货币（人民币）的唯一发行机构，是货币的唯一供给方。那么中国人民银行是如何发行和控制货币的呢？这里我们将首先对货币衡量方式以及货币系统的运行进行介绍。

货币衡量指标有多种，一般依据金融资产的流动性由高到低对货币进行层次的划分。在中国，中国人民银行对货币量的衡量指标包括通货 M0、货币供应量 M1 和货币供应量 M2，具体定义如下：

$$M0 = 通货 = 纸币 + 硬币 \qquad (5-1)$$

$$M1 = M0 + 企业活期存款 \qquad (5-2)$$

M1 是在通货的基础上增加了企业活期存款，包括除通货以外的暂时性存储货币，M1 又叫狭义货币供给量。

$$M2 = M1 + 定期存款 + 居民储蓄存款 + 其他存款 \qquad (5-3)$$

M2 是在 M1 的基础上增加了定期存款等，覆盖面更加广泛，M2 又叫广义货币供应量。在宏观经济分析中，我们一般用 M2 来代指货币供应量。

（1）银行系统与货币发行

前面我们提到中国人民银行是人民币的唯一发行单位，那么中国人民银行是如何发行货币的？货币的发行只是中国人民银行开动印钞机印钱那么简单吗？虽然中国人民银行是货币发行的唯一单位，但央行发行货币并不是开动印钞机印钱那么简单（实际上，在数字支付手段越发便利的今天，央行很少会利用铸币厂发行纸币），而且货币的发行、流通以及最终货币供给量的产生并不完全由中国人民银行决定，而是由中国人民银行、商业银行系统、居民和企业等共同决定。在现代银行体系中，货币的发行和创造过程中最关键的环节是存款创造。为了简化分析，我们可以简单地将货币供应量 M 分为流通中的货币 M0 和存款 D，要理解最终的货币供应情况，我们必须清楚中国人民银行和商业银行系统是如何影响通货和存款的变化的。

首先，我们考虑一种最简单的情况——没有银行。假设没有银行，那么所有的货币都表现为通货的形式，总货币供应量就是人们持有的通货量，如果该经济体中所有人手中的钱加起来为 1 000 元，那么这时经济体中的货币供应量为 1 000 元。这时我们引入银行，在有银行的情况下，有人会把钱存入银行，假设银行只可以接受存款，不能发放贷款，如果人们存入银行的钱为 500 元，那么这个时候经济体中的货币供应量仍然是 1 000 元，其中有 500 元的通货和 500 元的存款。我们都知道，现实中的银行是有贷款业务的，而且贷款还是商业银行盈利的主要来源。在银行可以贷款的情况下，货币供应量又会如何变化呢？假设经济体中的初始货币量仍然为 1 000 元，这时候居民的存款为 500 元，流通中的现金为 500 元。银行在有 500 元存款的前提下可以将这部分存款贷给有需要的企业或个人以获得利息回报。假设银行将这 500 元存款中的 80% 也就是 400 元贷给了企业（为了避免挤兑的风险，银行通常不会或者不能将所有的存款全部贷出去，而中国人民银行也对商业银行的贷款比率有规定），那么这时经济体的货币供应量就是 500 元的通货加 500

元的存款再加400元的企业贷款，也就是说，当银行将这400元存款贷出去时，经济体就增加了400元的货币供给。

这就是贷款创造货币供给的第一个过程，而货币的创造不会停在第一阶段，拿到银行贷款的企业或个人会把这笔钱再存入另一家银行（或者把这笔钱支付给另一家企业或者个人以后，这家企业或个人会把钱存入另一家银行），这样另一家银行就获得了400元的存款，同样地，这家银行可以将这笔存款的一部分贷出去，于是，新一轮通过贷款创造货币供给的过程又开始了。

可以预想到，在运行良好的货币体系中，这一过程会一直持续下去，而且每时每刻都在发生着，银行系统不断地通过贷款创造着存款。现在我们假设一种理想的情况：经济体初始货币供应为1 000元，中国人民银行规定每家银行最多只可以将其存款的80%进行放贷，而放贷出去的货币在不考虑现金漏出的情况下又会回到银行系统，在这种情况下，我们可以通过如下过程计算最终的货币供给量：

初始存款 = 1 000元

第1次货币创造：$Y_1 = 1\,000\text{元} \times 0.8$

第2次货币创造：$Y_2 = 1\,000\text{元} \times 0.8 \times 0.8$

第3次货币创造：$Y_3 = 1\,000\text{元} \times 0.8 \times 0.8 \times 0.8$

……

第 n 次货币创造：$Y_n = 1\,000\text{元} \times (0.8)^n$

总计货币供给 $M = Y_1 + Y_2 + Y_3 + \cdots + Y_n = 1\,000\text{元} \times 1/(1-0.8) = 5\,000\text{元}$

也就是说，1 000元的初始货币供应量最终创造了5 000元的货币供给，货币供给量通过银行系统的放贷行为被放大了5倍。

上述货币创造过程中涉及如下几个概念：基础货币、存款准备金率、货币乘数，这些概念是我们理解银行系统货币供应和货币调节的关键。

基础货币（MB）：基础货币是人们以通货形式持有的货币量和银行以准备金形式持有的货币量之和。在上述例子中，初始的货币供应量1 000元就是基础货币。由于基础货币可以用来创造货币，因此又被称为高能货币。

法定存款准备金率（*rr*）：前面我们提到过商业银行的存款不能全部放贷，必须保留一部分，这部分就是作为存款准备金被存放在中国人民银行的。法定存款准备金率就是法定存款准备金占存款的比率，这部分是由中国人民银行规定的固定比例。比如上述例子中，法定存款准备金率为0.2，也就是商业银行最多可以将存款的80%贷出，剩下的20%是需要存放在中国人民银行账户的准备金。法定存款准备金率短期内不会变化，但中国人民银行可以调整商业银行的存款准备金率。另外，除了央行规定的法定存款准备金，如果商业银行没有将剩下的存款全部放贷出去，那么商业银行会保留一部分超额准备金，超额准备金占存款的比率为超额准备金率，一般用e表示。商业银行存放于中国人民银行的存款准备金加上商业银行保留的超额准备金即为商业银行的准备金，一般用R表示。

通货存款比（cr）：通货存款比是人们持有的通货量C对存款D的比例，它反映的是家庭对其希望持有货币形式的偏好。因为我们假设企业或居民获得的贷款又完全回到了银行系统，所以在上述例子中这个比例为0。这个比例也会影响最终的货币供给量。如果在上述例子中，每一轮企业或居民获得的贷款最后只有部分回到了银行系统，部分作为通货留在手中，那么最后的货币供给量也会打折扣。

货币乘数（k）：货币乘数是最终货币供给量M和基础货币B的比例，表示货币供应由最初的基础货币扩大了多少倍。在上述例子中，货币乘数为5。

在理解了上述概念以后，我们再来看货币的创造过程。如果中国人民银行增加1 000元的基础货币到经济系统中，并且这1 000元全部作为存款准备金持有，那么总货币供给量增加为1 000元，如果中国人民银行规定的存款准备金率为0.2，假设商业银行会最大限度地去贷款，居民的通货存款比为0，那么最终货币供给增加为5 000元。货币供给通过银行系统经由货币乘数进行了放大。这个货币创造过程和基础货币、存款准备金率、通货存款比有关。具体过程如下：

首先，基础货币MB等于通货M0和准备金R之和，根据准备金的定义，我们得到：

$$MB = M0 + R = cr \times D + rr \times D \tag{5-4}$$

如果商业银行并没有将央行规定的法定准备金以外的所有存款全部放贷出去，而是留有部分的超额准备金，那么上式还包含一部分超额准备金，如果超额准备金率为e，那么上式可以写为：

$$MB = M0 + R = cr \times D + rr \times D + e \times D \tag{5-5}$$

对上式两边同时除以存款 D，我们可以得到：

$$D = \frac{1}{cr + rr + e} \times MB \tag{5-6}$$

根据前面的定义，如果仍然假定货币供应量 $M = M0 + D$，带入式（5-6）我们可以进一步得到货币供应量的最终表达式：

$$M = \frac{1 + cr}{cr + rr + e} \times MB \tag{5-7}$$

也即货币乘数 k 的表达式为：

$$k = \frac{1 + cr}{cr + rr + e} \tag{5-8}$$

式（5-8）表示货币供给乘数取决于方程右边的三个外生变量：通货存款比例、存款准备金率和超额存款准备金率。准备金率越低，货币乘数就越大。此外，货币供给还与基础货币有关，基础货币越多，货币供应量就越大。因此，央行可以通过调整基础货币投放或法定准备金率来调整货币供应。

■ 专栏 5-1

数字时代新的货币形式——数字货币

数字货币是替代纸币的电子化货币，英文名称为 Digital Currency Electronic Payment，即数字货币和电子支付工具。2019 年 12 月，中国人民银行行长易纲表示：中国央行从 2014 年就开始研究数字货币，并已取得了积极进展。中国人民银行把数字货币和电子支付工具结合起来，将推出一揽子计划，目标是替代一部分现金。但中国如今以支付宝、微信支付领衔的移动支付已经全球领先，那中国央行为何仍如此重视数字货币？电子支付已成为未来发展的大趋势。美国信用卡支付极度发达但电子支付相对落后，而 Libra 等机构发行的以美元为主要锚定物的数字货币能在一定程度上帮助美国在电子支付领域实现突破。

数字货币具有降低监管难度、降低成本和推动人民币国际化进程等作用。央行即将推出的数字货币重点替代 M0 而非 M1 和 M2，简单而言就是实现纸钞数字化。在我国当前的货币体系中，基于商业银行账户体系的 M1 和 M2 已经实现了电子化和数字化，所以短时间内没必要使用另一种技术对其进行再一次的数字化改造。央行印刷出纸钞之后，由商业银行向央行缴纳货币发行基金，然后将纸钞运到经营网点，向公众进行投放。央行数字货币的投放模式与纸钞类似，并被称为"双层运营体系"。所谓的双层运营体系指上层是央行对商业银行，下层是商业银行对公众。央行按照100%准备金制将央行数字货币兑换给商业银行，再由商业银行或商业机构将数字货币兑换给公众。

资料来源：中国人民银行。

3. 货币供应量的调控

通过上面的分析我们知道货币的供给量主要与基础货币、存款准备金率和通货存款比有关，而通货存款比是由居民和企业行为所决定的，这一数值一般来说是一个常数，在不同的经济社会结构和阶段中会有所不同，但央行很难去改变或干预。如果需要对货币供给量进行调节，央行可以做的事情就是改变货币乘数和基础货币。改变货币乘数即是改变存款准备金率，在现实经济中，中国人民银行可以通过调整法定存款准备金率直接对存款准备金率进行调整从而调节货币供应量。

法定存款准备金率。商业银行的存款准备金率是由中国人民银行规定的，这一央行规定的存款准备金率叫作法定存款准备金率，中国人民银行可以通过调整法定存款准备金率来调节货币供应量。

除了改变货币乘数，央行也可以通过改变基础货币供应量来调节最终的货币供应。在现实经济中，中国人民银行主要通过公开市场操作和再贴现率调整来改变基础货币供应。

公开市场操作是指中央银行通过买进或卖出有价证券，吞吐基础货币，调节货币供应量的活动。其目的是根据经济形势的发展调节货币供应量，当中央银行认为需要收缩银根时，便卖出证券，相应地收回一部分基础货币，减少金融机构可用资金的数量；相反，当中央银行认为需要放松银根时，便买入证券，扩大基础货币供应，直接增加金融机构可用资金的数量。中国人民银行自1998年开始建立公开市场业务一级交易商制度，且其规模逐步扩大，已成为中国人民银行货币政策日常操作的主要工具之一。

再贴现率是指商业银行或专业银行用已同客户办理过贴现的未到期合格商业票据向中央银行再行贴现时所支付的利率。再贴现可以理解为中国人银行根据银行业金融机构购买持有的中国人银行的商业票据，对其提供融资支持的行为。再贴现是中央银行对商业银行提供贷款的一种特别形式，也是中央银行控制信贷规模和货币供给量的一个重要手段。

以上三个货币调节工具是国际上通行并且常用的货币供应调节工具，而中国人民银行还有一项央行再贷款政策来调节货币供应。

中央银行再贷款是指中央银行对金融机构的贷款，简称再贷款，是中央银行调控基础货币的渠道之一。中央银行通过适时调整再贷款的总量及利率，吞吐基础货币，促进实现货币信贷总量调控目标，合理引导资金流向和信贷投向。自1984年中国人民银行专门行使中央银行职能以来，再贷款一直是我国中央银行的重要货币政策工具。近年来，为了适应金融宏观调控方式由直接调控向间接调控的转变，再贷款所占基础货币的比重逐步下降，结构和投向发生重要变化。新增再贷款主要用于促进信贷结构调整，引导扩大县域和"三农"信贷投放。

实际上，公开市场操作和再贴现率调整更灵活也更易控制，是中国人民银行较为常用的政策，而法定准备金率的调整由于对货币供应的影响较大，因此对其进行调整时一般较为慎重。这三个主要的货币供应调节工具主要是对货币供应量即货币供给进行调节，而对货币供给进行调节的一大目标就是调节利率，从而影响实体经济。既然最后的目标是调节利率，那么中国人民银行是否可以直接对利率进行干预呢？其实，中国人民银行可以通过直接调节利率来干预经济，关于这部分内容本书第十八章会进行详细介绍。

第二节 货币、价格与通货膨胀

通货膨胀是指在一段时期内，一个经济中大多数商品和服务的价格持续显著的上涨。它包含三层含义：其一，通货膨胀是经济中一般价格水平的上涨，而不是个别商品或服务的价格上涨；其二，通货膨胀是价格的持续上涨，而非一次性上涨；其三，通货膨胀是价格的显著上涨，而非某些微小的上升，例如每年上升 0.5% 不能被视为通货膨胀。上一节我们定义了什么是货币，介绍了经济中可用的货币量被称为货币供给。我们还看到了货币供给是如何由银行系统决定的。有了这一基础，我们现在可以考察货币供给对通货膨胀的影响。本节我们首先介绍一个基础的理论——货币数量论。

按照货币学派的观点，货币是影响总需求的主要因素，货币流通量（元）与产品和服务总交易量（元）相等，可以表示为：

$$MV = PT \qquad (5-9)$$

式（5-9）中，M 为货币供给量，V 为货币流通速度（名义收入与货币供给量之比，即一定时期内平均 1 单位货币用于购买最终产品和服务的次数），P 为价格水平，T 为一定时期内产品和服务的交易总量。该方程式为恒等式，揭示了四个变量之间的相互关系，即一个变量变动会使其他几个变量相应变动。例如，如果货币流通速度和交易总量保持不变，那么增加货币供给量，就会带来价格水平的上升。

式（5-9）可以描述货币供给量和通货膨胀之间的关系，但对于整个宏观经济系统而言，一般来说交易数量并不容易衡量，我们可以用经济中的总产出 Y 来替代交易量 T，那么货币数量方程可以表示为：

$$MV = PY \qquad (5-10)$$

式（5-10）中，Y 为实际收入水平，其他变量的含义不变。等式左边的 MV 反映的是经济中的总支出，等式右边的 PY 反映的是按照当前物价水平计算的总产出水平，简单理解就是一个经济体在一定时期生产的总产品和服务如果卖掉可以卖多少钱，即经济中对产品和服务支出的货币额为产品和服务的总销售价值。

由于货币数量论表明了货币供应 M 和经济产出 GDP 之间的关系，因此有经济学家将其转化为一种通货膨胀理论。我们对式（5-10）两边取自然对数，得到：

$$\ln M + \ln V = \ln P + \ln Y \qquad (5-11)$$

式（5-11）可以近似等价于各变量变化率之间的关系，即：

$$\%\Delta M + \%\Delta V = \%\Delta P + \%\Delta Y \qquad (5-12)$$

进一步地，由于通货膨胀水平 π 就是价格水平的变化 $\%\Delta P$，我们将式（5-12）简单变形后得到：

$$\pi = \%\Delta P = \%\Delta M + \%\Delta V - \%\Delta Y \qquad (5-13)$$

由于货币流通速度的变化率一般是由社会的制度、经济发展阶段以及技术因素所决定的,而这些因素短期内基本不会变化,因此可以假设,通货膨胀率就等于货币增长率减去总产出的增长率。货币数量论的观点就是通货膨胀是由货币超发引起的,央行可以通过控制货币供给量来调节通货膨胀水平。如果中央银行保持货币供给稳定,物价水平也将稳定。如果中央银行迅速增加货币供给,物价水平也将迅速上升。

第三节 信贷市场、利率与通货膨胀

1. 信贷市场与实际利率

我们在第四章中提到利率是储蓄转化为投资的关键变量,而利率调节储蓄和投资动态平衡的平台就是信贷市场。储蓄者作为可贷资金的提供者在信贷市场中是供给方,而投资者作为可贷资金的需要者在信贷市场中是需求方。正是信贷市场为储蓄者和投资者提供了交易的平台。一般来说,家庭或消费者是资金的供给方,而企业或生产者是资金的需求方。可贷资金的供给方将资金在信贷市场上借出是为了获得收益,即利息,利息的多少取决于利率的高低,而供给方获得的利息收入则由需求方支付。利率指的是每借出一元钱,到期还款时除本金以外还需要支付的费用,利率也就是资金需求方的资金使用成本。如果利率较高,那么资金借出方更愿意借出资金,而资金需求方的需求意愿会降低。因此,在信贷市场上,可贷资金的需求同利率成反比,可贷资金的供给同利率成正比。用图形表示就是可贷资金需求曲线向右下方倾斜,供给曲线向右上方倾斜,而可贷资金的供给曲线和需求曲线的交点即为均衡点,如图5-2所示。

上述信贷市场均衡时的利率为实际利率,而实际利率是无法观察到的,现实中更常见的是名义利率,例如日常生活中银行的存贷款利率。实际利率是名义利率中剔除了通货膨胀水平之后的利率。名义利率和实际利率的关系类似于GDP衡量中名义GDP和实际GDP之间的关系。

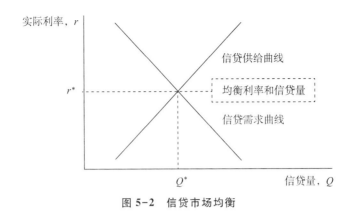

图 5-2　信贷市场均衡

2. 费雪效应：通货膨胀率与名义利率

从本质上讲，利率是联系现在和未来价格的中介，而通货膨胀率又和价格水平密切相关，那么通货膨胀率和利率之间是否存在联系？在回答这个问题之前，我们需要从价格水平的角度对利率进行一个分类。

假设我们去银行存一笔钱，定期存一年。银行给定的一年期定期存款利率为 5%，那么一年以后我们这笔钱是否增值了 5%？当然，从账面上看，一年前的那笔钱获得了银行给予的 5% 的利息，名义上我们的财富确实增值了 5%，这里的 5% 就是名义利率 i。而实际上我们的财富是否真的增加了 5% 呢？要回答这个问题，我们就需要考虑通货膨胀率的变化。如果一年后价格水平没有变化，那么我们真实的财富（购买力）也增加了 5%。如果一年后价格水平上升了 2%，那么相当于一年以后我们的钱贬值了，尽管名义上我们多获得了 5% 的财富，但购买力并没有相应增加 5%，而是只增加了 3%，这里的 3% 就是实际利率 r。所以一年后的名义利率是未剔除通货膨胀因素的利率，而实际利率是剔除了通货膨胀因素的利率。平时观察到的都是名义利率，但对购买力产生实质影响的却是实际利率。

名义利率和实际利率有如下的关系：

$$i - \pi = r \tag{5-14}$$

实际利率表现为名义利率和通货膨胀率之间的差。式（5-14）还会以另一种形式出现，我们把通货膨胀率移到右边，得到：

$$i = r + \pi \tag{5-15}$$

式（5-15）叫作费雪方程式，费雪方程式是由经济学家欧文·费雪发现的用来反映名义利率和实际利率关系的方程。费雪方程式说明名义利率可以出于两个原因而变动：由于实际利率而变动或由于通货膨胀率而变动。

由货币数量论和费雪方程式可知货币增长如何影响通货膨胀率。根据货币数量论，货币增长率的变动引起通货膨胀率同比例的变动，又根据费雪方程式，通货膨胀率引起名义利率同比例的变动，因此通货膨胀率和名义利率之间这种一一对应的关系被称为费雪效应。在现实中，由于一般只能观察到预期通货膨胀率，因此费雪效应一般指名义利率和预期通货膨胀率一对一的变动。

第四节 通货膨胀的原因和成本

上一节我们讨论了货币供给量、利率和通货膨胀之间的关系，本节我们进一步探讨通货膨胀的原因和后果。

1. 通货膨胀的原因

（1）古典二分法

根据对货币数量论的分析我们可以知道，货币数量论实际上是一种通货膨胀理论，是从货币的角度解释了通货膨胀产生的原因，由于我们假设货币流动速度一般不变，其增长率为0，因此通货膨胀率为：

$$\pi = \%\Delta P = \%\Delta M - \%\Delta Y \tag{5-16}$$

其中，$\%\Delta M$ 是货币供应增长率，$\%\Delta Y$ 是经济体总产出增长率。式（5-16）的经济含义是，长期来看，通货膨胀率等于货币供给增长率减去总产出增长率。例如，假设某一年中国经济总产出增长率为8%，货币增长率为10%，那么通货膨胀率为2%，如果中国人民银行在下一年将货币增长率提高到12%，在经济增长率保持不变的情况下，通货膨胀率则为4%。[1]

将货币数量和通货膨胀直接联系起来的是以费雪为代表的古典经济学家，古典经济学家们认为长期来看工资和价格是具有完全弹性的，即可以任意调

---

[1] 这是假设的情况，中国的实际情况可参见本章中国案例部分。

整，产品和服务的价格会随着时间的推移调整到使每种产品和服务的供给与需求相等，根据第四章的分析，这意味着长期来看经济总产出完全取决于生产函数和生产要素。也就是说，经济体中产品和服务的数量不受价格影响，而且实际要素（劳动和资本）的价格也不受价格水平影响。经济学家们将古典经济学家这种把实际经济和名义经济完全分离的观点叫作古典二分法。

根据古典二分法，在产出不变的情况下，货币数量的变动会导致价格水平的同比例变动，通货膨胀实际上是一种货币现象。因此，经济学家米尔顿·弗里德曼说："通货膨胀从来都是一种货币现象。"

（2）供给冲击

古典二分法认为在价格完全弹性的情况下，经济总产出完全取决于生产函数和生产要素，这一般是对长期经济活动的一种假设。而在实际经济生产活动中，短期内生产要素的价格可能也受到外生的冲击而发生变化。例如经济结构变动导致全社会工资水平的上涨、进口能源价格波动带来的企业资本价格的上涨等都会推高企业经营成本，从而带来产品和服务价格的提高。

工资推动通货膨胀是指工资过度上涨造成成本提高而推动价格总水平上涨。工资是生产成本的主要组成部分，工资上涨使得生产成本提高，在既定的价格水平下，厂商愿意并且能够供给的数量减少，因此价格水平会提高。而且这种通胀一旦开始，还会引起"工资—物价螺旋式上升"，工资与物价互相推动，进一步推高通货膨胀。此外，工资的上升往往从个别部门开始，最后引起其他部门的高工资，从而推高物价。例如计算机和金融行业的高工资可能会带动相关行业的工资提高。

产生成本推动的通货膨胀的另一个重要原因是进口资源价格的上升，如果一个国家生产所需要的原材料主要依赖于进口，那么，进口商品的价格上升就会造成成本推动的通货膨胀，其形成的过程与工资推动的通货膨胀是一样的，如20世纪70年代的石油危机期间，石油价格急剧上涨，而以进口石油为原料的西方国家的生产成本也大幅度上升，从而引起通货膨胀。

（3）超额需求

仍然是按照古典二分法的假定，经济产出完全取决于生产函数和生产要素，假设经济体在某时刻实现了充分就业和潜在最大产出，劳动和资本等生产要素已经被最大化利用进行生产，社会产出达到最大。但此时所生产的产品和服务可能并不能满足全社会的需求，于是会出现需求远大于供给的情况，在这种情况下，会出现供不应求的现象，带来价格水平的提高。新冠疫情暴发初期，口罩的生产能力已经达到极限，但人们对口罩的需求爆发式增长，导致口罩的价格急速上升。当然，这是一个极端的例子，对于一个具有完整产业链的工业化国家来说，一般情况下产能过剩的情况会更普遍一些。

（4）预期的影响

影响通货膨胀的另一个重要因素是人们的预期。预期是指人们对未来的经济变量做出的一种估计。现实中，人们往往会根据过去的通货膨胀的经验和对未来经济形势的判断，做出对未来通货膨胀走势的判断和估计，从而形成对通胀的预期。例如人们会普遍感觉现在的钱不如过去的钱"值钱"，即货币的购买力下降，人们预期到未来货币进一步贬值时，会根据这种预期调整当下的行为，而这种行为的调整可能会进一步推高价格水平。例如人们预期的通胀率为10%，那么在订立有关合同时，厂商就会要求价格上涨10%，而工人在与厂商签订的合同中也会要求增加10%的工资，这样，在其他条件不变的情况下，每单位产品的成本会增加10%，从而通货膨胀率按10%持续下去，由此形成通货膨胀惯性。

本章重点从货币的角度对通货膨胀的原因进行了分析，重点介绍了古典二分法。对于影响通货膨胀的其他因素，详见本书后续经济波动部分的介绍。

2. 通货膨胀的成本

世界各国经济发展的事实表明，温和的通货膨胀对经济发展有一定益处，而恶性通货膨胀往往被认为是一种社会灾难。通货膨胀的恶化不仅会导致市场价格的扭曲，而且会导致一国货币严重贬值，破坏市场运作法则。上面提到了预期对通货膨胀的影响，而通货膨胀也可以分为可预期到的通货膨胀和未预期到的通货膨胀。根据通货膨胀是否被预期到，其对社会的影响也是不同的。

（1）可预期到的通货膨胀的经济影响

可预期到的通货膨胀是指全社会对通货膨胀形成共识，人们在进行决策时已经考虑到了通货膨胀的影响，即便如此，可预期到的通货膨胀仍然会在多方面影响经济的正常运行，主要包括如下四个部分：

鞋底成本。鞋底成本是指通货膨胀提高了消费者和企业持有货币的成本。一般而言，通货膨胀率越高，人们就越不愿意持有货币，因为持有货币会使他们遭受购买力下降的损失。这样，人们会采取一定的行动来"节省"货币持有量，相应地，随着通货膨胀的变化人们需要频繁地去银行。因为频繁出入银行增加了鞋子的磨损，经济学者形象地将这种成本称为"鞋底成本"。与此同时，顾客频繁来往银行使得银行需要扩大业务雇用更多的职员，这增加了银行的交易成本。总之，鞋底成本并不仅仅是按照字面意思理解的鞋底磨损，而是用来说明通货膨胀给个人和企业带来的效率损失，被用来衡量发生通货膨胀时为了减少货币持有量所发生的一系列社会成本。

菜单成本。菜单成本是指发生通货膨胀时企业为改变销售商品的价格，需要为销售人员和客户提供新的价目表所花费的成本，它用来衡量高通货膨胀使得企业频繁变动产品价格的成本。企业改变产品价格，需要重新印刷其产品价格表，向客户通报改变价格的信息和理由，所有这一切都会引起一笔开支和费用。虽然菜单成本的数值并不大，但是，如果菜单价目表变动次数太多，那么也会给厂商带来一些不利之处，如使顾客感觉不快和麻烦等。大多数企业并不会每天改变产品的价格。相反，企业往往会宣布价格，并使其在几周、几个月甚至几年内不变。企业不经常改变价格是因为改变价格有成本。当然，菜单成本并不仅仅是字面所指的企业更换菜单、标签等的实际成本，而是由于价格水平变化对企业日常运转中涉及定价的各种方面的影响。

税收扭曲。许多有关税收的条款并没有考虑通货膨胀的影响。因此，通货膨胀会以法律制定者没有想到的方式改变个人及企业的所得税负担。例如有人在10年前以100元每股买入茅台的股票，10年后，可以以500元每股的价格卖掉，如果不考虑通货膨胀，该人每股可赚400元。但是，如果假设10年间通货膨胀率为100%，那么当年的100元相当于现在的200元，所以该人的实际收益仅为300元，而由于税法不考虑通货膨胀，所以仍然对400元名义收益征税，因此通货膨胀扩大了资本收益的规模，无形中增加了这种收入的税收负担。

价格噪声。通货膨胀使价格频繁变动，会给人们的生活带来不便。由于在同一市场竞争的企业并不总是同时改变价格，更高的通货膨胀会引起更高的相对价格变动性，因此价格就无法很好地发挥在企业与个人之间配置稀缺生产要素的作用。

（2）未预期到的通货膨胀的经济影响

可预期到的通货膨胀会对经济产生多方面的不利影响，而未预期到的通货膨胀对经济的影响可能更大。未预期到的通货膨胀即人们当下在决策时并没有考虑到未来的通货膨胀情况。当发生未预期到的通货膨胀时，通货膨胀对经济的影响主要有如下两方面：

经济不确定性增加。未预期到的通货膨胀会作为一种不确定性因素影响经济的正常运行，增加经济的不确定性。比如，在劳动供给方面，如果预期到未来的通货膨胀率为5%，那么企业和劳动者在签订长期雇佣合同时会考虑通货膨胀的影响。但如果实际通货膨胀率为10%，那么劳动者就会觉得当初按照预期的5%的通货膨胀率签订的实际工资水平过低，因而可能在合同期内降低工作效率。而在企业生产方面，如果企业预期通货膨胀率为10%，根据该预期产品价格上涨10%，而实际通货膨胀率为5%，比预期的要低了5%。这时，企业会发现市场对其产品的需求下降，企业会减少生产，而实际上，市场对该产品的长期需求并没有发生变化。因此，如果企业按照预期的通货膨胀率调整价格水平，忽视了未预期到的通货膨胀，那么企业将会做出错误的选择。如果较多的企业对市场产生误判，那么就会增加整个经济的不确定性。

财富重新分配。未预期到的通货膨胀还会带来财富的重新分配，主要是造成债务人和债权人之间的财富重新分配。如果未预期到的通货膨胀较高，那么有固定货币收入的人以及债权人将遭受损失；相反，非固定收入者及债务人则是受益者。在现实生活中，通货膨胀对不同的收入阶层、不同资产的持有者影响是不同的。首先，未预期到的通货膨胀对债权人不利。当通货膨胀率上升时，实际利率会降低，这样债务人（借款人）实际需要还的钱就会变少，不利于债权人（被借款人）的回报，比如居民向银行的住房贷款，签订贷款合同时基本会规定每月固定还款金额，而随着时间的推移，未预期到的通货膨胀如果较高，居民虽然名义上每月还给银行的贷款是一样的，但该笔还款的购买力是下降的。其次，未预期到的通货膨胀不利于固定收入获得者：通货膨胀率越高，在名义收入不变时，固定收入阶层的实际收入（购买力）是下降的，他们的生活水平也会因此下降。

专栏 5-2

恶性通货膨胀

对于通货膨胀，经济学中按照价格上升的速度分为三类。第一类，温和的通货膨胀，是指每年物价上升的比例在10%以内。例如我国近十年的通货膨胀水平（以CPI为衡量方式）一般都在5%以内，经济学家认为这种缓慢而逐步上升的价格对经济和收入的增长有积极的刺激作用。第二类，奔腾的通货膨胀，指年通货膨胀率在10%以上和100%以内。这时，货币流通速度提高而货币购买力下降，并且均以较快的速度变化。物价上涨的速度较快，货币开始以较快的速度贬值，公众会采取不同的措施来保卫自己，以免受通货膨胀之害，这样的行为会进一步加快通货膨胀的速度。第三类，恶性通货膨胀，指通货膨胀的速度达到100%以上。发生这种通货膨胀时，物价持续上涨，人们想尽快将手中的货币脱手，从而加大货币的流通速度。其结果是，货币完全失去信用，货币的购买力猛降，各种正常的经济联系遭到破坏，以至于货币体系和价格体系最后完全崩溃。在严重的情况下，还会出现社会动乱。相较于前两类通货膨胀，恶性通货膨胀更需要加以关注。

在恶性通货膨胀之下，鞋底成本变得很高，企业经营者把大量精力和时间放在现金管理而非生产和投资决策上，从而导致经济无效率；菜单成本变得很高，企业不得不经常变动物价，以至于影响到正常的业务活动；而且在恶性通货膨胀期间，相对物价也不能真实反映资源的稀缺程度，无法引导资源有效配置。恶性通货膨胀还扭曲了税制，使得政府的实际税收收入大幅度减少。物价频繁地大幅度变动给人们的生活带来极大的不便。

引起恶性通货膨胀的直接原因是货币供给过度增长。当中央银行以足够快的速度发行货币时就会导致恶性通货膨胀。引起恶性通货膨胀的深层次原因往往是政府大量的财政赤字。当有很大的预算赤字而又无法通过征税或发行债券来弥补赤字时，政府就会通过发行货币来弥补赤字。发行过多货币就会导致物价高速上涨，引起恶性通货膨胀。

历史上荷兰、匈牙利、德国、阿根廷等都发生过严重的恶性通货膨胀事件，最近的恶性通货膨胀发生在南美洲的津巴布韦。2000年土地改革后，津巴布韦经济持续下降，人均收入锐减，此后，津巴布韦大量超发货币，导致该国货币一再贬值，到了2008年经济危机时期，津巴布韦央行不得不发行面值1亿元和5亿元的钞票，根据国际货币基金组织的数据，通胀率一度达到500 000 000 000%。2008年的100万亿津巴布韦元钞票是全球面值最大的钞票，在世界范围内和历史上，钞票面值从未有如此多的零。直到津巴布韦政府在2009年年初宣布弃用本国货币，实施多元外汇流通体制，通货膨胀才开始得到抑制。不过，由于长期缺乏外币储备，中央银行实行管制，津巴布韦的恶性通胀并没有随着本国货币的弃用落幕，反而引发了津巴布韦人的"囤积潮"：民众开始囤积任何他们认为具有保值能力的东西，比如汽车、房产和股票。恶性通货膨胀期间，津巴布韦人民已经开始疯狂囤积面包、牛肉、食用油以及其他生活必需品，像瓶装水和啤酒这样的商品已经开始配给供应。更严重的是，该国医疗系统面临崩溃，重要药品已经出现供应短缺。

第五节 中国案例：中国的货币供应与通货膨胀

1. 中国的货币供应与宏观经济

（1）中国的存款准备金率调整

2003—2008年上半年，为了应对经济过热，我国的存款准备金率处于上升阶段。从2003年9月21日起，中国人民银行将法定存款准备金率提高1个百分点，由6%调高至7%。2004年4月25日再次提高存款准备金率。2005年投资增速仍在较高位运行，我国继续采取适当紧缩的货币政策，保持存款准备金率不变。2006年央行三次上调法定存款准备金率，从7.5%调整至9%。2007年出现了GDP增速与CPI涨幅均超过10%的纪录，通胀压力较高，央行在一年中进行了十次准备金率的调整，由9%上调到2007年年底的14.5%。2008年，经济通胀率仍然较高，央行在2008年年初到6月25日之间六次调高存款准备金率，提高到17.5%，创了历史新高。

2008年下半年至2011年年底，我国存款准备金率波动幅度不大。2008年9月，为了更好地应对金融危机，增大货币供应量，避免危机进一步影响实体经济，我国采取了相对宽松的货币政策，法定存款准备金率有所回调。

但到 2010 年，国内经济形势好转而且面临一定的通货膨胀压力，中国人民银行从 2010 年 1 月 18 日起上调存款类金融机构人民币存款准备金率 0.5 个百分点。2010 年 2 月 25 日中国人民银行又一次上调存款准备金率 0.5 个百分点，调整至 16.5%。此后，中国人民银行连续十次上调存款类金融机构人民币存款准备金率 0.5 个百分点，至 2011 年 6 月 20 日，大型存款类金融机构存款准备金率调整为 21.5%，达到新的历史高位。

2011 年年底以后，我国存款准备金率处于下行趋势。从 2011 年年底开始，为了应对新的经济形势，中国人民银行从 2011 年 12 月 5 日起，下调存款类金融机构人民币存款准备金率 0.5 个百分点，为近三年以来的首次下调。下调后，大型银行存款准备金率降为 21%，中小金融机构的存款准备金率为 19%。2012 年 2 月 24 日和 5 月 18 日，中国人民银行又分别下调存款准备金率 0.5 个百分点。后续为了刺激经济，中国人民银行又多次下调存款准备金率，如图 5-3 所示。至 2021 年 7 月 15 日，大型金融机构的存款准备金率一直下降至 12%，中小型金融机构的存款准备金率下降至 10%。

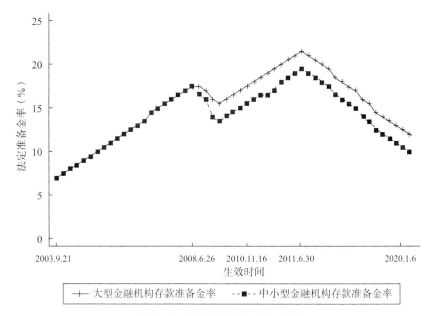

图 5-3 中国存款准备金率变化

数据来源：中国人民银行。

2. 中国的货币供应、通货膨胀率与名义利率

如图 5-4 所示,从 1997 年到 2020 年,我国 GDP 高速增长,伴随着 GDP 的增长,广义货币供应量 M2 也在高速增加,而且货币供应量增加的幅度要大于 GDP 增长的幅度。我国广义货币供应量 M2 与 GDP 的比例从 1997 年的 1∶1 左右升高到 2020 年的 2∶1,提升了将近一倍。根据本章介绍的货币数量理论,在货币流通速度不变(实际上货币流通速度是一个制度变量,短时间内变化不大)和产出一定的情况下,货币供应量的增加会直接导致价格水平的上升。从传导机制来讲,货币供应量的增加会使实际利率降低,刺激投资需求,从而引起物价上涨。投资增加会使上游的工业品价格上涨过快,导致下游的 CPI 面临上涨压力;货币供应量大增还会使人们对通货膨胀的预期增强和财富效应显现,社会需求增大,对物价走高产生直接推动力。也就是说,货币数量论认为货币供应量增速过快会带来通货膨胀。而从以上数据可以看出,我国货币供应量并没有严格随着 GDP 的增加同比例增加,而是货币

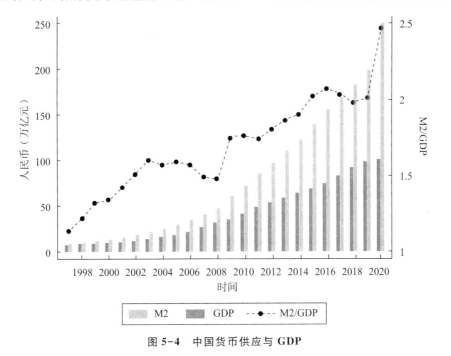

图 5-4 中国货币供应与 GDP

数据来源:中国人民银行。

供应增加速度远快于GDP，这是否意味着我国此段时间内物价水平也在持续上涨呢？实际情况是，这段时间我国通货膨胀水平一直相对稳定。如图5-5所示，我国M2增长率远高于GDP增长率，而2010—2020年我国CPI增长率基本比较稳定，而且减去GDP增速以后的M2变化率也无法完全解释通货膨胀水平。由此说明，我们不能直接简单地使用货币数量论来分析我国的真实经济情况，需要综合考虑货币流通速度以及我国金融市场结构等实际经济情况来分析。关于我国货币是否超发的问题在学术界也存在着激烈的争论。

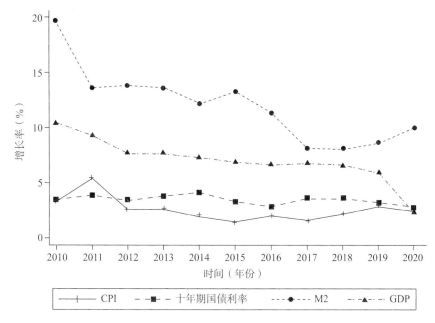

图 5-5　中国货币供应、通货膨胀率与名义利率

数据来源：国家统计局、中国人民银行。

根据费雪定律，名义利率等于通货膨胀率加上实际利率。在名义利率不变的前提下，物价水平上升意味着实际利率下降，如果存款利率保持不变，物价持续上涨后，甚至可能出现负利率，使存款人的资本遭受损失。为了继续吸引存款，银行就要弥补物价上涨给存款人带来的这种损失，就必须考虑合理提高名义利率水平。因此，名义利率水平与CPI具有同向变化的趋势，物价水平的变动成为影响利率水平的因素之一。当银行利率（一般指1年期的利率）高于CPI时，存钱到银行就会增值；当银行利率（一般指1年期的

利率）低于 CPI 时，存钱到银行就会贬值，因为存入银行的钱 1 年后获得的利息无法抵消物价上涨的部分。我国的实际经济运行情况是否可以用费雪定律解释？这里我们用 10 年期国债利率来代表银行利率的一般水平，用 CPI 来代表通货膨胀率。如图 5-5 所示，我国的 CPI 和 10 年期国债利率走势基本一致，甚至在部分年份是重合的，说明在我国，通货膨胀和名义利率的基本走势趋于一致。

前沿拓展与文献速递

1. 中国货币政策的转型

货币政策工具主要包括数量型和价格型，其中数量型工具主要是指公开市场操作、调整法定存款准备金率以及再贷款等，可以通过这些政策工具来调整基础货币或者货币乘数从而达到调节货币供应量的目的。除了数量型工具，中国人民银行也可以直接对利率进行调整，这叫价格型工具。在 2008 年全球经济危机以前，我国的货币政策主要采取的是数量型工具，比如通过调整存款准备金率、公开市场操作以及再贷款来调节货币供应量。但有研究表明，在 2008 年经济危机以后，我国的货币政策更加倾向于使用价格型工具。该研究采用具有随机波动性的灵活时变参数向量自回归模型研究中国的货币政策，重点关注了 2008 年全球经济危机以后，我国实行 4 万亿元人民币刺激计划时的货币政策体制变化。Fu 和 Wang（2020）研究发现，自 2009 年以来，中国已经从货币数量目标向利率目标转变，相较于存款准备金率调整和公开市场操作等数量型工具，利率政策工具在央行货币政策工具箱中的作用越来越大。

2. 通胀预期与企业决策

预期是影响通货膨胀的重要因素，而预期不仅会影响通货膨胀本身，基于通货膨胀的预期还会同时影响人们的诸多经济决策。Coibion 等（2020）研究表明，通货膨胀预期也会影响企业的行为。该研究利用现代计量经济学的方法研究了通货膨胀预期对企业经济决策的影响。研究发现，企业对通货膨胀的更高期望导致它们提高价格，增加对信贷的需求并减少其就业和资本。

但是，当政策利率受到有效下限的限制时，需求效应会更强，导致企业提高价格，而不再减少就业。也有部分研究（如 Duca-Radu 等，2021）发现，通货膨胀的预期会显著影响家庭的消费和就业等决策。总之，通货膨胀不仅会影响经济的发展，对通货膨胀的预期也会影响到家庭和企业的决策，从而对经济发展产生一定影响。

参考文献

Coibion, O., Gorodnichenko, Y., Ropele T., Inflation Expectations and Firm Decisions: New Causal Evidence, *The Quarterly Journal of Economics*, 2020, 135 (1), 165-219.

Duca-Radu, I., Kenny, G., Reuter, A., Inflation Expectations, Consumption and the Lower Bound: Micro Evidence from a Large Multi-country Survey, *Journal of Monetary Economics*, 2021, 118, 120-134.

Fu, B., Wang, B., The Transition of China's Monetary Policy Regime: Before and after the Four Trillion RMB Stimulus, *Economic Modelling*, 2020, 89, 273-303.

本章总结

本章我们学习了货币以及货币供给对通货膨胀的影响，同时，我们也进一步探讨了货币价格——利率这一重要变量和通货膨胀之间的关系。从货币数量论到费雪方程，从利率到货币需求，然后又从货币需求回到通货膨胀，我们对这些变量之间的关系进行了分析，最后探讨了通货膨胀的社会和经济影响。本章主要围绕货币展开，探讨的是宏观经济管理的另一目标——通货膨胀，回忆第四章我们讨论的宏观经济管理的目标之一国民收入，这两者之间也有着紧密的关系。在上一章的国民收入决定理论中，我们讨论的都是实际变量，比如实际 GDP、实际工资和实际利率，对整个宏观经济的分析都是基于实际的产品和服务，并不涉及货币。在我们学习完货币及相关知识以后，我们就有了一些名义上的宏观经济概念，比如名义 GDP、名义工资和名义利率。我们发现，似乎不引入货币我们也可以直接分析宏观经济，经济学家把这种名义和实际的割裂叫作古典二分法。古典二分法可以让我们抛开名义上的货币问题而直接分析实际经济变量。在古典经济理论中，货币供给量的增加不影响实际经济变量，这也被叫作货币中性。对于更长期的经济分析，这一说法更符合实际。当然，货币中性并不能完整地描述现实经济，在后面的章节中，我们会继续探讨货币与实际经济更进一步的关系。

问题与应用

1. 某商业银行体系共持有准备金 150 亿元，公众持有的通货数量为 80 亿元，中国人民银行对商业银行的法定存款准备率为 15%。据测算，流通中现金漏损率为 8%，商业银行的超额准备金率为 5%。试求：

(1) 货币乘数。

(2) 货币供应量 M2。

2. 假设某国价格水平在 2020 年为 107.9，2021 年为 111.5，2022 年为 114.5。试求：

(1) 2021 年和 2022 年的通货膨胀率各为多少？

(2) 若以 2021 年和 2022 年通货膨胀率的平均值作为第三年通货膨胀率的预期值，计算 2023 年的通货膨胀率。

(3) 若 2022 年的利率为 6%，计算该年的实际利率。

3. 货币主义经济学的代表人物米尔顿·弗里德曼有一句名言："通货膨胀无处不在并且总是一种货币现象。"你如何理解这种观点？

4. 本章介绍了通货膨胀的成本或者说对经济有害的影响，那么通货膨胀对经济是否只有坏处？请结合自己的理解分析通货膨胀对社会的正面影响。

5. 请登录中国人民银行网站，了解并整理常用的调节货币供应量的货币政策，并比较和分析不同政策的特点。

6. 请收集整理我国和美国 2001—2022 年货币发行量 M2 以及 GDP 的数据，对比分析中美货币发行与经济增长情况。

第六章
劳动力市场与失业

本章概览

在分析完产品和服务市场以及货币市场后,我们重点来研究宏观经济循环流程图中的第三个重要市场:劳动力市场。劳动力市场是家庭作为劳动的供给方和企业作为劳动的需求方进行匹配的市场,是国民经济中至关重要的环节。同时,劳动力市场也和国民经济管理的另一大目标——增加就业(或减少失业)高度相关。失业是指在一定年龄范围内具有工作能力的人,愿意工作而没有找到工作,并且正在寻找工作的状态。失业是最直接影响人们生活的宏观经济问题,对大多数人来说,失去工作意味着生活水平下降和心理折磨。从经济学的角度来看,就业问题在一定的时期甚至比 GDP 还要重要。在经济不好的年份,GDP 增速较慢,失业率会提高,比如在 2008 年经济危机时大量人找不到工作。即使在经济保持高增长时,也不能完全避免失业问题。

本章我们重点讨论与就业和失业相关的四个问题。

第一,劳动力的供给和需求是怎么回事?什么是劳动力市场?

第二,什么是自然失业率?自然失业率为何如此重要?

第三,工作搜寻如何导致了摩擦性失业?

第四,工资刚性如何导致了结构性失业?

最后,我们对中国的人口结构以及就业和失业的特点进行分析。

本章主要内容如图 6-1 所示。

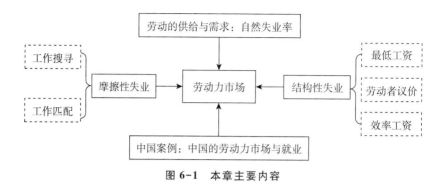

图 6-1 本章主要内容

第一节 劳动力市场

失业现象从表面上看就是过多的劳动力去追逐过少的工作岗位，是劳动力的供给和需求不匹配的结果。为了更好地理解失业问题，我们使用微观经济学的供给—需求分析框架对失业进行分析。不同于微观经济学中产品市场的供需分析，这里我们分析劳动力市场中的供给和需求问题。

1. 劳动力的供给和需求

为了研究就业和失业是如何决定的，我们首先要理解劳动力市场是如何运作的。像其他市场一样，供需关系起主导作用。我们首先分析劳动力的需求和供给，然后再结合供需曲线分析劳动力市场均衡问题。

（1）劳动需求曲线

在劳动力市场中，家庭供给劳动，而企业对劳动有需求。企业现在成为需求方，因为它们需要雇用劳动来进行生产。企业的目标是实现利润最大化，因此它们要使投入的劳动数量产生最大的可行利润（定义为收入减去成本）。企业怎样决定利润最大化的劳动数量呢？它可以通过比较这个工人带来的收入和雇用这个工人的成本来决定。比如你大学毕业后创业开办一家公司，最开始只有3个员工，后来由于公司发展需要，你决定继续招聘员工，当你招聘第4位员工时，如果多增加的这位员工为公司带来了8 000元的收益，但根据市场价格你只需要支付给他6 000元的工资，那么你的招聘行为对公司就是有利的，你自然会录用他。如果公司继续扩张，当你需要招聘第5位员工时，由于劳动的边际产品递减①，增加的第 5 位员工给公司带来的收益可能只有 5 000 元，但你仍然需要支付给他 6 000 元的市场工资，所以理性的你就不会选择扩大规模，而是维持现状。我们可以用劳动的边际产品价值曲线来刻画这个过程。图 6-2 表明由于劳动的边际产品随着劳动数量的增加而减少，劳动的边际产品价值曲线会向右下方倾斜。利润最大化的企业雇用劳动力的数量使得劳动的边际产品价值与市场工资相等。当市场工资变化时，劳动需求量会沿着边际产品价值曲线移动。所以，劳动边际产品价值曲线同时刻画的其实是劳动量随着市场工资变化而变化的曲线，也就是劳动需求曲线。

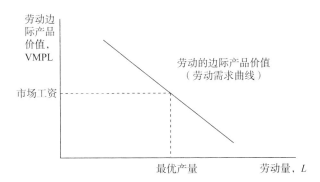

图 6-2　劳动边际产品价值曲线和需求曲线

劳动需求曲线描绘了劳动需求量与工资之间的关系。一方面，当工资发生变动而其他经济变量保持不变时，劳动需求量将沿着曲线移动。另一方面，还会有很多因素使得整个劳动需求曲线左移或右移，如图 6-3 所示。任何会影响到劳动数量和劳动的边际产品价值的变化都会导致劳动需求曲线的移动。在本节中我们讨论三个影响因素。

产品价格的变化。当你的创业公司的产品价格下降时（比如公司所在的行业有了更多的竞争者导致产品市场价格下降），你所招聘员工的边际产品价值也随之降低。这意味着在任何给定的工资条件下，你都将雇用更少的员工，导致劳动需求曲线向左移动。

---

① 我们在微观经济学中学习过边际产品递减的概念，由于资本等投入是不变的，随着劳动投入的持续增加，劳动的边际产出会下降。

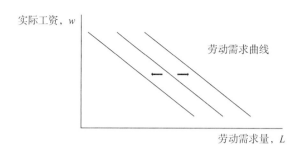

图 6-3 劳动需求的变化

对产品或服务需求的变化。当顾客对你公司产品的需求减少时（比如受到疫情的影响，人们外出消费的动力会下降），即使这没有直接影响到你公司产品的价格，也会导致你公司劳动的边际产品价值下降。这种对产品需求的降低会导致劳动需求曲线向左移动。

技术进步。技术进步对劳动需求曲线的影响与技术改进类型有关。比如由于技术进步，你公司引进了新的机器设备，新的机器设备和原来的工人进行配合，工人的边际生产率提高，你会雇用更多员工，劳动需求曲线向右移动。如果技术进步带来的设备更新可以直接替代原来进行生产的工人，也就是对劳动产生了替代，那么劳动需求曲线就会向左移动。

需要注意的是，我们分析的是一个非常简化的经济体，也就是只有你一家公司，但真实的经济中有无数家不同类型的公司，而且不同的工人由于所掌握的技能不同，得到的工资收入也不同。真实的经济远比我们假设的分析要复杂得多，但是经济学的分析都是从简化的模型出发，这样的假设使我们能够从一个相对抽象的框架去窥视整个经济的运行。我们理解了简化的模型，就可以进一步将模型复杂化，使其更加接近真实经济。

（2）劳动供给曲线

劳动供给曲线表示劳动供给量与工资之间的关系。像劳动需求曲线一样，劳动供给曲线是利用最优化原理得到的。在这种情况下，工人会将他们有限的时间在劳动和闲暇之间进行最优分配。当市场工资较高时，他们自然会花更多的时间工作。例如很长一段时期内，计算机专业和经济金融专业毕业生的工资较高，因此会有更多的学生选择这些专业，从而这两个行业的劳动供给会增加。最近几年学历不高的年轻人更愿意去外卖和快递行业而不愿意进工厂，一方面是因为工作相对自由，另一方面也是因为外卖和快递行业提供了相对更高的工资。所以当工资上涨时，劳动供给量会上升。相应地，劳动供给曲线是向上倾斜的。正如我们已经注意到的，劳动供给曲线表示劳动供给量与工资之间的关系。一方面，当工资发生改变而别的经济变量（除了劳动供给量）不改变时，就出现了沿着供给曲线的移动。另一方面，还有很多因素使得劳动供给曲线整体左移或右移，如图 6-4 所示。除了工资，其他影响劳动供给的因素的改变则会导致劳动供给曲线整体水平移动，比如人口结构和工作观念等。本章中我们重点讨论三个因素。

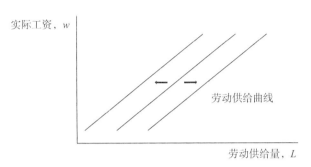

图 6-4　劳动供给的变化

观念的变化。观念或者社会规范的变化会影响人们工作的意愿。比如过去女性劳动参与率普遍不高，而社会进入工业化后，整体社会观念开始发生变化，女性的劳动参与率大幅提高，特别是在中国，根据世界银行的数据，我国 2000 年的女性劳动参与率高达 71%，远远高于发达国家。再比如在大家普遍抱怨"996"工作压力大的同时，部分年轻人会选择逃避工作或者选择工作强度低的工作，这种观念的变化也会影响部分岗位或者整体的劳动供给。

人口结构的变化。如果人口结构比较健康，年轻人比重较大，人口抚养比较低，那么全社会整体的劳动供给就比较大。而随着时间的推移，人口结构可能会发生变化，比如人口老龄化程度加深，人口抚养比增大，这就会导致劳动供给降低。此外，生育率的下降也会在长期内影响到劳动供给，我国目前全面放开三胎政策，部分原因也是为了解决未来可能出现的劳动供给不足的问题。

人口流动。人口流动会直接影响地区的劳动供给，人口流入地的劳动供给会增加，人口流出地的劳动供给会减少。我国是人口流动大国，2020 年第七次全国人口普查数据显示我国流动人口有 3.76 亿人。[①] 改革开放初期大量

---

① 数据来源：国家统计局第七次全国人口普查主要数据情况，http：//www.stats.gov.cn/tjsj/zxfb/202105/t20210510_ 1817176.html。

农业转移人口进入城市工作，为城市提供了大量的劳动供给，为经济增长做出了巨大贡献。而现在各大城市对人才的优惠政策吸引也是出于增加地方劳动供给的考虑。

(3) 劳动力市场均衡

在劳动力市场上，劳动力作为一种特殊的商品，其供给和需求决定了劳动力的价格和数量。这里劳动力的价格就是实际工资，劳动力的数量就是就业量（如图6-5）。在劳动力市场上，家庭作为劳动力的供给方为市场提供劳动力，企业作为劳动力的需求方雇用劳动力进行生产。

对于家庭来说，是否提供劳动力以及工作多长时间取决于家庭在劳动报酬和闲暇之间的权衡取舍，如果劳动的边际收益等于牺牲闲暇的边际成本，则家庭处于刚好提供劳动力的临界点。对于企业来说，是否雇用劳动力则取决于企业多雇用一个劳动力的边际报酬以及雇用一个劳动力需要额外付出的边际成本。如果多雇用一个劳动力的边际收益高于边际成本，则企业对劳动力就会有额外的需求。正是家庭和企业这种出于效用和利益最大化原则的决策，使得劳动力的供给和需求在劳动力市场上进行了匹配，如果劳动力的供给大于劳动力的需求，那么就出现了失业现象。

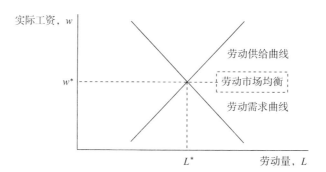

图 6-5 劳动供给与需求的均衡

2. 劳动力的供需匹配与失业

下面我们用供给和需求曲线来分析劳动力的供需匹配与失业问题。图6-6描述的是竞争性劳动力供给和需求的一般均衡分析，劳动力供给和需求曲线的交点 E^* 为均衡点，此时工资水平 w^* 为均衡工资。在完全竞争的市场中，企业愿意接受市场工资水平为 w^* 的合格工人，雇用数量为 L^*。但此时如果

有 $L^{**}-L^*$ 的劳动者虽然愿意工作，但是却要求比均衡工资更高的工资水平 w^{**}，这部分人不愿意在市场工资水平下工作，他们被认为是自愿失业的。在现行工资水平下，自愿失业者可能更偏好闲暇或者其他活动，而不是工作。例如在我国经常出现的大学生就业难问题，可能有一部分就属于这种情形，部分大学生往往要求比市场工资水平更高的工资，因此这部分人可能出现自愿失业。

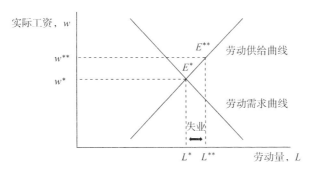

图 6-6　劳动的供需不匹配：自愿失业情形

图 6-7 显示的是劳动力市场处于非均衡状态时的另一种情况，我们可以用它来解释没有伸缩性的工资是怎么导致非自愿失业的。假设一次外生的冲击导致企业减产，企业对劳动力的需求减少，劳动需求曲线向左移动。这时对劳动力的需求由 L_1 降至 L_2，在劳动供给不变的情况下，就会出现劳动供给过剩，产生失业问题。例如突然的新冠疫情对实体经济产生了较大的负面冲击，很多企业在疫情冲击下减产甚至倒闭，使得在劳动力市场上对劳动力的需求减少，而当短期劳动供给不变时，就出现了失业率升高的情况。

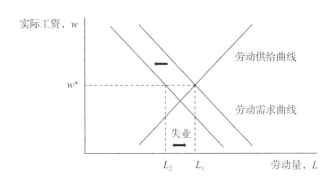

图 6-7　劳动的供需不匹配：非自愿失业情形

第二节 自然失业率

通过第一节的分析我们了解到，失业的原因可能有多种，失业的类型也是多样的。我们一般说到的失业率是总的失业率，但根据失业的原因，经济学家一般将宏观经济学中的失业分为两种类型：周期性失业和自然失业。其中周期性失业主要是指由于经济波动导致劳动需求不足从而产生的失业现象。而自然失业指的是与经济周期无关、经济系统中自然存在的、基本不可避免的失业现象，自然失业又可以分为摩擦性失业和结构性失业。

1. 周期性失业

周期性失业又被称为总需求不足的失业，是由于整体经济的支出和产出水平下降即总需求不足而引起的短期失业，它一般出现在经济周期的萧条阶段。这种失业与经济中的周期性波动是一致的，在经济繁荣时周期性失业率下降，经济萧条时周期性失业率上升。在经济复苏和繁荣阶段，各厂商争先扩充生产，就业人数普遍增加。在经济衰退和谷底阶段，由于社会需求不足，前景暗淡，各厂商又纷纷压缩生产，大量裁减雇员，形成令人头疼的失业大军。周期性失业的原因主要是整体经济水平的衰退。由于周期性失业往往在一定时期内带来大量的失业，因而周期性失业也是人们最不想见到的。20世纪30年代经济大萧条时期的失业和2008年全球经济危机期间的失业都属于周期性失业。对周期性失业问题的分析涉及经济波动和经济周期，本书的经济波动章节将进行详细介绍。

2. 自然失业率

自然失业率主要区别于周期性失业率，是指在没有经济周期性波动的情况下，劳动力市场中劳动供给和需求达到均衡状态时，劳动供给仍大于劳动需求时的失业率。自然失业率是指长期中经济达到充分就业状态时的失业率。自然失业率又被称作"充分就业状态下的失业率"或"无加速通货膨胀下的失业率"。也就是说，在宏观经济运行中所说的"充分就业"状态下，也会存在很多劳动者正在离职和求职的情况，这是经济正常运行的状态，即使劳动力市场上的工资能够充分调整到新的均衡状态，部分由于经济结构导致的问题仍然会带来自然失业。下面我们利用一个简单的模型来分析影响自然失业率的因素。

设 L 代表劳动力，E 代表就业工人人数，U 代表失业工人人数，则 $L = E + U$，自然失业率 $= \dfrac{U}{L}$。假设劳动力 L 不变，劳动力中的个人在就业和失业之间转换。s 代表离职率，即每个月失去自己工作的就业者比例；f 代表入职率，即每个月找到工作的失业者的比例。

劳动力市场的稳定状态条件为：找到工作的人数 = 失去工作的人数，即：

$$fU = sE = s(L - U) \tag{6-1}$$

等式两边都除以 L，得出：

$$f\dfrac{U}{L} = s\left(1 - \dfrac{U}{L}\right) \tag{6-2}$$

解 $\dfrac{U}{L}$ 得出：

$$\dfrac{U}{L} = \dfrac{s}{s + f} \tag{6-3}$$

由此可知，自然失业率取决于离职率和入职率。任何一种旨在降低自然失业率的政策都应该一方面降低离职率，另一方面提高入职率。同样，任何一种影响离职率和入职率的政策也会改变自然失业率。

自然失业是指由经济中某些难以避免的原因所引起的失业，在任何动态经济中这种失业都是必然存在的。自然失业主要分为摩擦性失业和结构性失业，下面我们将分别讨论摩擦性失业和结构性失业的经济学原理。

第三节　工作搜寻与摩擦性失业

1. 摩擦性失业

失业的一个常见原因是工人与工作岗位的匹配需要时间，即人们总是需要一定的时间才能找到满意的工作，工作岗位也需要一定的时间招到合适的工人。前面的劳动力供给和需求匹配模型假定了所有的工人和岗位都是同质的，即使工人辞去工作也能马上在劳动力市场上找到工作。但实际上每个工人和每个岗位都是不同的，工人具有不同的能力，工作具有不同的属性。在劳动的供给和需求之间存在着信息不完全，而且工人在不同地区之间的流动也需要时间。由工人找工作所花的时间而引起的暂时性失业被称为摩擦性失业。

2. 摩擦性失业的原因

信息不完全。信息不完全是引起摩擦性失业的主要原因之一。由于劳动者的个体异质性以及岗位的不同属性，劳动者寻找工作一般都需要花一定的时间。劳动者需要一定的信息来判断和找到自己满意的工作，企业同样也需要一定的信息来判断自己对来应聘的求职者是否满意。低技能劳动者的可替代性较强，因此在面临工作转换时，往往能较快地找到新工作，这样的群体摩擦性失业的时间较短。而高技能劳动者的异质性往往较大，可替代性弱，因此在面临工作转换时，往往需要较长一段时间获取更多的工作信息才能找到满意的工作，企业也需要一定的背景调查信息来确认是否雇用求职者，这样的群体摩擦性失业的时间更长。信息的不完全阻碍了求职者顺利找到工作，由于信息总是不完全的，因此摩擦性失业总是存在的。

劳动力流动障碍。劳动力流动障碍也是引起摩擦性失业的另一个主要原因。由于劳动者在寻找下一份工作时并不一定会在本地，如果劳动者合意的下一份工作在外地，那么他可能需要一定的时间从本地流动到外地，这里面涉及户口、社会保障和福利以及在异地找工作所需要面临的一系列问题。由于这种劳动力流动障碍带来的失业也是摩擦性失业的一部分，因此，这种短期的失业问题也是无可避免的。

部门转移。出于许多原因，企业和家庭需要的产品会随着时间的推移而变化，随着产品需求的变化，对生产这些产品的劳动力的需求也在改变。比如，随着人们生活水平的提高，对提高生活品质的家用电器的需求会增加，对传统的价格低廉但品质一般的产品的需求会减少，这样就会导致传统的产品生产部门的劳动力需求降低。又比如，随着线上经济的发展，很多线下部门开始不景气，人们从线下部门的就业向线上转换也需要时间。经济学家把需求在不同行业和地区之间的构成变动称为部门转移。因为部门转移总在发生，且工人改变部门需要时间，所以摩擦性失业总是存在。

公共政策。除了上述原因，部分旨在提高低收入群体福利的公共政策也可能会带来摩擦性失业，比如政府的失业保障政策或者低保政策。根据这些政策，工人在失去工作以后可以在一定时期内得到一定的收入，因此这部分失业者寻找工作的动力会减弱，在不工作也可以保证基本生活的前提下，部分人会选择放弃高强度、高压力的工作，直到找到自己更为满意的工作为止。从这个角度看，一项公共政策的影响可能是多方面的。

在一个动态经济中，各行业、各部门和各地区之间劳动需求的变动是经常发生的。即使在充分就业状态下，由于人们从学校毕业或搬到新城市而要寻找工作，因此总是会有一些人处于周转状态。摩擦性失业量的大小取决于劳动力流动性的大小和寻找工作所需要的时间。因为在动态经济中劳动力的流动是正常的，所以摩擦性失业是不可避免的。

■ 专栏 6-1

工作搜寻理论、匹配模型与摩擦性失业

摩擦性失业主要是由于在寻找工作的过程中需要花费一定的时间而带来的暂时性失业，是经济运行中不可避免的一种失业现象。前面我们谈到了摩擦性失业的几种具体原因。尽管摩擦性失业不可避免，经济学家们还是尝试用经济理论去解释摩擦性失业的现象并试图缩短失业持续的时间，工作搜寻理论和匹配模型就是具有代表性的分析摩擦性失业的经济学理论。彼得·戴蒙德（Peter Diamond）、克里斯托弗·皮萨里德斯（Christopher Pissaride）和戴尔·莫滕森（Dale Mortensen）三位经济学家还因此获得了 2010 年诺贝尔经济学奖。

工作搜寻理论对现实的劳动力市场有如下假定：第一，劳动力市场上的信息是不完全的，求职者不知道企业提供的具体工资而只知道市场上工资的概率分布；第二，随着搜寻时间的延长，搜寻成本呈递增趋势；第三，搜寻时间与获得更优工资报酬的概率成正比，但预期的边际收益呈递减趋势。这些假定基本是符合劳动力市场的实际现实的。根据工作搜寻理论的分析，求职者的最佳求职策略是使持续就业预期效用大于失业预期贴现效用。工作搜

寻理论的重要结论之一就是失业保险的增加会在一定程度上增加或延长失业，这一理论推论也在部分国家和地区得到了验证，因此，失业保险也需要在一个合理的范围之内。

匹配理论的核心是匹配函数，由于劳动力市场会同时存在失业者与职位空缺，匹配模型就是用来研究这种现象背后的匹配问题的。匹配理论通过刻画空缺职位数、求职者人数以及求职者搜寻强度等变量构造函数模型对失业问题进行分析。用匹配函数的研究方法建立的匹配模型得到的重要结论之一是：失业保险福利和劳动者讨价还价能力的提高以及职位破坏率和劳动力增长率的上升会提高失业率，而匹配过程效率和劳动者生产率的提高则会降低失业率。这一理论的结论也在部分国家和地区得到了验证。

虽然摩擦性失业不可避免，但搜寻理论等经济学理论对我们解释和理解失业行为、进一步缩短失业时间、提高劳动力供给和需求的匹配度等有很好的启示，我们可以据此设计和完善劳动力市场相关制度安排，促进劳动力市场对劳动力的有效配置。

资料来源：乐君杰，工作搜寻理论、匹配模型及其政策启示——2010年诺贝尔经济学奖获得者研究贡献综述，《浙江社会科学》，2011年，第1期。

第四节　工资刚性与结构性失业

1. 结构性失业

自然失业的第二个原因是结构性失业，如果说摩擦性失业一般是指短期失业现象，那么结构性失业的时间一般较长。例如，部分低技能者由于受教育水平较低或者工作技能较为缺乏，只能从事低技能工作，而当经济受到冲击或者经济调整时，这部分群体失业以后就很难找到工作。另外，部分劳动者长期在一个细分领域工作，形成了路径依赖，一旦失业长期内也将难以找到工作。这种由于自身技能和工作机会不匹配而导致的相对长期的失业现象被叫作结构性失业。

结构性失业的重要原因是工资刚性的存在，即市场情况发生变化时，工资未能调整到劳动力供给等于劳动力需求的水平。当实际工资高于供需平衡的工资水平时，劳动力的供给量就超过了需求量。企业必须以某种方式在工人中分配稀缺的工作。实际工资刚性减慢了找工作的速度，提高了失业率。由工资刚性和工作配给造成的失业被称为结构性失业。工人失业不是因为他们在积极寻找最适合他们个人技能的工作，而是因为想要工作的人的数量与可提供的工作的数量之间存在根本的不匹配。在现行工资水平下，劳动力的供给量超过了需求量，因此许多工人只是在等待工作机会的出现。

实际工资刚性是指实际工资无法充分调整到使劳动力供需平衡的水平。在图 6-8 中，如果劳动的实际工资等于 w_1，劳动力市场的供给恰好等于需求，劳动者能够充分就业，均衡点为 E，就业量为固定不变的劳动供给量 L_1。当经济运行中受到外部冲击导致市场对劳动的需求下降时，劳动需求曲线向左移动，此时如果没有工资刚性，那么市场工资会调节至 L_2。而当实际工资出现刚性时，即市场工资并不能马上下调至新的均衡水平 w_2 而是仍然维持在 w_1 时，就会出现劳动供给大于劳动需求的情况，在图 6-8 中就表示为在 w_1 下，劳动力需求为 L_3，供给量仍为 L_1，供求缺口 L_1-L_3 就是失业人数。因此，实际工资刚性的存在导致市场无法动态调整从而提高了失业率。在实际工资刚性条件下，失业产生的原因是劳动供给大于劳动需求，这时劳动力市场的自动调节机制必定发生了某种障碍，否则，当工资水平高于均衡工资、劳动供给大于需求时，企业应该降低工资。

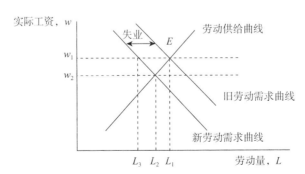

图 6-8 实际工资刚性和失业

2. 工资刚性的原因

劳动力市场中出现工资刚性的原因是多方面的，市场发展情况以及外生

的政策都会导致工资刚性,目前经济学家对工资刚性的原因分析主要围绕如下三个方面展开:

最低工资制度。最低工资制度是各国普遍实行的用以保护低收入劳动者权益的一项制度,通常是根据各地经济发展水平规定一个最低工资,企业为劳动者提供的工资不能低于该最低工资水平。政府出台最低工资的初心是为低收入劳动者考虑,试图改善他们的福利。然而,有研究却表明最低工资制度实际上损害了部分低收入劳动者的利益,因为最低工资被认为在一定程度上破坏了市场均衡工资。当最低工资的标准高于市场均衡工资时,劳动力市场就会出现供大于求的现象,企业的最优选择就是减少对工人的雇佣,从而造成部分劳动者失业。因此,最低工资制度会带来工资的下降刚性,它使得部分低收入群体的工资无法根据市场变动而灵活调节,而是维持在一个既定的水平(最低工资标准)。而按照市场规则运行的企业则会根据市场的调节来进行雇佣决策,如果市场均衡工资水平低于最低工资水平,那么最低工资制度的存在会增加企业的劳动力成本,理性的企业会减少对劳动者的雇佣。原本在劳动力市场中处于较低收入水平的劳动者很可能在最低工资提高以后面临失业的风险。不过,各地的最低工资水平往往不高,因此对劳动力市场的影响并不全面,只是对部分收入较低的群体有较大影响。

劳动者议价。工资刚性的第二个原因是劳动者议价。劳动者议价能力影响工资刚性的第一个方面是工会制度。例如,在大多数欧洲国家,工会的作用很强大,工会工人的工资不完全是由劳动力市场上的供给和需求动态均衡决定的,而是由工会和企业进行谈判议价决定的。而当工会的力量较大时,最后的协议工资高于市场均衡工资,因此以利润最大化为目标的企业便会减少雇佣,就业人数减少,就业率下降,结构性失业增加。工会还可以影响未加入工会的企业的工资,因为工会的威胁可以使工资保持在均衡水平之上。劳动者议价能力影响工资刚性的第二个方面就是部门工资差异。部门工资差异主要是指不同行业或者部门之间由于生产效率不同而存在工资水平的差异。例如一个传统制造业行业和一个服务业行业最开始的工资水平差异并不大,但由于技术进步,传统制造业升级为新兴制造业以后,生产效率大幅提高,因此工资水平上升,与此同时,服务业效率提高不快,因此工资水平上升不明显。在这种情况下,如果两个行业工资水平差异过大,便会出现低生产效率部门要求工资水平向高生产效率部门看齐，从而使其工资水平维持在市场均衡工资水平之上，造成工资刚性。

效率工资。效率工资理论认为企业为员工支付高工资会显著提高工人的工作效率。关于高工资为何会提高工人的工作效率有多重解释。第一，部分研究认为更高的工资会使得低收入劳动者有更好的生活质量和更高的营养水平，因此会提高劳动效率；第二，有研究发现更高的工资水平会吸引更优秀的劳动者而且能降低离职率和减少劳动者更替，从而提高生产效率；第三，经济学家认为高工资可以提高工人的努力程度，企业可以通过提高工资激发劳动者的工作积极性。例如1914年福特汽车给汽车工人支付了两倍于市场工资水平的工资，事后发现，尽管福特汽车支付了远超其他企业的劳动成本，但工人缺勤的情况大幅减少，劳动生产率上升了30%—50%。因此，部分企业根据效率工资理论为劳动者提供了高于市场均衡水平的工资，这确实可能提高企业生产率，但也会导致部分人失业。

除了工资刚性的影响，部门性变动带来的结构性失业本身就是不可避免的，特别是在产业结构变动较大的时期，新产业的成长和旧产业的衰落都会在一定时期内造成劳动者技能和岗位需求不匹配。在特定时期，结构性失业问题也需要引起足够重视。例如，我国目前大学毕业生中就存在部分结构性失业问题：近年来我国大学毕业生逐年增加，而企业能为大学生提供的工作岗位是有限的。

第五节 中国案例：中国的劳动力市场与失业

1. 中国劳动年龄人口结构

劳动年龄人口是指15—64岁劳动年龄范围内的人口。劳动力则是指在劳动年龄之内并且具有劳动能力的人口，也被称为劳动力资源。劳动年龄人口，尤其是劳动力，是社会经济活动的主体。家庭中的劳动力人口是家庭经济收入的主要提供者，担负着养老育小的责任。因此，劳动年龄人口的就业状况不仅直接影响着劳动者本人的生存和发展，而且影响着家庭成员的生存和发展，进而影响着经济的健康发展和社会的安全稳定。图6-9给出了1999—

2020年我国劳动年龄人口规模及其在总人口中的比重的历史变化趋势。可以发现，2013年以前，我国劳动年龄人口一直保持增长的发展趋势，劳动年龄人口规模从1999年的8.5亿人持续增长到2013年的10.06亿人，劳动年龄人口在2013年达到顶峰以后开始缓慢下降，2020年劳动年龄人口总数下降到9.68亿人，回到2008年的水平。劳动年龄人口在总人口中的比例也从1999年的68%提高到2010年的75%，2020年又下降到69%。

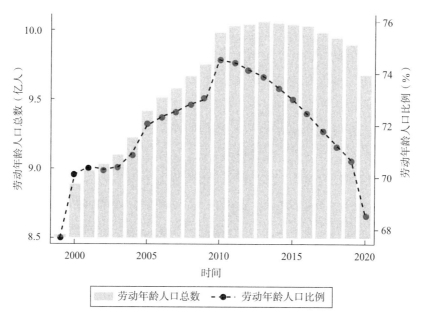

图6-9　1999—2020年中国劳动年龄人口变化

数据来源：国家统计局，http://www.stats.gov.cn/。

过去40年，我国劳动年龄人口一直保持相对年轻的结构，人口抚养比一直处于相对较低的水平，为国家经济的飞速发展创造了有利的人口条件。然而，从劳动年龄人口的平均年龄及结构来看，我国劳动年龄人口的年龄结构在逐渐老化，并且近年来有加速趋势。图6-10呈现了2010—2020年我国劳动年龄人口平均年龄及年龄构成的变化趋势。可以发现，如果将劳动力人口按年龄分为"15—24岁""25—44岁"和"45—64岁"三组，分别表示低龄劳动力人口、中龄劳动力人口和高龄劳动力人口，那么劳动力的年龄结构将从2010年的"22%—44%—34%"转变为2020年的"15%—43%—42%"。

可以看到，低龄劳动力比例在10年间下降了7个百分点，高龄劳动力比例提高了8个百分点。劳动年龄人口也表现出人口老龄化的趋势。

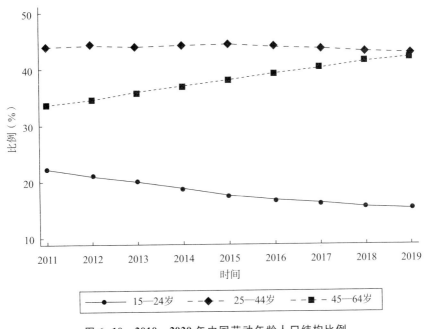

图 6-10　2010—2020 年中国劳动年龄人口结构比例

数据来源：国家统计局，http://www.stats.gov.cn/。

我国劳动力市场还有一大重要特点就是流动人口。20世纪80年代初，国家放宽了农村劳动力和农村人口进入中小城镇务工和生活的要求，虽然政策仍具有限制性，却在很大程度上促进了农村人口向城镇的转移。此后，我国流动人口数量开始大幅增长（如图6-11所示）。1982年我国仅有670万流动人口，占全国人口的0.6%；到2000年流动人口规模已经将近1.5亿，占全国人口的11.0%；而2020年的第七次全国人口普查数据表明，流动人口已经增加到了37 582万，占全国人口的26.0%。需要说明的是，2020年的3.76亿流动人口中有2.49亿为农业转移人口，即从乡村向城镇流动的人口。在流动人口总量持续上升的同时，农业转移人口的比例尽管在上升（从2000年的52.2%上升到2010年的63.2%，再到2020年的66.3%），但最近十年农业转移人口的增幅在下降。同时，在流动人口中，2020年跨省流动的比例只有33.0%，省内流动仍然是主流。

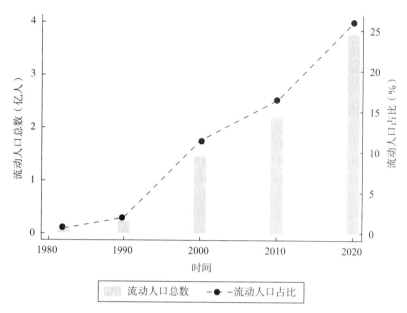

图 6-11　1980—2020 年中国流动人口变化

数据来源：国家统计局公布的第三次至第七次全国人口普查数据。

2. 中国失业人口的基本特点

根据 2010 年第六次全国人口普查数据计算，如图 6-12 所示，2010 年全国失业人口规模在 2 291 万人左右，其中，男性失业人口规模为 1 157 万人，女性失业人口规模为 1 133 万人。城镇失业人口规模较大，约为 1 789 万人左右，其中，城镇男性失业人口规模约为 912 万人，城镇女性失业人口规模约为 878 万人。农村失业人口规模较小，约为 501 万人左右，其中，农村男性失业人口规模约为 245 万人，农村女性失业人口规模约为 256 万人。

从 2010 年第六次全国人口普查数据分析结果来看，城镇失业人口中，有 84% 的失业者为高中及以下学历的劳动者，16% 的失业者为大学及以上高学历的劳动者。其中，在失业风险较高的 16—29 岁的失业人口中，72% 的人是高中及以下学历的劳动者（其中农民工占 55%），另有 28% 的人是本科及以上学历的劳动者。也就是说，青年失业人群中的大学生群体所占比例接近三成，低学历青年农民工占四成，其余三成为城镇低学历青年。另外，在失业风险较高的 45—60 岁失业人口中，高中及以下学历失业者占 94%（其中农

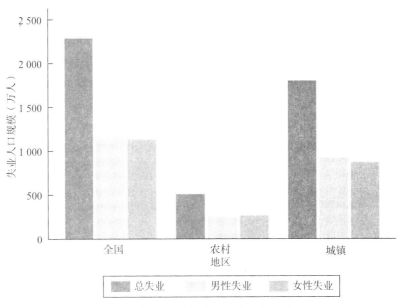

图 6-12 2010 年中国失业人口规模

数据来源：国家统计局公布的第六次全国人口普查数据。

民工占 30%），本科及以上学历失业者占 6%。也就是说，城镇 45—60 岁失业人口的主体为低学历者，其中，高中及以下文化程度的外来农民工占比接近三成，城镇本地低学历者占比接近七成。

3. 中国的摩擦性失业和结构性失业

根据复旦大学和清华大学联合完成并发布的《中国劳动力市场技能缺口研究》报告，如果将各劳动部门 30—40 岁成熟劳动力的失业水平视作同一劳动部门所有劳动力面临的摩擦性失业水平，那么，对于城镇男性而言，30—40 岁的总体失业率为 4.35%，其中摩擦性失业率约为 3%，结构性失业率为 1.35%。而城镇女性总自然失业率约为 5.55%，高于男性约 1 个百分点；其中摩擦性失业率为 4.8%，结构性失业率为 0.75%。相对于城镇的失业情况，农村的整体失业率水平要低很多。农村男性和女性的总失业率都在 1% 左右，其中，农村男性的摩擦性失业率为 0.6%，结构性失业率为 0.8%；农村女性的摩擦性失业率为 0.8%，结构性失业率为 0.58%，详见表 6-1。上述数据说明我国失业情况在城镇和农村之间以及性别之间都有较大区别。从摩擦性失业来看,城镇的摩擦性失业率远高于农村,女性的摩擦性失业率要稍高于男性。而结构性失业方面,和摩擦性失业一样,同样是城镇高于农村,但反而是农村男性的结构性失业率稍高于女性。

表6-1 中国的摩擦性失业和结构性失业情况

部门	失业率	摩擦性失业率	结构性失业率
城镇男性	4.35	3.00	1.35
城镇女性	5.55	4.80	0.75
农村男性	1.14	0.60	0.8
农村女性	1.38	0.80	0.58

注:数据来源于复旦大学和清华大学联合完成并发布的《中国劳动力市场技能缺口研究》,失业率根据2010年失业人口数据计算。

另外也能看到,结构性失业占总体失业的比重并不高。但结构性失业会长期存在,而且会随着经济形势的变化而发生变化。比如未来,在高质量发展引领下,中国经济将逐渐转变为以高端制造业和服务业为主导的经济形态,依靠土地、房地产、基础设施等大规模投资的增长模式将失去动力,依靠廉价劳动力、资源等的粗放型产业将加快淘汰,经济结构和产业结构的变化也将带来就业结构的转变。在这一结构调整过程中,部分劳动力,尤其是部分低技能劳动者,将因不适应新产业结构而不可避免地失业,由于技能的限制,将在较长一段时间内无法就业。另外,我国会出现"大学生就业难"和"民工荒"问题,这种结构性的劳动供需错配也会随着经济的变化而动态变化,需要政府部门根据经济结构形势对劳动力供给进行引导和干预。

前沿拓展与文献速递

1. 最低工资对劳动力市场的影响

最低工资政策被认为是导致工资刚性的原因之一,最低工资出台的目的是保护低收入者的工资水平,但由于最低工资是人为将最低工资标准规定在市场工资水平之上,最低工资过高可能会带来副作用,即会造成劳动需求小于劳动供给，使低收入者的失业率提高。表6-2列举了我国主要城市的最低工资标准，从中可以看出，其基本超过了当地的市场最低工资水平。

表6-2 中国主要城市最低工资数据

地区	月最低工资标准	小时最低工资标准	更新时间
北京	2 200元	24.0元	2019年7月
上海	2 480元	22.0元	2019年4月
深圳	2 200元	20.3元	2018年7月
广州	2 100元	20.3元	2018年7月
杭州	2 010元	18.4元	2017年12月
香港	6 600港元（折算）	37.5港元	2021年5月

注：香港只规定小时最低工资，月最低工资按照每天8小时、每个月工作22天计算。

马双等（2012）利用1998—2007年规模以上制造业企业报表数据进行的分析显示，最低工资每上涨10%，制造业企业平均工资将整体上涨0.4%—0.5%。进一步研究发现，对于不同行业、不同人均资本水平的企业，最低工资上涨的影响也存在异质性。最低工资将更多地增加劳动密集型或人均资本较低企业的平均工资。研究还发现，最低工资每增加10%，制造业企业雇佣人数将显著减少0.6%左右。政府在制定最低工资时应权衡其在收入分配上的积极效果以及其对就业的负面影响。除了对劳动力市场的直接影响，最低工资作为一项调节要素资源的政策，也会间接影响到经济活动的各个方面。比如，最低工资会通过影响要素的相对价格影响到企业的资源配置、出口和创新行为（孙楚仁等，2013；王珏和祝继高，2018）。

2. 人口流动与失业问题

对于失业问题，除了整体的失业率，由于失业在不同群体中存在较大异质性，因此关注不同群体的失业问题也非常重要，比如流动人口失业问题。一方面，我国流动人口体量庞大，截止到2021年我国流动人口已达3.76亿，而流动人口受到户籍以及各项公共服务政策的影响，其流动和就业问题较为复杂，一旦流动人口失业，其面临的困难也高于本地户籍人口。对于流动人口的就业和失业问题，学界已经有了较为丰富的研究。杨胜利和姚健（2020）研究发现，2017年我国省际流动人口失业率为2.3%，而影响流动人口失业风险的主要因素有个人特征、流动特征和制度特征。其中，农村无宅基地、家庭式迁移的流动人口失业风险更高，同时，长期二元经济体制带来的制度障碍也会提高流动人口的失业风险。大量流动人口虽然在城镇就业、生活，但与本地户籍居民相比在公共服务方面仍存在较大差距。进一步推进社会保障制度、教育等公共服务均等化有助于降低流动人口的失业风险。流动人口的流动性特点对劳动力市场的另一个重要影响是劳动力结构问题。由于流动人口在获取本地公共服务以及子女教育机会等方面存在一定障碍，这样会导致高技能和低技能流动人口的流动和就业容易受到不同地区的公共服务政策的影响，从而会影响到劳动力市场的均衡和结构合理化。王春超和叶蓓（2021）通过对部分城市教育制度改革的研究探究了城市公共服务对高技能人才的吸引效应，研究发现，城市的教育制度改革能促进高技能流动人口迁入城市和推动当地劳动力技能结构优化，即政府有针对性地提高流动人口公共福利的政策可以在一定程度上弥补被客观的制度障碍所影响的劳动力市场，从而有助于改善流动人口的就业结构，长远来看，也有助于降低流动人口失业风险。失业问题是宏观经济学的重要议题，保就业也是政府发展经济的重要目标之一。但就业和失业问题往往也较为复杂，不同时期、不同群体的失业都会有不同的表现，因此，对于就业和失业问题，还需要在现有理论的基础上进行持续和深入的研究。

参考文献

马双、张劼、朱喜，最低工资对中国就业和工资水平的影响，《经济研究》，2012年，第5期。

孙楚仁、田国强、章韬，最低工资标准与中国企业的出口行为，《经济研究》，2013年第2期。

王春超、叶蓓，城市如何吸引高技能人才？——基于教育制度改革的视角，《经济研究》，2021年，第6期。

王珏、祝继高，劳动保护能促进企业高学历员工的创新吗？——基于A股上市公司的实证研究，《管理世界》，2018年第3期。

杨胜利、姚健，中国流动人口失业风险变动及影响因素研究，《中国人口科学》，2020年，第3期。

本章总结

本章从劳动力市场出发，根据微观经济学中的供给与需求均衡理论从原理上解释了失业现象的经济学含义。失业的出现本质上是在劳动力市场上劳动力的供给和需求不匹配。当劳动力的需求大于劳动力的供给时，劳动力市场上体现出工资的上涨，工资上涨会带来劳动供给的增加和劳动需求的减少，从而使得劳动力市场达到新的均衡。当劳动力的需求小于劳动力的供给时，劳动力市场会出现在给定工资水平下的劳动供给过剩，即出现了失业现象。在基本的供求原理之外，我们更加感兴趣的是劳动力市场为何不能像一般商品市场那样，当外部刺激导致供需不匹配时，劳动力市场自发调整到新的均衡状态？在这一想法的主导下，我们从自然失业和周期性失业的角度对失业问题进行了探讨。其中自然失业就包括摩擦性失业和结构性失业这两种无法避免同时也是无处不在的失业状态。本章分别对摩擦性失业和结构性失业的原因进行了经济学分析。经济系统中的自然失业问题，尽管我们无法完全消除，但了解其背后的经济学逻辑有助于我们从源头出发，探讨降低摩擦性失业率和结构性失业率的制度和政策安排（比如从制度层面完善劳动力市场匹配机制、完善最低工资制度和劳动者议价机制等），从而进一步降低整体自然失业率。本章主要分析的就是自然失业问题，对于周期性失业问题，我们会在后续宏观经济波动以及经济周期的部分进行进一步的解释。

问题与应用

1. 自然失业率和周期性失业率有何不同？常见的自然失业率类型有哪些？它们之间有何关系？有何不同？

2. 假设某经济体被雇用的人数是 3 000 万，失业的人数是 20 万，未进入劳动力市场的人口（比如老人和小孩）是 1 000 万，求该经济体的劳动参与率和失业率。

3. 除了最低工资制度、效率工资和工会，是否还有其他因素会导致工资刚性？

4. 请结合所学知识和实际情况讨论：在 2020 年新冠疫情的影响下，我国的失业类型主要有哪些？如何解决这些类型的失业问题？

5. 请收集历次全国人口普查数据，并根据全国人口普查数据中人口结构的变化分析我国的就业以及失业情况。

6. 请收集相关研究，并结合所学知识分析最低工资对劳动者的影响。

第七章
国际市场与开放的宏观经济

本章概览

在前面的章节中,我们讨论的宏观经济三大目标和三大市场都是针对封闭经济体的,封闭经济的假设简化了我们的分析。但是,实际上大多数经济体都是开放的:开放的经济体向国外出口产品与服务,从国外进口产品与服务,在世界金融市场上借款与贷款。本章我们介绍当一国处于开放经济状态时的宏观经济情况,我们将从国际市场出发,探讨与开放经济相关的重要问题。

本章我们主要回答三个问题:

第一,国家间相互作用的关键宏观经济变量如何界定和衡量?

第二,哪些因素决定了一国在国际市场上是借款人还是贷款人?政策如何影响产品和资本的流动?

第三,一国在国际市场上进行交换的价格以及不同货币之间的交易比例(汇率)是如何决定的?

最后,我们对中国的汇率制度以及对外开放历程进行梳理分析。

本章主要内容如图 7-1 所示。

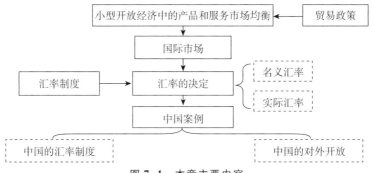

图 7-1 本章主要内容

第一节 国际市场

将封闭经济扩展到开放经济时,对经济分析的基本思路还是一致的,只不过我们要考虑的情况更加复杂,开放经济和封闭经济最大的区别就是存在产品和资本的国际流动。首先,我们简单介绍一下国际贸易和国际市场问题,然后我们从第二章中的国民核算理论来认识开放经济的特点。

1. 国际贸易

贸易无论是发生在国家间还是国家内部,都通过提高生产效率改善了我们的生活质量。在现代经济中,产品和服务都由专门从事这些生产的个人或企业提供,例如,你的经济学老师花费多年的时间精通了经济学;同样地,为科技公司工作的工程师们在特定的工作岗位上都接受过大量的训练。科技公司的工程师无法完成有深度的经济研究或者教授经济学课程;同样地,经济学老师也无法设计出一个小型电路板并让大型工厂大量生产它。在市场体系中,人们根据他们的才能和兴趣选择职业,进而在他们所选择的行业中掌握专业化技能,然后和其他人进行贸易。没有贸易,专业化的好处就无法实现,这是人与人之间进行贸易的基本逻辑,国家之间的贸易大抵也是如此,不同国家各自生产自己擅长的产品和服务,然后进行交换,使得彼此的福利得到提升。例如,改革开放初期,我国利用劳动力成本低的优势,大力发展了劳动密集型产业,将生产的衣服、鞋袜等生活用品出口到欧美,然后进口机械设备和电子产品,双方都从贸易中获得了好处。而在我国大力进行产业转型和升级以后,我们也能向国外出口电子产品和大型设备,并且同时向其他国家进口一般消费品。国际贸易是基于国际分工建立的贸易体系。因此,在开放经济中,经济运行的主体除了居民、企业和政府,还增加了国外部门。

■ 专栏 7-1

比较优势与国际贸易

在一个社会里,每个个体如果把有限的资源(包括时间和精力)只用来生产自己擅长的产品，然后跟别人进行交换，那么整个社会产品的总价值就能达到最大，而且每个个体的境遇都能得到改善，而不论他们的绝对生产能力是高还是低，这就是市场分工。那么人们是基于什么原则来分工的呢？这里就需要知道绝对优势和比较优势的概念。绝对优势是指在同样商品的生产上，生产者耗费的劳动成本绝对低于另一生产者而产生的在该产品生产上的优势。例如在一种极端简化的情形下，葡萄牙需要1名葡萄牙工人生产1单位葡萄酒，需要2名工人生产1单位布料；而在英国，生产1单位相同的葡萄酒需要2名工人，而生产1单位同样的布料只需要1名工人。那么根据绝对优势，葡萄牙会选择生产葡萄酒，英国会选择生产布料，然后双方进行贸易。但真实世界往往不会这么巧合，刚好不同的地区擅长不同的领域。如果葡萄牙既擅长生产葡萄酒又擅长生产布料，而英国什么都不太擅长呢？

这个时候分工仍然会产生，而这时分工的依据是比较优势而不是绝对优势。比较优势是指一个生产者以低于另一个生产者的机会成本生产一种物品时形成的相对优势。例如同样在一种简化的情形下，葡萄牙需要1名工人生产1单位葡萄酒，需要2名工人生产1单位布料；而在英国，生产1单位相同的葡萄酒需要6名工人，而生产1单位同样的布料需要3名工人。按照绝对优势，葡萄牙就应该同时生产葡萄酒和布料并将其卖给英国。而实际上国际贸易是根据比较优势原理进行的。因为葡萄牙生产1单位葡萄酒可以生产0.5单位布料，而英国生产1单位葡萄酒可以生产2单位布料，说明葡萄牙在生产葡萄酒方面具有比较优势。如果葡萄牙的3名工人和英国的9名工人各自都生产葡萄酒和布料，那么两国可以生产葡萄酒2单位和布料2单位；但是如果葡萄牙的3名工人只生产葡萄酒，英国的9名工人只生产布料，则两国可以共生产3单位葡萄酒和3单位布料，比之前各自生产时的葡萄酒和布料产量都要大。这就是基于比较优势原理进行分工生产带来的福利增加。比较优势原理由经济学家大卫·李嘉图于1817年提出，根据比较优势原理，每个国家都应该生产各自具有比较优势的产品，并在比较不擅长的领域通过贸易来满足需求。因此，即使在各方面都不具备绝对优势的国家，也可以凭借比较优势参与到国际贸易中来。

2. 经常账户：产品和服务的国际流动

有了国际贸易便有了国际市场。在封闭经济体中，从支出的角度总产出被分为消费、投资和政府购买三个部分。而在开放经济体中，一国在一定时期生产的总产品和服务除了流向家庭部门、企业部门和政府部门，还有部分会流向国外部门，流向国外的这部分叫作出口。而从核算的角度看，除了考虑出口，我们同时需要考虑本国从国外的进口。因此，在开放经济的国内生产总值核算过程中，还需要考虑净出口。净出口也称贸易余额，一般用 NX 表示，是本国向其他国家出口的产品与服务的价值减去外国向本国提供的产品与服务的价值，反映国家间产品与服务的流动。用 EX 表示出口，用 IM 表示进口，则（EX-IM）就是净出口。

开放经济的国民收入核算恒等式为：

$$Y = C + I + G + NX \tag{7-1}$$

可改写为：

$$NX = Y - (C + I + G) \tag{7-2}$$

式（7-2）说明，在一个开放经济中，国内支出无须等于产品与服务产出。如果产出大于国内支出，则净出口是正的；如果产出小于国内支出，则净出口是负的。

3. 金融账户：资本的国际流动

在开放经济中，除了产品与服务存在国际流动，资本也存在国际流动。国内的金融市场和国外也是紧密相连的。资本也存在流入和流出问题，资本净流出也称国外净投资，是国内储蓄和国内投资之间的差额 $S - I$。如果资本净流出是正的，表明储蓄大于投资，储蓄超过投资的部分被贷给了国外部门；如果资本净流出是负的，表明储蓄小于投资，投资超过储蓄的部分是向国外的借债。

根据储蓄和投资重写国民收入核算恒等式可以推导出：

$$Y - C - G = I + NX \tag{7-3}$$

$$(Y - C - T) + (T - G) = I + NX \tag{7-4}$$

$$S - I = NX \tag{7-5}$$

在国民收入核算恒等式（7-5）中，$S-I$ 表示资本净流出，NX 表示净出口，表明国外净投资总是等于贸易余额，即国家间为资本积累筹资的资金流动和国家间产品与服务的流动是同一枚硬币的两面。在式（7-5）的右边，NX 表示产品与服务的净出口，即贸易余额，左边表示国内储蓄和直接投资的差额，为资本净流出。资本流出意味着国内居民借给国外居民的资本，如果资本流出为正，说明国内的储蓄大于投资，储蓄减去投资剩下的部分被借贷给了外国人。如果资本流出为负，那么国内投资大于储蓄，经济通过从国外借贷来融资投资。如果 $S-I$ 和 NX 为正，则有贸易盈余，此时我们是国际金融市场上的净债权人，我们的出口大于进口。如果 $S-I$ 和 NX 是负的，则有贸易赤字，此时我们是国际金融市场上的净债务者，我们的进口大于出口。

第二节 小型开放经济中的产品市场均衡

上一节我们从国民经济核算的角度了解了产品和资本的国际流动问题，下面我们从理论上探讨这些变量之间的关系以及它们怎样随经济环境的不同而发生变化。

1. 小型开放经济与世界利率

和我们前面学习的模型一样，这里我们仍然从一种假设的最简单的情况开始，然后会对假设进行放松，扩展到更普遍的情况。我们假设一个具有完全资本流动性的小型开放经济，这里的"小型"并不是说这个经济体规模很小，而是指这个经济体是整个世界市场的一小部分，在资本自由流动的前提下，它对世界利率的影响是可以忽略不计的，即它是世界利率的被动接受者。因为在资本完全流动的前提下，如果该经济体的利率高于世界利率，那么资本就会大量涌入该经济体从而压低其利率；如果该经济体的利率低于世界利率，那么该经济体的资本就会大量流出从而导致该经济体资本供应不足带来利率上升。所以不论初始利率是高于还是低于世界利率，只要该经济体是资本完全流动的小型开放经济体，那么它的利率水平最后一定会稳定在世界利率水平上。好比我们在微观经济中学习的完全竞争市场，在不存在垄断的前提下，单个厂商就是市场价格的接受者，无法影响市场价格。在这一假定下，经济体的利率水平就是给定的世界利率水平,是一个外生变量。这一假定对我们的分析至关重要,回忆我们在第四章的分析,实际利率是调节储蓄和投资的关键变量,那么在开放经济中,对储蓄和投资的分析也离不开对利率的讨论。

2. 小型开放经济中的产品市场均衡

(1) 封闭经济中产品市场均衡的决定与变动

回忆我们在第四章的讨论,假设在一个封闭经济中没有通货膨胀和不确定性。在这种条件下,投资必须等于私人储蓄加上政府盈余。假设税收、政府支出以及私人储蓄都是与利率相独立的因素。因此,在充分就业条件下,国内总储蓄是一定的。而投资是利率的减函数,投资对利率十分敏感,利率升高将会减少对房地产和其他基础设施的投资。储蓄和投资状况决定了一个均衡的储蓄和投资水平以及利率。

如图 7-2 所示,如果政府增加财政赤字或减少财政盈余,政府购买增加,则储蓄曲线向左移动。结果实际利率上升,使储蓄和投资再次达到均衡,而实际利率上升会导致投资水平下降,则在一个充分就业的封闭经济中,政府财政赤字的增加产生了挤出效应,降低了投资。

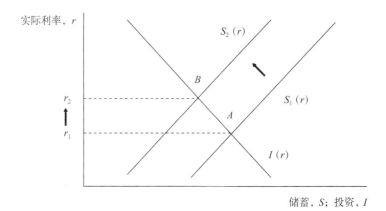

图 7-2 封闭经济中产品市场的均衡与变动

(2) 开放经济中的产品市场均衡

在开放经济中,储蓄-投资恒等式为:

$$\text{IT} = I + X = S + (T - G) \tag{7-6}$$

储蓄-投资恒等式表明，一国的总投资（IT）包括国内投资（I）加上国外净投资或净出口（X）。总投资必须等于所有居民和企业的私人储蓄（S）与体现政府盈余的公共储蓄（T-G）之和。

储蓄-投资恒等式可以变形为：

$$X = S + (T - G) - I \tag{7-7}$$

即：净出口=私人储蓄+政府储蓄-国内投资。

（3）小型开放经济中的储蓄和投资

我们先看小型开放经济中产品市场均衡时的储蓄和投资。在小型开放经济中，产品和服务市场均衡的条件不再是封闭经济中的储蓄等于投资，由于世界利率的存在，利率无法在储蓄与投资不相等时自动调整到均衡利率水平，因此，小型开放经济中的均衡条件需要分两种情况来讨论：一是储蓄大于投资，这时净出口为正，产生贸易盈余；二是储蓄小于投资，这时净出口为负，产生贸易赤字。我们分别讨论在贸易盈余和贸易赤字情形下的小型开放经济的产品和服务市场均衡。

贸易盈余。我们首先从贸易盈余的视角来分析小型开放经济中的产品和服务市场均衡。如图7-3所示，储蓄和投资曲线的交点是产品和服务市场的均衡点，此时均衡的利率为r^*。假设小型开放经济中的世界利率是r_1，它高于均衡利率r^*。当国内实际利率为r_1时，B点的意愿储蓄大于A点的意愿投资，二者的差为净出口，此时净出口为正，资本净流出。如果是封闭经济体，当储蓄大于投资时经济并非处于均衡状态，因而会导致利率下降，向均衡利率r^*移动。而在小型开放经济中，国内实际利率等于世界利率水平，国内居民并不愿意以低于国外利率水平的利率进行放贷，因此国内的实际利率不会下降，新的均衡表现为净出口=储蓄-投资，即国内居民会把超额的储蓄贷给外国人。由于储蓄大于投资，国内居民贷款给外国人，因此出现资本净流出。

贸易赤字。在分析存在贸易盈余情形下小型开放经济的产品和服务市场均衡后，我们来看贸易赤字的情况。假设由于世界自发消费支出下降或全世界政府支出降低等因素导致世界实际利率从r_1降到r_2。如图7-3所示，如果世界实际利率降至r_2，此时投资大于储蓄。同样的道理，如果在封闭经济中，当投资大于储蓄时，利率会上升，直至恢复到均衡水平r^*。但是在小型开放

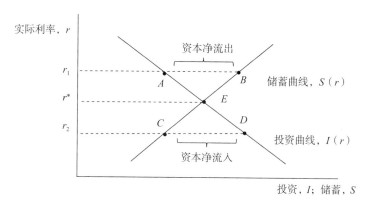

图 7-3 小型开放经济的储蓄和投资

经济情形下,国内实际利率等于世界利率,因此国内利率并不会进行调整,此时,投资大于储蓄,缺少的部分储蓄则由国外资本进行填补,均衡状态为投资=储蓄+资本净流入,此时经济体出现贸易赤字。

因此,和封闭经济中的均衡条件为储蓄等于投资不同,在小型开放经济情形下,当意愿的储蓄减去意愿的投资等于净出口时,产品和服务市场处于均衡状态。如果储蓄大于投资,那么净出口为正,资本净流出,表现为贸易盈余;如果储蓄小于投资,那么净出口为负,资本净流入,表现为贸易赤字。

(4) 小型开放经济中储蓄和投资变化的影响

在分析完贸易盈余和贸易赤字两种情形下的产品和服务市场均衡后,我们进一步讨论小型开放经济中产品和服务市场均衡的变化。我们分别对储蓄变动和投资变动引起的均衡变动进行分析。

储蓄变动。每当一国加入世界金融体系时,其经济运行和经济政策领域都会新增加一系列的重要影响因素。国外部门会为国内投资多提供一个来源,同时也会为国内储蓄多提供一个出路。如果自发消费支出降低或政府支出减少导致政府储蓄提高,那么国内储蓄水平会提高。在封闭经济情形下,储蓄增加体现为储蓄曲线向右移动,这会导致实际利率下降,投资增加。而在小型开放经济中,国内实际利率和世界实际利率不变,因此储蓄曲线向右移动并不会导致投资发生变化,而超额储蓄会导致净出口增加,资本净流出增加。如图 7-4 所示,假设国内自发消费降低导致国内储蓄增加,从而导致储蓄曲线从 S_1 向右移动到 S_2。在世界和国内实际利率保持不变的情况下,意愿储蓄

额从 B_1 提高到 B_2,净出口从 NX_1 提高到 NX_2,贸易盈余增加。超额储蓄导致向外国贷款增加,因此资本净流出增加,说明小型开放经济中储蓄增加会带来贸易余额增加,资本净流出增加。同样地,当国内储蓄减少时,贸易余额减少,资本净流出减少。

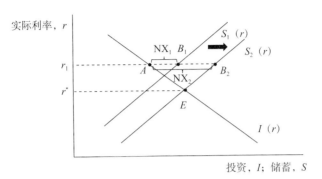

图 7-4 小型开放经济中储蓄增加的影响

投资变动。在封闭经济条件下,投资变动会导致投资曲线移动,投资曲线移动会使得利率发生变化,从而导致均衡变化。那么在小型开放经济中呢?假设经济形势较好或者政府政策利好等因素导致企业自发投资增加。如图 7-5 所示,投资曲线从 I_1 向右移动到 I_2。当世界利率和国内实际利率不变时,意愿投资从点 A_1 提高到点 A_2,因此储蓄和投资之差减小,导致净出口下降。超额储蓄和贸易盈余减少说明国内居民可以贷给外国人的资金减少,因此资本净流出减少。由此可知,自发投资的增加导致贸易差额下降,资本净流出减少。

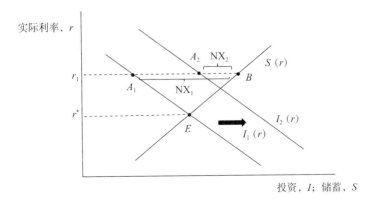

图 7-5 小型开放经济中投资增加的影响

第三节 外汇市场和汇率

1. 名义汇率与实际汇率

国际贸易通常要求将一种货币换成另一种货币，这样就涉及两种货币相互兑换的比率，即汇率或者称汇价。按照是否经过价格水平的调整，我们将汇率区分为名义汇率和实际汇率。

（1）名义汇率

名义汇率是两个国家（或地区）货币的相对价格，即一种货币能兑换另一种货币的数量，用 e 表示。实际汇率有时被称为贸易条件，是两国产品的相对价格，它表示用一国的产品交换另一国的产品的比率。名义汇率有两种不同的标价方法。一种是直接标价法，即用本国货币形式表示的国外货币的价格，也就是购买 1 单位或 100 单位的外币应该付出多少本国货币，故又称为应付标价法。这样，当本币升值时，购买单位外币所必须支付的本币就减少了，即本币升值，汇率下降，也就是说，汇率升降与本国货币对外价值的高低成反比。另一种是间接标价法，即用国外货币表示本国货币的价格。它以购买一定单位的本国货币为标准来计算应收多少单位外币，故又称为应收标价法。由于这种标价法将本国货币设为一定的数额，当本币币值上升时，单位本币所能兑换的外币就越多，也就是说，汇率的升降和外币的价值成反比。在本书中，我们按照习惯采用间接标价法。例如，假设美元与人民币的汇率为 1 美元等于 6.5 元人民币，对于美国来说，美元为本币，则用间接标价法表示的汇率为 $e = 6.5$。

（2）实际汇率

实际汇率就是用两国（或地区）价格水平对名义汇率加以调整后的汇率，用 ε 表示。与名义汇率相比，实际汇率更能说明一国（或地区）货币的真实购买力。简单地说，如果本国产品的价格用本币表示为 P，某一国外产品的价格用该外币表示为 P_f，国内居民持有本国货币要购买国外商品，在国外生产商只接受该外币来交换其商品的条件下，本国居民应该先用本币以名

义汇率 e 购买该外币，然后用该外币以 P_f 的价格购买国外产品。例如，美国生产的某品牌某款式的一件衣服的销售价格为 50 美元，中国生产的相同品牌相同款式的衣服价格为 80 元，假设美元与人民币的汇率为 1 美元等于 6.5 元人民币，即名义汇率为 6.5，那么美元对人民币实际汇率 = 6.5×50/80 = 4.0625，即在考虑了两国价格水平以后，实际汇率略低于名义汇率。

据此，我们可以知道，实际利率是综合了名义汇率和两国物价水平后的相对真实的币值交换比率，即：

$$\varepsilon = e \times \left(\frac{P}{P_f}\right) \tag{7-8}$$

其中，ε 为实际汇率，e 为名义汇率，P 为国内物价水平，P_f 为国外物价水平。

由此可见，用两国（或地区）的价格水平对名义汇率进行调整得出的实际汇率，实际上是表明在国际贸易中按什么比率用一国的产品去交换另一国的产品，所以，实际汇率有时也被称为贸易条件。实际汇率反映两国产品的相对价格，它的变化会影响贸易余额。实际汇率低，国内物品相对便宜，净出口需求量大；实际汇率高，国内物品相对于国外物品昂贵，净出口需求量小。

因此，贸易余额即净出口与实际汇率负相关，用公式表示为：

$$NX = NX(\varepsilon) \tag{7-9}$$

2. 汇率的决定因素

（1）实际汇率的决定因素

实际汇率与净出口负相关，又根据国民收入核算恒等式，净出口等于国外净投资，因此，实际汇率是由代表储蓄减投资的垂线和向右下方倾斜的净出口曲线的交点决定的。这个交点即为资本流向国外的本币供给量等于用于产品与服务净出口的本币需求量，如图 7-6 所示。

（2）名义汇率的决定因素

在间接标价法下，名义利率和实际汇率存在如下关系：

$$e = \varepsilon \times \left(\frac{P_f}{P}\right) \tag{7-10}$$

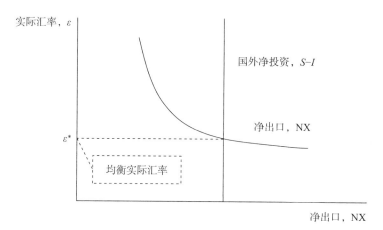

图 7-6 实际汇率与净出口

因此,名义利率由实际汇率和两国的物价水平决定,名义利率变动的百分比为:

$$\%\Delta e = \%\Delta \varepsilon + (\pi^* - \pi) \qquad (7-11)$$

式(7-11)说明,两个国家通货之间名义汇率变动的百分比等于实际汇率变动的百分比加它们通货膨胀水平的差别。如果一个国家相对于别国的通货膨胀率较高,那么该国的名义汇率就低,该国货币有贬值压力;如果一个国家相对于别国的通货膨胀率较低,那么该国的名义汇率就高,该国货币有升值压力。由于高货币增长引起高通货膨胀,因此,一国的货币政策会影响到该国的名义汇率。

(3)购买力平价

国际间商品套利交易保证了一价定律的成立,也就是同一时间同一种商品在世界各地用同一种货币表示的价格相同。一价定律运用于国际市场则被称为购买力平价,它表明,如果国际套利交易是可能的,那么任何一种通货在每个国家都有相同的购买力。可以用实际汇率的模型解释购买力平价学说。净出口对实际汇率的微小变动极为敏感,表现为一条非常平坦的净出口曲线。购买力平价有两个重要的含义:第一,由于净出口曲线是平坦的,因此,储蓄或投资的变动并不影响实际或名义汇率;第二,由于实际汇率是固定的,因此,名义汇率的所有变动都源于物价水平的变动。

第四节 汇率制度

理论上,汇率是由国际市场上的多边贸易决定的,但现实经济中,各国的汇率很大程度上受到各国汇率制度的影响。汇率制度指一国(或地区)货币当局对本国汇率变动的基本方式所做出的一系列制度安排或规定。例如,规定本国货币对外价值、汇率的波动幅度、本国货币与其他货币的汇率关系、影响和干预汇率变动的方式等。按照汇率波动幅度的大小,我们可以将汇率制度分为固定汇率制度和浮动汇率制度。

1. 固定汇率制度

顾名思义,固定汇率制度规定本国(或地区)货币与其他国家货币之间维持一个固定比率,汇率波动被限制在一定范围内,由官方干预来保证汇率的稳定。固定汇率制是在金本位制度下和布雷顿森林体系下通行的汇率制度。例如,1879 年美国采纳了金本位制,规定 1 美元等于 0.04838 盎司黄金,当时 1 英镑的含金量是 0.2349 盎司。这样,英镑与美元之间的汇率就是 4.85531(即 1 英镑可以兑换 4.85531 美元)。

在布雷顿森林体系下,固定汇率制可以归纳为以下两个方面:一是实行"双挂钩",即美元与黄金挂钩,其他各国货币与美元挂钩;二是在"双挂钩"的基础上,各国货币对美元的汇率一般只能在汇率平价 1% 的范围内波动,国际货币基金组织各会员的货币必须与美元保持固定比价。各会员货币对美元的汇率按各个货币的含金量与美元确定固定比价,或直接规定与美元的固定比价,但不得轻易改变,汇率波动幅度应维持在固定比价的上下 1% 以内。政府有义务在外汇市场上进行干预活动,以保证汇率水平的基本稳定。由于这种汇率制度实行"双挂钩",汇率波动幅度很小,且可适当调整,因此该制度也被称为以美元为中心的固定汇率制度或可调整的钉住汇率制度。在布雷顿森林体系解体以后,仍有部分国家和地区实行固定汇率制度,例如,中国香港目前就是实行对美元固定的汇率制度,美元兑港币的比率长期维持在 7.8 左右(即 1 美元兑换 7.8 港元)。

■ 专栏 7-2

布雷顿森林体系

1944年7月，44个国家的代表在美国新罕布什尔州的布雷顿森林公园召开联合国和盟国货币金融会议，称为"布雷顿森林会议"。这次会议通过了《联合国货币金融协议最后决议书》以及《国际货币基金组织协定》和《国际复兴开发银行协定》两个附件，总称《布雷顿森林协定》。通过各项协定建立的新的国际货币体系称为"布雷顿森林体系"，即以外汇自由化、资本自由化和贸易自由化为主要内容的多边经济制度，构成资本主义集团的核心内容。布雷顿森林体系的建立，促进了第二次世界大战后资本主义世界经济的恢复和发展。布雷顿森林体系建立了国际货币基金组织和世界银行两大国际金融机构。前者负责向会员提供短期资金借贷，目的是保障国际货币体系的稳定；后者提供中长期信贷来促进会员经济复苏。

布雷顿森林体系的主要内容包括以下几点。第一，美元与黄金挂钩。各国确认1944年1月美国规定的35美元一盎司的黄金官价，每一美元的含金量为0.888671克黄金。各国政府或中央银行可按官价用美元向美国兑换黄金。为使黄金官价不受自由市场黄金价格的冲击，各国政府需协同美国政府在国际金融市场上维持这一黄金官价。第二，其他国家（或地区）货币与美元挂钩。其他国家政府规定各自货币的含金量，通过含金量的比例确定同美元的汇率。第三，实行可调整的固定汇率。《国际货币基金协定》规定，各国货币对美元的汇率只能在法定汇率上下各1%的幅度内波动。若市场汇率超过法定汇率1%的波动幅度，各国政府有义务在外汇市场上进行干预，以维持汇率的稳定。若会员国法定汇率的变动超过1%，就必须得到国际货币基金组织的批准。第四，各国货币兑换性与国际支付结算原则。《国际货币基金协定》规定了各国货币自由兑换的原则：如果其他会员国提出申请，则任何会员国对其他会员国在经常项目往来中积存的本国货币应予以购回。第五，确定国际储备资产。《国际货币基金协定》中关于货币平价的规定使美元处于等同黄金的地位，成为各国外汇储备中最主要的国际储备货币。第六，国际收支的调节。国际货币基金组织会员国份额的25%以黄金或可兑换成黄金的货币缴纳，其余则以本国货币缴纳。会员国发生国际收支逆差时，可用本国货币向国际基金组织按规定程序购买（即借贷）一定数额的外汇，并在规定时间内以购回本国货币的方式偿还借款。

20世纪70年代初，各国纷纷放弃本国货币与美元的固定汇率，采取浮动汇率制。以美元为中心的国际货币体系瓦解，美元地位下降。布雷顿森林体系于1971年8月15日被美国政府宣告结束。

参考文献

李伏安、林杉，国际货币体系的历史、现状——兼论人民币国际化的选择，《金融研究》，2009年，第5期。

2. 浮动汇率制度

浮动汇率制度是指一国不规定本币与外币汇率上下波动的界限，货币当局也不承担维持汇率波动幅度的义务，汇率随外汇市场供需关系上下自由浮动的一种汇率制度。

在布雷顿森林体系下，必须维持美元兑换黄金的稳定关系。然而，20世纪70年代初，随着美元危机进一步激化，美元兑换黄金的稳定关系难以为继。1971年8月15日，美国宣布停止履行为外国政府或中央银行用美元兑换黄金的义务。之后，西方国家曾努力要恢复固定汇率，但1973年年初又爆发了一次新的美元危机，这样，西方各国就普遍实行浮动汇率制度。1976年1月，国际货币基金组织正式承认浮动汇率制度。现在，各国实行的浮动汇率制度多种多样，有单独浮动、钉住浮动、弹性浮动、联合浮动等形式。

实际上，我们很少看到完全固定或完全浮动的汇率，汇率的稳定往往是中央银行的目标之一。浮动汇率和固定汇率两种制度各有其优势和不足。在固定汇率下，货币政策的唯一目标仅为维持汇率的稳定；而浮动汇率则允许货币政策制定者追求其他目标。浮动汇率制下，汇率的不确定性增加了国际商务交易的风险，给国际贸易增添困难。固定汇率制下，维持汇率稳定的目标能约束货币当局对货币数量的调整，防止货币供给过度增长。因此，浮动汇率制与固定汇率制各有利弊，实行何种汇率制度还需结合其他制度特征综合考虑。

汇率制度的决定还受到国际资本流动以及国内货币政策的影响，国际经济学研究发现，政策制定者在与开放经济相关的政策制定中往往面临一个权衡取舍的问题。一个国家或地区不可能同时拥有资本自由流动、固定汇率制度和独立的货币政策，这被称为不可能三角形（impossible trinity）。如图7-7所示，一个国家或地区只能选择这个三角形的一条边，放弃对角的制度特征。情形1允许资本自由流动和实行独立的货币政策，放弃固定汇率，美国就是如此。情形2允许资本自由流动和实行固定汇率制，放弃独立的货币政策，如中国香港。情形3实行独立的货币政策和固定汇率制，限制资本的流动，如改革开放前的中国内地。而当前，中国内地的汇率制度是有管理的浮动汇率制度，关于我国汇率制度的具体情况详见本章中国案例部分的介绍。

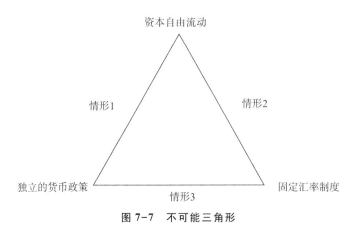

图7-7　不可能三角形

■ 专栏7-3

香港联系汇率制度

1974年11月，市场对美元失去信心，布雷顿森林体系瓦解，港币开始自由浮动。1983年10月15日，香港公布稳定港币的新汇率政策，即按7.8港元兑1美元的固定汇率与美元挂钩的联系汇率制度。联系汇率制度自1983年10月17日在香港实施，透过严谨、稳健和透明的货币发行局制度，港元汇率稳定保持在7.75至7.85港元兑1美元的区间内。香港联系汇率制度属于货币发行局制度。在货币发行局制度下，联系汇率制度有如下两个特点：第一，货币基础得到外汇储备的支持，货币基础的任何变动都必须有外汇储备按固定汇率计算的相应变动完全配合。第二，香港金融管理局提供兑换保证，承诺在7.75港元兑1美元的强方兑换保证水平，按银行要求卖出港元，并在 7.85 港元兑 1 美元的弱方兑换保证水平，按银行要求买入港元。香港金融管理局透过自动利率调节机制及履行兑换保证的坚决承诺来维持港元汇率的稳定。具体而言，当资金流入港元，即市场对港元的需求大过供应，令市场汇率转强至 7.75 港元兑 1 美元的强方兑换保证汇率时，金融管理局随时准备向银行沽出港元、买入美元，使总结余（货币基础的一个组成部分）增加及港元利率下跌，从而令港元汇率从强方兑换保证汇率水平回复至 7.75 到 7.85 港元兑 1 美元的兑换范围内；当资金流出港元，即港元供过于求，令市场汇率转弱至 7.85 港元兑 1 美元的弱方兑换保证汇率时，金融管理局随时准备向银行买入港元，使总结余减少及推高港元利率，港元汇率随之由弱方兑换保证汇率水平回复至兑换范围内。

联系汇率制度是香港货币金融稳定的支柱，经历过多个经济周期仍然行之有效。如图 7-8 所示，在过去多次地区和全球金融危机后，这项制度更凸显稳健可靠。但正如不可能三角形所揭示的那样，实行联系汇率制度的香港，允许资本自由流动和实行固定汇率制的代价是要放弃独立的货币政策。换言之，货币管理当局不能将汇率变化作为经济调节机制，当香港面临竞争对手的货币大幅贬值或出口市场经济衰退等情况时，香港的产品将面临竞争力下降的局面。另外，中国香港地区要跟随美国的货币政策。但由于中国香港地区与美国的经济周期可能不一致，其利率水平可能会不大适应本地的宏观经济形势，港元利率短暂偏离美元利率，产生利率差，而利率差波动有时可能会影响货币稳定，甚至被投机者操控以图利。

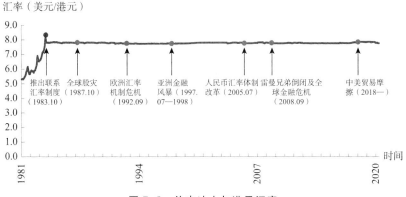

图 7-8　外来冲击与港元汇率

数据来源：香港金融管理局官网。

第五节 中国案例：中国的开放[①]

1. 作为大型经济体的中国的开放

前面分析了小型开放经济的开放模型，但中国很显然并不符合小型开放经济的假定。首先，中国的经济体量较大，已经大到可以影响世界经济的程度，即中国并不会被动地接受一个世界利率。其次，中国目前的金融市场是不完全的，与发达国家相比，中国在 FDI 净流入较大的同时，金融资本净流出也较大。中国的开放既不符合小型开放经济的假定，也不像美国那样可以用大型开放经济的框架去分析，而是一个较为特殊的开放经济体。

1978 年 12 月 18 日召开的中国共产党第十一届三中全会被认为是中国改革开放的起点，从那时起中国正式开启了对外开放之路[②]，到 2022 年，中国已经成为贸易量全球第一的经济大国。但中国的开放过程并不是一蹴而就的，而是经历多个阶段，同时，开放的中国并不符合前文介绍过的小型开放经济的假定，因此，我们对 1978 年以来中国的开放历程和开放特点进行说明。

（1）改革开放以来中国开放的历程

从 1978 年对外开放到现在完全融入全球经济，中国过去四十多年的对外开放历程经历了如下四个阶段。

第一阶段（1978—1991）：改革探索阶段。

中国对外开放的道路并不是完全清晰的，而是有一个前期探索的过程。首先是从设立经济特区、试点开放沿海城市开始，先后设立深圳、珠海、汕头、厦门和海南为经济特区；其次，进一步开放沿海城市，1984 年进一步开放 14 个沿海港口城市：大连、秦皇岛、天津、烟台、青岛、连云港、南通、上海、宁波、温州、福州、广州、湛江、北海市；1985 年以后进一步扩大沿海开放区域，将长三角、珠三角、闽南三角和环渤海地区等设立为沿海经济

[①] 本部分主要内容和数据参考自盛斌、魏方，新中国对外贸易发展 70 年：回顾与展望，《财贸经济》，2019 年，第 10 期。

[②] 实际上，中国在改革开放之前也并不是完全封闭的经济，从 1949 年到 1977 年，我国的对外开放事业也是在摸索过程中曲折发展的。

开放区；1990年开放上海浦东新区。在经济特区和开放区开展贸易承包经营责任制、海关特殊监管、外汇"双轨制"等体制改革。自设立经济特区以来，进出口总额从1978年的206.4亿美元增长至1991年的1 356.3美元，年均增长15.6%，远高于同期世界贸易年均增长。总的来说，这一时期中国还处在改革开放的探索与试错阶段，诸多经济体制改革尚未实现重大突破，中国对外贸易的发展还没有真正完全地与世界市场和全球体制接轨。

第二阶段（1992—2000）：进一步深化阶段。

1992年邓小平南方谈话以后，中国的改革开放进入一个新的阶段，除先后开放了13个沿边城市、6个长江沿岸城市、18个内陆省会城市以外，还先后批准了32个国家级的经济技术开发区、52个高新技术开发区、13个保税区，开放了34个口岸，形成了沿海、沿江、沿边和内陆地区多层次、全方位的开放新格局。在此阶段也拓展了对外开放领域：在按照产业政策引导外资投向基础设施、基础产业和技术密集型产业的同时，国务院批准北京、上海等6个城市和5个经济特区各试办一两个外商投资商业零售企业，批准63家外资（或中外合资）银行（或金融机构）在5个经济特区和上海、天津、大连、广州、宁波、青岛、南京7个城市开业经营外币业务，对金融保险、旅游、房地产等原来禁止或限制外商投资的行业也进行了开放试点。在这期间，中国降低了3 371种进口产品的关税，取消了进口调节税，促进了对外贸易的发展。货物贸易规模以年均14%的速度扩张，到2000年，中国货物进出口总额达到4 743亿美元，占世界贸易总额的3.6%，是1978年的23倍。同时，1994年开始扭转贸易逆差，而且贸易结构进一步优化，工业制成品占出口商品的90%。但此期间中国对外贸易发展区域不平衡较为严重，内陆省份的出口占比较低。

第三阶段（2001—2007）：全面深化阶段。

2001年中国正式加入世界贸易组织（WTO），并且通过进一步清理修订外贸法规、削减关税、开放服务市场、降低外资准入门槛等措施履行入世承诺。这一阶段的开放主要是加入WTO以后中国全面融入世界贸易体系。出于加入WTO以后部分行业关税大幅下降等方面的原因，中国进出口贸易额飞速提升。货物进出口总额由2001年的5 096.5亿美元升至2007年的21 765.7亿美元，年均增长率高达27.4%，而且这期间中国快速成长为世界货物贸易第二大出口国和第三大进口国。在贸易规模扩大的同时,中国贸易结构也更加优化。总的来说,加入WTO使得中国的对外开放进入一个新的历史进程,此时中国的对外开放已经全面深化到各个地区和行业。与此同时,贸易顺差持续扩大以及对外贸易迅速增长也带来了外汇管理、贸易保护主义等一系列新的问题。

第四阶段(2008—2020):调整、转型、高质量发展阶段。

2008年在美国爆发的次贷危机迅速演变成全球金融危机,对世界经济造成了严重冲击,中国对外贸易也出现了剧烈波动。2009年中国进出口贸易出现了自改革开放以来的首次负增长。为了应对金融危机对中国的冲击,中国迅速调整了对外贸易政策。如图7-9所示,2010—2012年,中国对外贸易已经恢复并开始重新迈入高速增长阶段,在此期间进口和出口总额增长率分别为12.6%和9.4%。2013年以后,中国经济进入新时代,对外贸易也进入一个新的阶段,即高质量发展阶段。2013—2018年,进出口额年均增长率为1.8%和2.4%。此外,对外贸易结构也进一步完善与优化,中国出口的国内附加值率不断提高。经过多次调整和转型,中国对外贸易发展的重点已经从以往的规模扩张转变为现今的高质量发展。

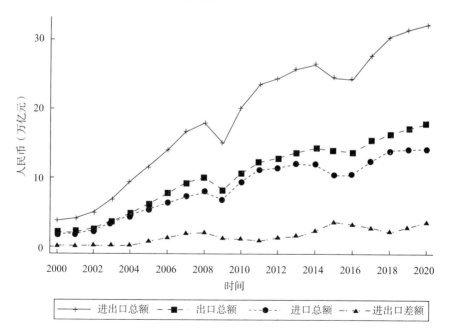

图7-9 2000年以来中国进出口数据

数据来源:国家统计局,http://www.stats.gov.cn/。

（2）中国开放的特点

改革开放以来，中国的对外开放程度不断加深，结构不断优化，对外贸易政策也由封闭逐渐向开放演进。整体来看，中国的对外开放经历了进口替代、出口导向、结构优化以及全面深化等步骤，目前已经深入融合到全球贸易体系中。中国的开放除促进了自身的经济增长外，也带动了全球贸易的深度融合和发展。截至 2018 年，中国货物贸易出口总额为 24 870 亿美元，占世界出口总额的 12.8%，位居世界第一，进口总额为 21 359 亿美元，占世界进口总额的 10.6%，仅次于美国位居世界第二，中国已经是名副其实的世界贸易大国，是一个体量巨大的开放经济体。但是，中国的开放有其自身的特点，而且并不符合前面本章介绍的小型开放经济。所以对于开放的中国的分析，不能简单套用小型开放经济的分析框架，而中国也和作为大型开放经济的美国有所不同，对中国的开放经济问题的分析需要结合中国的实际情况进行具体讨论。

2. 中国汇率制度演进

汇率的决定以及汇率制度是开放经济中的关键环节，而我国经历了各种汇率制度的演变。特别是改革开放之后，人民币汇率经历了从固定汇率到双重汇率再到有管理的浮动汇率制度的变化。汇率制度改革主要包含两个维度：一是增强汇率浮动的弹性，二是强化汇率中间价的市场化形成机制。我国的历次汇率改革基本是围绕这两个方面展开的。以 1994 年、2005 年和 2015 年的三次重要汇率制度改革为时间节点，我们可以将人民币汇率制度的演变历程分为四个阶段。

（1）1953—1994 年，从单一汇率制度到双重汇率制度

1953 年，我国开始建立统一的外贸和外汇体系，人民币实行单一的固定汇率制度，当时人民币兑美元的汇率为 2.62，固定汇率的制度安排一直延续至布雷顿森林体系瓦解之前。1973 年，布雷顿森林体系崩溃，我国开始实行钉住一篮子货币的固定汇率制度，以对各国的贸易量计算相应一篮子货币的权重，人民币开始按照一篮子货币实施浮动汇率制度，人民币开始升值。从 1973 年到 1979 年，人民币兑美元汇率逐步从 2.5 上升至 1.5 左右。我国于 1981 年开始实行双重汇率制度，即官方汇率与贸易体系内部结算价并存的双

重汇率模式,前者适用于非贸易部门,对应的人民币兑美元汇率维持在按一篮子货币计算的1.5左右,而后者用于贸易部门结算,汇率根据市场实情调整至2.8左右。此外,国家还建立了外汇调剂市场,企业或个人可以在该市场上将自己留存的外汇进行交易,价格由交易双方商定,由此便形成了一种新的"官方汇率+调剂市场汇率"双轨并行的双重汇率制度。

(2) 1994年汇率改革,人民币汇率市场化改革的开端

随着外汇调剂市场贸易规模的日益扩大,这种汇率制度的弊端开始显现出来。到1993年,官方汇率基本维持在5.8左右,而调剂市场上人民币兑美元汇率则一度超过了11。1993年党的十四届三中全会通过《中共中央关于建立社会主义市场经济体制若干问题的决定》。作为全面经济体制改革的一部分,1994年我国对外汇管理体制进行了重大改革,再次实现汇率并轨。1994年进行的汇率并轨改革主要包括三方面的内容:第一,实现汇率并轨,形成以市场供求为基础、单一的、有管理的浮动汇率制度;第二,取消外汇留成和上缴制度,转为实行强制结汇制度,中资企业需要将出口所得外汇悉数到银行进行结汇;第三,建立全国统一的、规范的外汇市场。1994年汇率改革还建立了银行间外汇市场,使我国有了真正意义上的外汇市场。

(3) 2005年汇率改革,人民币汇率制度开始向真正的浮动汇率制度迈进

进入21世纪,我国经济运行面临的国内外形势都发生了显著变化,而且2001年我国正式加入WTO,我国的贸易出口量随之大规模增长,对我国汇率制度也提出了新的要求。2003年党的十六届三中全会通过《中共中央关于完善社会主义市场经济体制若干问题的决定》,提出完善和深化人民币汇率改革的要求。2005年7月21日央行发布公告,宣布实行以市场供求为基础、参考一篮子货币进行调节、有管理的浮动汇率制度,人民币汇率不再钉住单一美元,而是要形成更富有弹性的人民币汇率机制,同时兑美元汇率一次性从8.2765调整到8.11。这次汇率改革的主要核心是完善汇率形成机制。如图7-10所示,2005年后,人民币汇率的波动区间逐步扩大,到2014年,人民币兑美元汇率已经调整到6.5左右。

(4) 2015年汇率改革,人民币汇率逐步实现双向浮动

2013年党的十八届三中全会通过《中共中央关于全面深化改革若干重大

问题的决定》，明确要求完善人民币汇率市场化形成机制。同时，在人民币国际化快速发展之际，2015年8月11日，中国人民银行宣布优化人民币对美元汇率的中间价报价机制。改革要求做市商报价要参考上一日银行间外汇市场收盘价，并综合考虑外汇供求情况以及国际主要货币汇率变化。中间价定价实际变成上一日收盘价+参考一篮子货币，央行操控中间价的空间被大大压缩。"8·11"汇改使得人民币兑美元汇率中间价更能反映外汇市场供求力量的变化，参照一篮子货币进行调节，提高了中间价报价的合理性。如图7-10所示，2015—2020年，人民币对美元汇率逐步调整到7左右。

汇率改革是我国经济体制改革的有机组成部分，与整体经济改革进程基本一致，对我国对外开放事业的发展起到了关键作用。我国汇率改革采取了坚持市场化取向、以价格为核心、渐进式改革方式等原则，取得了较大的成功。我国人民币汇率改革进程和汇率制度选择没有完全遵循主流理论和国际经验，而是根据现实需要走出了一条具有中国特色的道路。

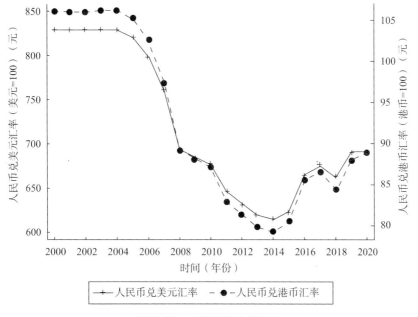

图 7-10 人民币兑美元汇率

数据来源：中国人民银行。

前沿拓展与文献速递

1. 贸易、开放与技术进步

开放和对外贸易带来的影响并不仅仅是发挥贸易双方的比较优势并增加各自的福利,开放对宏观经济的影响是全面和复杂的,经济学界也较为关注开放对技术进步的影响。例如,国际贸易的技术溢出效应体现在资本品的进口和出口贸易的"干中学"效应方面,通过进口发达国家发明的蕴含先进技术和知识的机器设备等资本品,发展中国家的生产率水平得以直接提高;同时,通过出口贸易的"干中学"效应,发展中国家不断改进和提高出口产品的生产工艺和质量等,最终复制了发达国家的技术进步方向。贸易为什么会影响技术进步呢?理论文献主要做出以下三种解释。第一,竞争效应。一方面,国际贸易增加了竞争强度,降低了企业的代理成本、增加了企业获取市场份额的动机,刺激了企业创新。另一方面,熊彼特创新理论认为竞争降低了价格—边际成本,降低了企业创新的准租金,减弱了企业的创新激励。因此,竞争效应对企业创新的影响并不确定。第二,规模效应。贸易扩大了市场的规模,降低了引进技术的固定成本,从而促进了企业创新。第三,学习效应。贸易使得本国企业学习到国外的先进技术,从而促进企业创新。Bloom 等(2016)认为发达国家从低工资国家进口的贸易行为主要通过第一种机制促进技术进步。蒋仁爱和冯根福(2012)研究发现国际贸易带来的无形技术外溢显著促进了中国各省全要素生产率的提高。而程惠芳和陈超(2017)探讨了国内知识资本和国外知识资本的溢出对全要素生产率的影响,研究发现在开放经济下,国内知识资本和国际知识资本溢出都是全要素生产率的重要影响因素,但是不同类型知识资本要素对不同创新水平经济体的全要素生产率的影响存在明显差异。总之,开放对宏观经济的影响并不仅仅体现在贸易方面,开放对经济的影响是多维度的,因此,对于开放和贸易的经济学分析也是经济学研究前沿之一。

2. 国际贸易与劳动力市场

开放经济和国际贸易对宏观经济的影响并不仅仅体现在经济增长方面,

开放从经济活动的方方面面都影响着参与经济活动的主体，而其中，参与国际贸易对本国的劳动力市场具有较为重要的影响。现有研究对此问题的关注主要集中在如下几个方面：国际贸易会影响国内就业水平，国际贸易会影响国内就业结构，国际贸易会影响国内劳动者工资收入，国际贸易还会影响国内人力资本投资（赵瑾，2019；陈维涛等，2014）。陈维涛等（2014）结合中国劳动力市场分割的制度背景，从理论上论证了出口技术复杂度对人力资本投资的影响：出口技术复杂度的提高一方面会提高技能溢价水平，另一方面有助于城乡融合，从而促进人力资本投资。由于出口技术复杂度会促进家庭的人力资本投资，因此会长远改变劳动力质量。该结论也得到了实证检验，研究表明：出口技术复杂度的提升不仅有利于中国城镇和农村劳动者人力资本投资的增加，同时还有利于劳动者对人力资本投资预期报酬的提高，促进劳动者子女教育投入和长期人力资本投资的增加。但也有文献研究表明，对外开放会导致低技能产品出口增加从而提高低技能岗位就业，这会降低家庭对子女的人力资本投资（严伟涛和盛丹，2014）。因此，国际贸易带来的经济开放对经济的影响是多方面的，也是复杂的，需要具体问题具体分析。

参考文献

陈维涛、王永进、毛劲松，出口技术复杂度、劳动力市场分割与中国的人力资本投资，《管理世界》，2014年，第2期。

程惠芳、陈超，开放经济下知识资本与全要素生产率——国际经验与中国启示，《经济研究》，2017年，第10期。

蒋仁爱、冯根福，贸易、FDI、无形技术外溢与中国技术进步，《管理世界》，2012年，第9期。

严伟涛、盛丹，贸易开放、技术进步与我国的人力资本投资，《国际贸易问题》，2014年，第6期。

赵瑾，贸易与就业：国际研究的最新进展与政策导向——兼论化解中美贸易冲突对我国就业影响的政策选择，《财贸经济》，2019年，第3期。

Bloom, N., Draca, M., Van Reenen, J., Trade Induced Technical Change? The Impact of Chinese Imports on Innovation, IT and Productivity, *Review of Economics Studies*, 2016, 83（1），87-117.

本章总结

在本章中我们将基本的封闭经济拓展到开放经济，介绍了在开放经济条件下，一个国家或地区的第四个宏观经济目标：国际收支平衡。在开放经济条件下，我们重新考察了封闭经济中的储蓄和投资问题，我们了解了一个小型开放经济的运行、产品服务和资金在国家间的流动以及汇率及其决定因素。小型开放经济的假设有助于我们理解开放经济条件下经济体的运行状况，但小型开放经济的部分假设可能并不适合于中国这样的"大型开放经济体"。我们没有对大型开放经济体进行详细介绍，而是从中国的对外开放历程、中国的汇率改革历程等历史发展脉络的梳理引导大家思考开放经济条件下大国经济的运行逻辑。本章主要是介绍开放经济的基本概念和基本框架，关于开放经济条件下的宏观经济政策以及描述开放经济运行的蒙代尔-弗莱明模型将在后面的经济波动理论中重点介绍。

问题与应用

1. 小型开放经济的假设有哪些？为何要做出这些假设？

2. 假设一个开放的经济体，其总产出 $Y=8\,000$，政府购买 $G=1\,000$，税收 $T=2\,000$，投资函数 $I=900-50r$，净出口 $NX=1\,500-250\varepsilon$，边际消费倾向 $\beta=0.8$，$r=8$，求：

（1）该经济体中的国民储蓄、贸易余额和均衡汇率；

（2）如果政府支出 G 增加 500，那么新的国民储蓄、贸易余额和均衡汇率将如何变化？

（3）如果世界利率从 8% 下降到 6%，那么国民储蓄、贸易余额和均衡汇率将如何变化？

3. 对于开放的中国经济，小型开放经济的分析假设是否仍然适用？如果不适用，请解释原因。

4. 请收集 1978 年以来我国对主要发达国家的进出口数据，并据此分析我国对外开放进程中的进出口特征。

5. 请收集 1978 年以来我国的资本账户和经常账户变动情况，并思考"国际收支平衡"是否应该是宏观经济管理的目标。

经济波动篇

第八章

经济波动

本章概览

本章是短期经济理论的初始章节，主要介绍经济波动的典型事实和基本概念。我们将首先介绍从衰退、萧条到复苏、繁荣这样一个完整的经济周期，并使用中国内地、香港和澳门地区的数据说明GDP、消费和投资的波动。然后介绍奥肯定律，说明失业和GDP波动之间的关系，同样，这部分也使用了中国内地、香港和澳门地区的数据加以举例说明。接着介绍宏观经济学研究中的时间范畴，以区别于会计学领域的时间概念。最后是中国案例分析，介绍了港澳地区在非典型肺炎（SARS）疫情冲击下的经济衰退及复苏。

本章主要内容如图8-1所示。

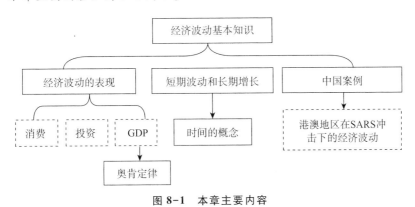

图8-1 本章主要内容

第一节 经济波动概述

经济波动是一种普遍的经济现象。在长期的经济增长中，产品与服务的增长会产生波动,并与就业、消费、投资等经济行为的波动联系在一起。产出与就业的这些短期波动被称为经济周期。在现代宏观经济学中,经济周期发生在实际 GDP 相对于潜在 GDP 上升(扩张)或下降(收缩)的时候。图 8-2 对经济周期做了一个概括。其中,粗线表示潜在 GDP 的稳定增长趋势,具有节点的细线表示实际 GDP 的变化情况。A 点处于最底部,为经济萧条时期。B 点所代表的阶段表明经济进入复苏阶段。随着经济的复苏,产出逐步超过趋势线,最终达到 C 点,此时被称为经济繁荣。接着,经济进入衰退期,此时产出增长速度慢于产出增长趋势,甚至产出可能为负增长。D 点代表新的经济萧条,随后另一个周期重新开始,经济又将经历复苏、繁荣及再次萧条阶段。

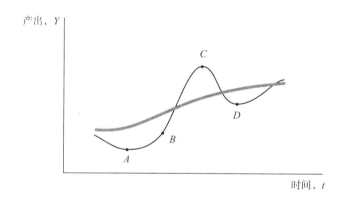

图 8-2 经济周期

经济波动主要分为两个阶段:衰退期和繁荣期。在衰退期,由于收入的实质性下降,消费者购买力下降,产品需求的下降加上企业对市场的预期悲观等因素,投资需求下降,对劳动力的需求下降,因此失业率上升。而在繁荣期,消费、投资的行为正好与衰退期相反,资源利用率高,失业率下降,这将伴随着通货膨胀。随着经济的波动,政府税收和支出也常常会改变。例如,在衰退期,对企业和居民的各种纾困措施出台,将使政府购买增加或税收减少。而在繁荣期,政府税收也随之增加。

经济周期的长度并无明确的定义。历史上,学者们根据各自掌握的资料提出了不同长度和类型的经济周期。①短周期是英国经济学家基钦(Kitchin)提出的一种为期 3—4 年的经济周期。②中周期是法国经济学家朱格拉(Juglar)提出的一种为期 9—10 年的经济周期。③中长周期是美国经济学家库兹涅茨（Kuznetz）提出的一种为期15—25年、平均长度为20年左右的经济周期。④长周期是俄国经济学家康德拉季耶夫（Kondratiev）提出的一种为期50—60年的经济周期。美籍奥地利政治经济学家熊彼特（Schumpeter）对上述各种周期理论进行综合分析后提出，每一个长周期包括6个中周期，每一个中周期包括3个短周期。短周期约为40个月，中周期约为9—10年，长周期约为48—60年。

然而，由于产出、投资、消费等指标变动的不规则性，以及各种影响因素的不可预测性，现代宏观经济学家认为将经济周期划分为按固定时间区分的种类是徒劳的。不同类型和大小的外部冲击，按照不同的机制影响经济中的某一个指标，进而传导到整个经济。因此，现代宏观经济学更倾向于按照机制来对波动和经济周期进行区分。为此，我们需要回答一个问题：能否使用一个瓦尔拉斯模型来分析经济波动？也就是说，能否在一个没有外部性、不对称信息、市场失灵或其他不完美因素的模型下去理解经济波动？基于这一思考，我们可以将经济波动理论分为两类：真实经济周期（Real Business Cycle）模型和凯恩斯波动理论。真实经济周期模型认为，总产出和就业的波动主要是由经济中长期的实际冲击（供给方面）引发的；市场的有效性假说依然成立，在此假说下，失业率等指标的变动是个体基于冲击的最优反应。而凯恩斯波动理论则认为经济中存在名义价格和瞬时工资调整的阻碍；在既定的价格水平下，滞后的名义调整将引起产出的波动，IS-LM模型就属于凯恩斯波动理论的一部分。

第二节　经济波动的典型事实

改革开放以来，我国实际GDP始终保持正增长，但也经历了不同程度的波动。图8-3显示了中国内地1980—2018年实际GDP增长率的变动情况，以及GDP的两个主要组成部分——消费和投资的变动情况。可以看到，在1994年之后的几年中，随着GDP增长率的下降，消费、投资等主要指标的增长率也在下降。而在2000年以后，各个指标则出现了不同程度的提高，显示出一个波动的过程。

从图8-3可知，我国经济增长在20世纪90年代初经历了一轮高增长，

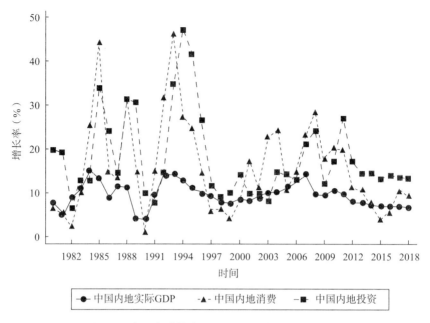

图 8-3　中国内地的实际 GDP、消费和投资的增长

数据来源：国家统计局，http://www.stats.gov.cn/。

当时是我国经济体制转轨初期。1992 年年初，邓小平南方谈话重申了深化改革、加快发展的必要性和重要性。同年党的十四大召开，提出建立社会主义市场经济体制的目标，市场预期乐观，市场主体的投资和消费行为扩张，推动了 20 世纪 90 年代初期较高的经济增长率。但经济高速增长也带来了通胀，1993 年中央采取的双紧经济政策产生了显著的效果，投资和消费增长率回落。1997 年亚洲金融危机之后，经济波动逐步到达谷底。2000 年以后，经济增长速度逐渐加快，并在 2007 年达到新的高峰，这是由于中央采取的积极的财政政策和货币政策，以及 2001 年加入世界贸易组织等因素的综合作用。但 2007 年美国次贷危机逐步在世界蔓延，对我国经济也造成了显著影响，例如出口的下降等。我们从图 8-3 中可以看出，自 2007 年开始，经济增长率出现了回落。2012 年以来，我国逐步由过去多年 10% 左右及以上的高速增长转变为 10% 以下的中高速增长，进入 "新常态"①，经济结构优化升级，经济增长动力从要素驱动、投资驱动转向创新驱动。可以说，这一轮经济增长依然处于调整之中，而各种外生事件的冲击对于中国未来经济增长均可能造成影响，

---

① 2014 年 5 月习近平在河南考察时首次提及 "新常态"。

包括中美贸易摩擦、全球新冠疫情的暴发和蔓延等。

图 8-4 和图 8-5 分别显示了中国香港和中国澳门地区从 20 世纪 80 年代初到 2018 年期间主要经济变量的变动情况。可以看出，港澳地区实际 GDP 增长率的波动幅度相较于内地而言要更大，三个指标之间的吻合度也较高。特别地，在 1997 年亚洲金融危机之后，两地的 GDP、消费和投资增长率都出现了下降。2002—2003 年发生的"非典"（SARS）疫情对经济造成冲击，但同时期出台的政策有效缓解了这次负向冲击。2003 年，中央政府与香港、澳门特区政府分别签署了内地与香港、澳门《关于建立更紧密经贸关系的安排》（Closer Economic Partnership Arrangement，CEPA），2004 年、2005 年、2006 年又分别签署了《补充协议》《补充协议二》和《补充协议三》。CEPA 是内地与港澳经贸交流与合作的重要里程碑，是内地与香港、澳门单独关税区之间签署的自由贸易协议，并于 2004 年开始逐步实施。同期，2003 年 7 月 28 日，内地实施试点个人港澳自由行政策，此后逐步扩大自由行实施城市。这些政策安排在一定程度上拉动了港澳地区的经济增长。从图 8-3 和图 8-4 中可以观察到，从 2004 年开始，香港和澳门地区的投资、消费和 GDP 出现了新一轮增长。但是，2007 年开始的次贷危机也引发了港澳地区经济的衰退，2010 年之后才逐步恢复，之后保持较为稳定的运行。

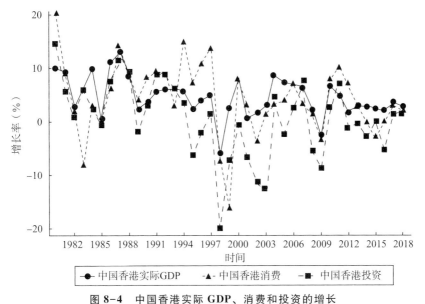

图 8-4　中国香港实际 GDP、消费和投资的增长

数据来源：香港特区政府统计处，https://www.censtatd.gov.hk/home/index_tc.jsp。

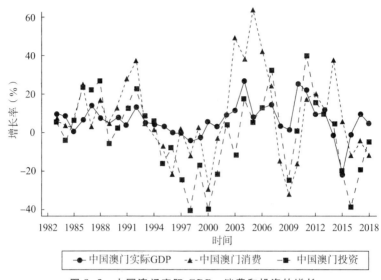

图 8-5 中国澳门实际 GDP、消费和投资的增长

数据来源：澳门特区政府统计暨普查局，https：//www.dsec.gov.mo/zh-MO/。

经济周期也反映在劳动力市场的变化中。图 8-6 的（a）—（c）表示中国内地及港澳地区从 20 世纪 80 年代初到 2018 年期间的失业率[①]，可以看到失业率在每一次衰退期都有所上升。其中，中国香港的失业率在 2003 年达到 7.9%，为这一时期的最高值。中国澳门的失业率则在 2000 年达到最高（6.8%）。两地的高失业率都源于亚洲金融危机引起的经济衰退。

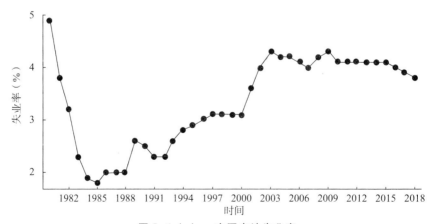

图 8-6（a） 中国内地失业率

数据来源：国家统计局，http：//www.stats.gov.cn/。

---

① 中国内地数据为城镇登记失业率。

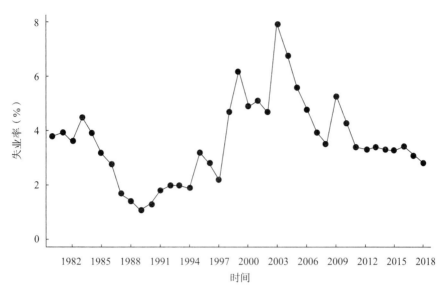

图 8-6（b） 中国香港失业率

数据来源：香港特区政府统计处，https://www.censtatd.gov.hk/home/index_tc.jsp。

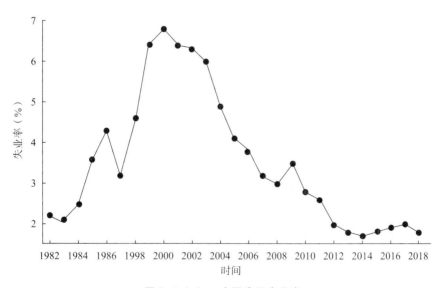

图 8-6（c） 中国澳门失业率

数据来源：澳门特区政府统计暨普查局，https://www.dsec.gov.mo/zh-MO/。

20 世纪 60 年代，美国经济学家阿瑟·奥肯根据美国的数据，提出了经济周期中失业变动与产出变动的关系，即奥肯定律：失业率每减少 1 个百分点，实际 GDP 增长率提高 2 个百分点。图 8-7 的（a）—(c) 尝试用中国内地

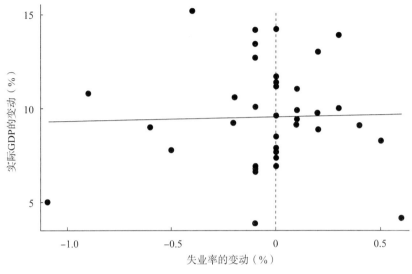

图 8-7（a） 奥肯定律——以中国内地为例

数据来源：国家统计局，http://www.stats.gov.cn/。

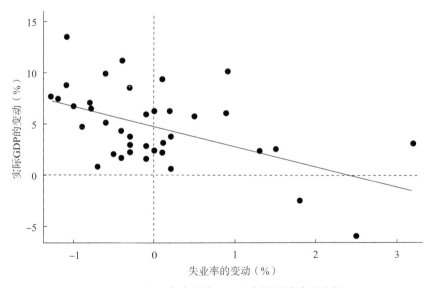

图 8-7（b） 奥肯定律——以中国香港地区为例

数据来源：香港特区政府统计处，https://www.censtatd.gov.hk/home/index_tc.jsp。

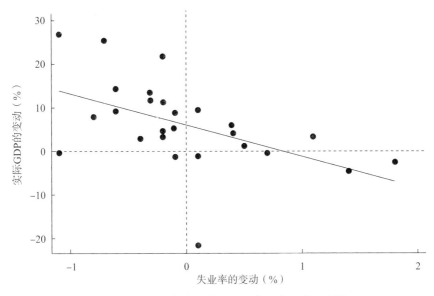

图 8-7（c） 奥肯定律——以中国澳门地区为例

数据来源：澳门特区政府统计暨普查局，https://www.dsec.gov.mo/zh-MO/。

及港澳地区的年度数据来验证奥肯定律：每一点表示一年的数据，横轴表示与上年相比的失业率变动，纵轴表示实际 GDP 的百分比变动。港澳地区的图中显示了失业率的逐年变动与实际 GDP 的逐年变动之间存在负向关系。简单的线性回归说明，中国香港失业率每增加 1 个百分点，实际 GDP 将减少 1.93 个百分点，这非常接近奥肯定律所揭示的规律。对于中国澳门，失业率每增加 1 个百分点，实际 GDP 将减少 7.10 个百分点，这说明该地区的就业情况对于 GDP 来说非常敏感，这与中国澳门经济的高度单一化有关。然而，从中国内地的情况看，实际 GDP 的变动和失业率的变动并不存在负向关系。我们无法判断奥肯定律在中国是否成立，因为城镇登记失业率并不能完全刻画失业情况。

■ 专栏 8-1

宏观经济学的时间范围

我们对短期经济波动已经有了一些初步的了解，在开始进一步的分析之前，我们需要了解宏观经济学中有关时间的概念：短期和长期。大多数宏观经济学家都认为，短期与长期之间的关键性差别是价格的变化。在长期中，价格是灵活而具有伸缩性的，能对供给或需求的变动做出反应。而在短期内，价格具有"黏性"。短期和长期的区别对于经济学家的经济分析和政策讨论具有重要的意义。

我们以货币政策为例说明短期和长期对于经济分析的不同意义。假设央行减少货币供给，那么在长期经济中，货币供给只影响名义变量（例如价格水平），但不影响实际变量（例如产出水平）。但在短期经济中，有些价格由于黏性而没有对货币政策的冲击做出反应。例如，厂商提高产品定价，但并没有提高向工人支付的工资，这使得厂商利润增加，从而刺激生产。这种价格在短期和长期的不同表现意味着货币供给数量变动的短期和长期影响不同。

第三节 中国案例：港澳地区在 SARS 冲击下的经济衰退及复苏

2002—2003 年发生的非典型肺炎，即"严重急性呼吸综合征"（SARS）给全球经济造成了巨大的冲击。

中国香港是受 SARS 影响最严重的地区之一。当年中国香港累计确诊 1 755 例，死亡 300 人。2003 年中国香港第二季度的经济增长由第一季度的 4.5% 大幅下跌至 -0.5%，其中零售业和旅游相关行业萎缩得最为严重，私人消费开支及企业投资分别下跌 2.2% 及 5.3%。庆幸的是，货物进口、出口总值分别上升 9.6%、12.2%，表现仍然强劲，缓解了疫情对服务出口的冲击。第二季度消费物价指数跌幅扩大至 2.5%，失业人员大量增加，失业率自第一季度的 7.5% 上升至 8.6%，进一步打击了私人的消费意愿。

与中国香港毗邻的中国澳门虽然没有出现大规模的疫情爆发，避免了疫情对社会生活的直接冲击，但在经济层面上，也没能"独善其身"。受邻近地区疫情的波及，外来游客大幅下降，旅游业及其相关行业遭受了严重损失，对整体经济的影响也是不言而喻的。2003 年第二季度，澳门地区本地生产总值实质下跌 2.0%，失业率上升至 6.5%。从外部需求方面来看，货物出口虽然仍有增长，但以博彩旅游业为主的服务出口受到了严重的打击，整体入境旅客数目下跌26.1%，酒店入住率下降至42.1%，另外，博彩服务出口大幅放缓，其实质增长3.9%，旅客人均消费（不包括博彩消费）下跌23.5%，引致第二季度的服务出口实质下跌13.7%。与此同时，服务进口也有4.2%的实质跌幅。至于内部经济方面，因为居民在外地的消费支出大幅下降，所以本地消费微升，但难以扭转私人消费的下跌，实质下跌0.6%。

同年，中央政府着眼于海峡两岸和港澳地区以及亚洲经济一体化进程，同时也为了提振港澳地区经济，与港澳特区政府签订了《关于建立更紧密经贸关系的安排》（CEPA）。CEPA的核心集中在货物贸易、服务贸易、贸易投资便利化三个方面。由于实施了零关税，香港本地产品因节省关税而降低了出口成本，从而提高了销往内地的商品价格竞争力，刺激了香港产品对内地出口的增长。2004年，在CEPA实施的第一年，香港产品对内地的出口开始出现增长，扭转了持续三年的跌势。这一年，CEPA开放下的服务贸易为香港分别带来了15亿元的额外收入以及10亿元的额外投资。2004—2009年间，设于香港的服务企业因CEPA而获得业务的收益金额累计为616亿港元。2009年，因CEPA开放服务贸易措施而在香港创造的职位超过4 400个。CEPA的签署推进了内地与香港的经贸交流，深化了两地的经济融合，为香港经济的复苏注入了一剂强心针。

旅游业收入一直是港澳地区重要的经济来源之一，因此"自由行"政策特别值得一提。港澳"自由行"又称港澳"个人游"，是一个准许内地居民以个人旅游的方式前往香港和澳门特别行政区的便利化政策，于2003年7月28日正式推行。该政策允许内地居民个人赴港旅游，这对香港的旅游业发展以及经济结构的调整起到了至关重要的促进作用。商务部的统计数据显示，在CEPA实施的第一年，"个人游"为香港带来额外的65亿元的旅游消费，为香港带来近2万个新增职位。自此，内地掀起的赴港潮一波又一波。2004—2009年个人游旅客占内地旅客的比率一直处于上升趋势，由20.5%上升到33.8%。香港工商贸易署公布的资料显示，按净额计算"个人游"计划（包括多次入境许可证的影响）在2009年为香港经济带来161亿元的增值额，创造职位50 300个，其中多次进入许可证旅客所带来的增值额为13亿元，创造的职位数目为4 200个。根据香港旅游局的统计数据，自2003年7月至2012年4月底，内地赴港"个人游"旅客累计达8 553.4万人次，占内地赴港旅客的53.7%。由"个人游"而受惠的行业并不仅仅限于旅游业，其他与旅游相关的行业，如零售、饮食业、运输、通信、旅游代理、票务代理等也因此而获益。

在澳门方面，澳门特区政府统计暨普查局公布的数据显示，2003年，在"自由行"的刺激下，受SARS打击最严重的旅游业首先复苏，其反弹的力度超过预期。2003年10月已恢复到上年同期水平。内地旅客的急剧增多带来的直接结果是酒店、餐饮、零售、航空等相关行业的迅速复苏。首先是酒店入住率的提高：SARS期间，澳门的酒店入住率最低跌至32.7%，到2003年8月，酒店入住率已回升到84%，9—12月更是月月同比增长，酒店客房价格上升，第三、四季度酒店住宿类物价指数分别比上年同期增长9.0%和7.9%。其次是零售业生意明显好转，2003年澳门零售业销售总额达到62.7亿澳门元，较2002年上升了20%。最后是澳门整体经济增长创新高，2003年实现本地生产总值633.7亿澳门元，比上年增长15.6%。总之，内地访澳旅客的快速增长使受SARS影响最严重的酒店、餐馆、零售业等行业生意迅速回升，增加了澳门本地就业，促进了澳门经济增长。

在澳门产品零关税进入内地、开放内地"个人游"、开放人民币业务等措施下，澳门经济走出低谷，实现复苏与发展。中央政府支持澳门发展的各项政策于2004年开始彰显成效，澳门的龙头产业持续增长，外来投资强劲，澳门整体经济继续保持较强的活力。2004年本地GDP同比增长高达20.5%，到2012年澳门本地GDP是2000年的近5倍。随着经济逐步复苏和好转，再加上政府推行促进就业的措施，失业率逐步下降。澳门2003年失业率为6%，2005年下降到4.1%，2012年再创历史新低（2%），2012—2019年基本在2%以下，已处于充分就业状态。

前沿拓展与文献速递

1. 中国的经济周期

经济周期理论力图通过各种长度不同的确定性周期组合来解释和说明经济波动，但在解释现实情况时存在局限性，例如，假设条件与现实的偏离、总量分析对微观层面的忽视、经济周期理论难以解释现在及预测未来等（刘尚希和武靖州，2018）。基于不同的发展阶段，经济周期也表现出不一样的特征。在中国，经济周期及波动的影响因素很多，包括劳动生产率的冲击（邓红亮和陈乐一，2019）、产业与产业结构的变动（何青等，2015；赵旭杰和郭庆旺，2018）、全球价值链嵌入（唐宜红等，2018）等。

2. 奥肯定律在中国是否失效？

正如本章正文所揭示的，中国城镇登记失业率与GDP的变化并未表现出显著的负向关系，显示出奥肯定律在中国"水土不服"。针对城镇登记失业率的说服力以及相关指标和方法的修正，中国学者们进行了一定的尝试。例如，邹薇和胡翾（2003）用就业人口指数取代城镇登记失业率来构造反映中国经济运行的奥肯模式。卢锋等（2015）则提出了转型经济体的广义奥肯定律，认为农业劳动力转移可解释这一"水土不服"问题，发现一国劳动力市场与宏观波动的关联方式不仅取决于标准奥肯模型所强调的失业率指标，而且受制于不同国家所处的发展阶段，以及农业劳动力转移对经济增长贡献的相对重要性。邹沛江（2013）基于对简单奥肯定律的二元分解，对中国的潜在产出增长率和自然失业率进行了测算。结果表明，基于二元结构的奥肯定律在中国依然存在。

参考文献

邓红亮、陈乐一，劳动生产率冲击、工资粘性与中国实际经济周期，《中国工业经济》，2019年，第1期。

何青、钱宗鑫、郭俊杰，房地产驱动了中国经济周期吗？《经济研究》，2015年，第12期。

刘尚希、武靖州，宏观经济政策目标应转向不确定性与风险——基于经济周期视角的思考，《管理世界》，2018年，第4期。

卢锋、刘晓光、姜志霄、张杰平，劳动力市场与中国宏观经济周期：兼谈奥肯定律在中国，《中国社会科学》，2015年，第12期。

唐宜红、张鹏杨、梅冬州，全球价值链嵌入与国际经济周期联动：基于增加值贸易视角，《世界经济》，2018年，第11期。

赵旭杰、郭庆旺，产业结构变动与经济周期波动——基于劳动力市场视角的分析与检验，《管理世界》，2018年，第3期。

邹沛江，奥肯定律在中国真的失效了吗？《数量经济技术经济研究》，2013年，第6期。

邹薇、胡翾，中国经济对奥肯定律的偏离与失业问题研究，《世界经济》，2003年，第6期。

本章总结

本章是经济波动理论的"序言篇"。我们首先介绍了经济波动的主要理论以及描述经济波动的主要流派。然后我们以中国内地、香港和澳门的数据为例，描绘了中国经济波动的主要表现，包括 GDP、消费和投资的波动等。接着我们描述了奥肯定律所揭示的关于产出波动与失业波动之间的关系。作为短期经济和长期经济的主要区别，我们在专栏中介绍了宏观经济学的时间概念。最后在中国案例中，我们介绍了港澳地区在 SARS 冲击下的经济衰退及复苏。

问题与应用

1. 一般而言，一个完整的经济周期会经历哪些阶段？
2. 一个完整的经济周期会持续多长时间？
3. 比较本章关于中国香港地区和中国澳门地区的奥肯定律图，试解释其差异的原因。
4. 宏观经济学对于"长期"和"短期"是如何界定的？
5. 实际经济周期理论和凯恩斯主义是如何解释经济波动的？

第九章

IS-LM 模型

本章概览

本章介绍 IS-LM 模型的构建和应用。在第一节中，从凯恩斯交叉出发分析产品市场均衡，导出 IS 曲线，同时介绍投资函数和乘数等相关概念，接着运用 IS 曲线分析财政政策的影响。在第二节中，从流动性偏好理论出发分析货币市场均衡，导出 LM 曲线，接着运用 LM 曲线分析货币政策的影响。在第三节中，使用 IS-LM 模型对经济波动进行分析，讨论财政政策、货币政策和其他外生冲击对经济的短期影响。最后是两个中国案例，使用 IS-LM 模型对网络支付、现金分享计划的影响进行分析。

本章主要内容如图 9-1 所示。

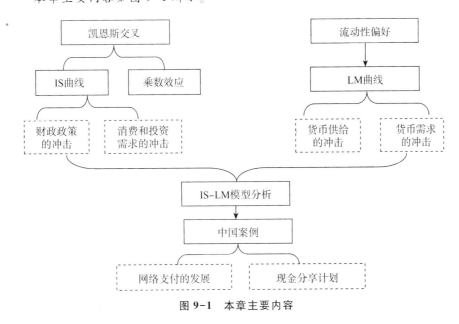

图 9-1　本章主要内容

第一节 产品市场与 IS 曲线

1. 凯恩斯交叉

本章将要学习的 IS-LM 模型,是基于产品市场和货币市场均衡的短期波动分析。其中,IS 曲线表示产品与服务市场均衡时的利率和收入水平之间的关系。为了说明这种关系,我们从凯恩斯交叉(Keynesian cross)开始。凯恩斯认为,在短期,经济的总收入主要由家庭、企业和政府的支出愿望决定。人们想支出的越多,企业可以卖出的产品与服务就越多,因此企业选择生产的产出就越多,雇用的工人也就越多。在这样的假设下,经济出现衰退是因为支出不足。支出分为实际支出(actual expenditure)和计划支出(planned expenditure)。实际支出是家庭、企业和政府在产品和服务上实际花费的数额,它等于整个经济的总产值(GDP)。而计划支出是家庭、企业和政府愿意在产品和服务上支出的数额。实际支出和计划支出会出现不一致。当企业出售的产品比计划少时,它们的存货量自动上升;相反,当出售的产品比计划多时,它们的存货量会下降。

下面考虑计划支出的决定因素。假设经济是封闭的,因此净出口为零,则计划支出 E 等于消费 C、计划投资 I 和政府购买 G 之和:

$$E = C + I + G \tag{9-1}$$

其中,消费函数如下:

$$C = C(Y - T) \tag{9-2}$$

式(9-2)说明,消费取决于可支配收入 $(Y - T)$,可支配收入为总收入 Y 减税收 T。为了简化,我们把计划投资作为外生决定的因素,因此:

$$I = \bar{I} \tag{9-3}$$

最后,我们假设财政政策也是外生给定的,即政府购买和税收水平也是固定的:

$$G = \bar{G} \tag{9-4}$$

$$T = \bar{T} \tag{9-5}$$

由此,我们得出:

$$E = C(Y - \overline{T}) + \overline{I} + \overline{G} \qquad (9-6)$$

式（9-6）说明，计划支出是收入 Y、计划投资水平 $\overline{I}$ 及财政政策变量 $\overline{G}$ 和 $\overline{T}$ 的函数。图 9-2 显示了计划支出和收入水平的关系。较高的收入引起较高的消费，从而导致较高的计划支出。因此，计划支出线是向右上方倾斜的线。这条线的斜率是边际消费倾向 MPC，它表明当可支配收入增加 1 元时，消费增加多少。

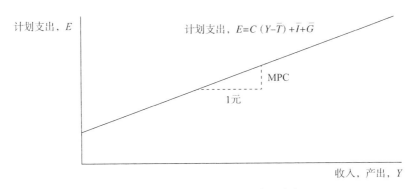

图 9-2 作为收入的函数的计划支出

当实际支出等于计划支出时，经济处于均衡状态，即：

$$Y = E \qquad (9-7)$$

图 9-3 中的 45°线表示纵轴和横轴取值相等的点。因此，交点 A 表示计划支出等于实际支出。这张图被称为凯恩斯交叉图，而经济的均衡点为 A 点。当经济不处于均衡状态 A 点时，企业就会有存货的非计划变动，而这会使企业改变生产水平。生产的变动又影响总收入和总支出，使经济向均衡方向运动。

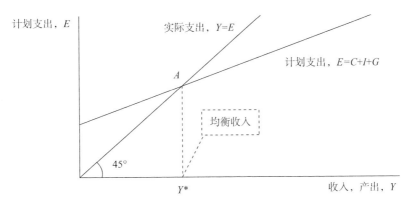

图 9-3 凯恩斯交叉图

例如,假设一个经济的产出水平高于均衡水平,即图9-4中的Y_1水平。在这种情况下,计划支出E_1小于实际支出Y_1,因此,企业的销售小于其生产,企业卖不出去的产品成为存货。存货的这种非计划增加引起企业解雇工人并减少生产,因而减少了产出,并一直持续到收入Y等于均衡水平为止。相反,假设产出水平低于均衡水平,例如图9-4中的Y_2。在这种情况下,计划支出E_2大于实际支出Y_2,企业要通过减少存货来满足高销售水平。当企业看到自己的存货量在减少时,就会雇用更多工人并增加生产,使得产出增加,并一直持续到均衡状态。

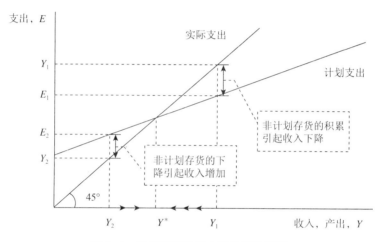

图9-4 凯恩斯交叉图中向均衡的调整

2. 乘数效应

基于凯恩斯交叉,我们可以考察在投资、政府购买与税收等外生变量发生改变时收入的变动情况,即乘数效应。我们首先考察政府购买乘数。因为政府购买是支出的一个组成部分,所以在任何给定的收入水平上较高的政府购买都会引起较高的计划支出。如果政府购买增加ΔG,那么,计划支出曲线向上移动ΔG,如图9-5所示。经济的均衡从A点移动到B点。我们直观地发现,政府购买的增加引起了更大的产出的增加。此时,$\Delta Y / \Delta G$这一比率被称为政府购买乘数(government-purchases multiplier),它说明了政府购买增加1元会引起收入增加多少元。

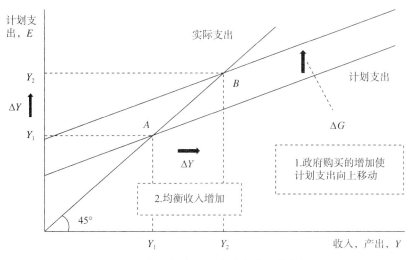

图 9-5　凯恩斯交叉图中政府购买的增加

乘数效应的发生在于消费函数 $C = C(Y - T)$。政府购买的增加提高了收入，收入的提高也增加了消费，消费的增加又进一步提高了收入，收入的提高又进一步增加了消费……这一行为不断发生。最终，政府购买的增加引起了收入更大的增加。下面我们来量化这个乘数。设政府支出增加 ΔG，这一行为导致收入提高了 ΔG。收入的提高又使消费增加了 $MPC \times \Delta G$。消费的增加又一次增加了支出、提高了收入。第二轮提高的 $MPC \times \Delta G$ 收入又增加了消费，这次消费增加了 $MPC \times (MPC \times \Delta G)$，这又进一步增加了支出、提高了收入。这种从消费到收入又到消费的循环会无限地进行下去。因此对收入的总效应是：

$$政府购买的最初增加 = \Delta G$$
$$消费的第一轮变动 = MPC \times \Delta G$$
$$消费的第二轮变动 = MPC^2 \times \Delta G$$
$$消费的第三轮变动 = MPC^3 \times \Delta G$$
$$\cdots\cdots$$

这样，收入的总增加是：$\Delta Y = (1 + MPC + MPC^2 + MPC^3 + \cdots) \times \Delta G$。所以，政府购买乘数是：

$$\frac{\Delta Y}{\Delta G} = 1 + MPC + MPC^2 + MPC^3 + \cdots \qquad (9-8)$$

根据无限等比数列（infinite geometric series）的特征，式（9-8）即可推导出政府购买乘数：

$$\frac{\Delta Y}{\Delta G} = \frac{1}{1 - \text{MPC}} \qquad (9-9)$$

例如，如果边际消费倾向是 0.6，乘数就是 $\frac{\Delta Y}{\Delta G} = 1 + 0.6 + 0.6^2 + 0.6^3 + \cdots = \frac{1}{1 - 0.6} = 2.5$。在这种情况下，政府购买增加 1 元使均衡收入增加 2.5 元。

除了政府购买，税收也有乘数效应。税收减少 ΔT 使可支配收入（$Y-T$）增加 ΔT，因此，消费增加 $\text{MPC} \times \Delta T$。正如图 9-6 所示，计划支出曲线向上移动 $\text{MPC} \times \Delta T$。经济的均衡从 A 点移动到 B 点。与政府购买的增加类似，减税也有乘数效应。按照与政府购买类似的发生途径，税收乘数（tax multiplier）是：

$$\frac{\Delta Y}{\Delta T} = -\frac{\text{MPC}}{1 - \text{MPC}} \qquad (9-10)$$

负号表示收入与税收的变动方向相反。例如，如果边际消费倾向是 0.6，那么，税收乘数就是 $\frac{\Delta Y}{\Delta T} = -\frac{0.6}{1 - 0.6} = -1.5$。这意味着，减税 1 元使均衡收入增加 1.5 元。

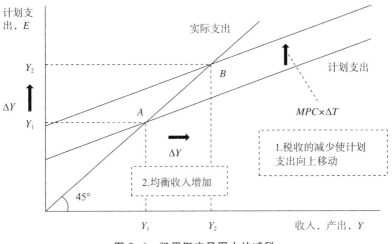

图 9-6 凯恩斯交叉图中的减税

■ 专栏 9-1

现实中的乘数效应

政府购买乘数说明了一单位政府购买对产出的拉动作用具有乘数效应。那么，现实中的乘数效应是否正如式（9-9）所示呢？实际上，经济运作中的各种因素都会影响乘数效应的大小。一方面，边际消费倾向有可能会改变。例如，随着居民收入的提高，边际消费倾向有可能递减，那么，乘数效应发生作用的每一轮机制中，消费拉动产出的效果就有所减弱。另一方面，进出口的存在也影响乘数效应。假设居民的消费中包括一部分进口商品，而进口商品的价值并不属于本国产出的一部分，那么在同样的边际消费倾向下，实际用于拉动本国产出的消费支出减少了，这也使得乘数效应减小。再者，现实中我们观察到的政府购买的效果还会被其他效应所抵消。例如，政府购买可能挤出私人投资，私人投资的下降也有一个乘数效应，但是方向相反，这抵消了一部分政府购买的效果。因此，式（9-9）所示的政府乘数效应可以理解为在理想情况下的最大效果。

3. 利率与投资

为了推导出 IS 曲线，我们还需要理解利率和投资的关系。在凯恩斯交叉图中，计划投资水平 I 固定不变，现在我们放松这个假定，设投资水平受利率 r 的影响：

$$I = I(r) \tag{9-11}$$

图 9-7（a）中绘出了这个投资函数。由于利率是投资项目融资借贷的成本，利率的上升会减少计划投资，因此，投资函数向右下方倾斜。下面我们把投资函数与凯恩斯交叉图结合起来，分析利率变动时收入将如何变动。当利率从 r_1 上升到 r_2、投资从 $I(r_1)$ 减少到 $I(r_2)$ 时，计划支出函数向下方移动，如图 9-7（b）所示。计划支出函数的移动使收入水平由 Y_1 减少为 Y_2。因此，利率的上升减少了收入。图 9-7（c）即为 IS 曲线，代表产品市场均衡时收入水平和利率的关系，它是一条向右下方倾斜的曲线。

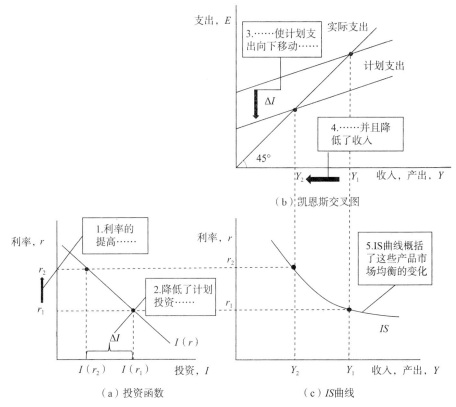

图 9-7 IS 曲线的推导

4. 财政政策与 IS 曲线的移动

IS 曲线说明，对任何一个给定的利率水平，存在一个使产品市场均衡的收入水平。而当 G 和 T 等外生变量变动时，IS 曲线也会移动。图 9-8 用凯恩斯交叉图说明了在一个给定的利率 $\bar{r}$ 下，政府购买 G 的增加如何使 IS 曲线移动。假设政府购买增加了计划支出，从而使均衡收入由 Y_1 增加到 Y_2。因此，在任一给定的利率 $\bar{r}$ 下，Y 都会增加，这表现为 IS 曲线向右移动。类似地，减税也使得 IS 曲线向右移动。总而言之，积极的财政政策使 IS 曲线向右移动，而紧缩的财政政策使 IS 曲线向左移动。

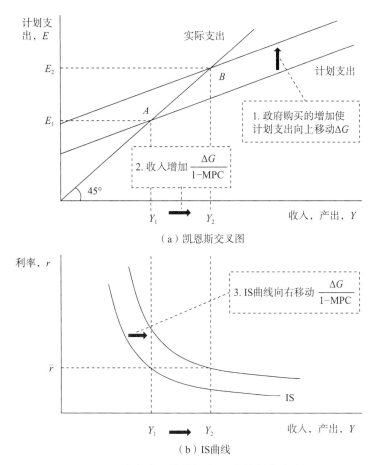

图 9-8 政府购买的增加使 IS 曲线向右移动

第二节 货币市场与 LM 曲线

1. 流动偏好理论

在 IS-LM 框架下，LM 曲线描绘了货币市场均衡下利率与收入水平之间的关系。为了推导出 LM 曲线，我们从流动偏好理论（theory of liquidity preference）开始。如果 M 代表名义货币供给，P 代表物价水平，那么 M/P 就是实际货币余额。流动偏好理论假设存在一个外生给定的实际货币余额供给，即：

$$\left(\frac{M}{P}\right)_s = \frac{\overline{M}}{\overline{P}} \tag{9-12}$$

在式 (9-12) 中，下标 s 代表供给。名义货币供给 M 是由中央银行决定的，相当于中国人民银行选择的一个外生政策变量，因此设为 $\overline{M}$。而在短期内，物价水平 P 也是一个不变的外生变量。因此，实际货币余额的供给 $\left(\frac{M}{P}\right)_s$ 是固定的，不取决于利率。因此，在图 9-9 中，实际货币余额供给是一条垂直的线。

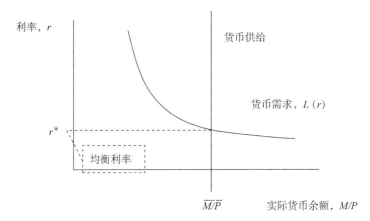

图 9-9　流动偏好理论

在实际货币余额的需求方面，流动偏好理论假设利率是人们持有货币的机会成本。为了持有货币，人们放弃了它作为银行存款或债券等资产所获得的收益。当利率上升时，持有货币的机会成本上升，人们就会选择将持有的货币换作银行存款或债券等，从而实际货币余额需求下降；反之，则实际货币余额需求上升。因此，我们可以把实际货币余额需求写为：

$$\left(\frac{M}{P}\right)_d = L(r) \qquad (9\text{-}13)$$

在式 (9-13) 中，下标 d 表示需求，函数 L(r) 表示货币需求量是一个取决于利率的函数。在图 9-9 中，实际货币余额需求曲线表现为一条向右下方倾斜的曲线。

利率的调节使货币市场达到均衡。如图 9-9 所示，在均衡利率上，实际货币余额需求量等于供给量。如果利率高于均衡水平，实际货币余额供给量就大于需求量。于是持有富余货币的人把货币换为有利息的银行存款或债券。这种资产需求的增加使得银行和债券发行者降低它们所提供的利率。相反，如果利率低于均衡水平，货币需求量超过供给量，人们就通过出售债券或到银行提款而获得货币。此时，为了吸引更稀缺的资金，银行和债券发行者提高它们所支付的利率，直到利率达到均衡水平。

外生的冲击将影响均衡的利率水平。例如，假设中国人民银行突然减少了货币供给 M。在价格水平不变的情况下，M 的下降使 M/P 减小。实际货币余额供给曲线向左移动，均衡利率从 r_1 上升到 r_2。由于持有货币的机会成本上升，人们减少手中的实际货币余额，如图 9-10 所示。如果中国人民银行突然增加货币供给，就会出现相反的情况。因此，根据流动偏好理论，货币供给的减少引起利率上升，而货币供给的增加使利率下降。

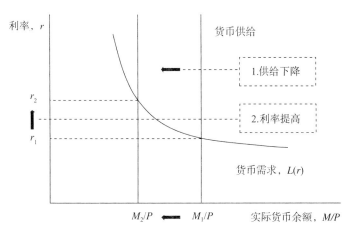

图 9-10　流动偏好理论中的货币供给的减少

2. 收入、货币需求和 LM 曲线

除了利率，实际货币余额还受到收入水平 Y 的影响。当收入提高时，支出也增加，人们对货币的需求更大。因此，实际货币余额需求量与利率负相关，而与收入正相关。我们可以把扩展后的货币需求函数写成下式：

$$\left(\frac{M}{P}\right)_d = L(r, Y) \qquad (9-14)$$

我们可以用流动偏好理论推导出收入水平变动对均衡利率的影响。例如，考虑图 9-11 中当收入从 Y_1 增加到 Y_2 时的情况。如图 9-11（a）所示，收入增加使货币需求曲线向右移动。由于实际货币余额的供给不变，利率从 r_1 上

升为 r_2，以使货币市场实现均衡。这样，根据流动偏好理论，更高的收入导致更高的利率。相应地，图9-11（b）的LM曲线描述了收入水平与利率之间的这种关系。LM曲线上的每一点都代表货币市场均衡时的利率和收入水平的关系。收入水平越高，实际货币余额需求越大，均衡利率也越大。因此，LM曲线向右上方倾斜。

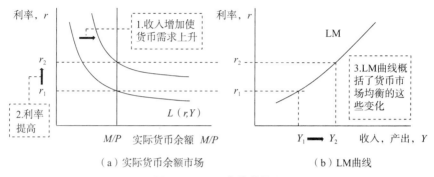

图9-11 LM曲线的推导

3. 货币政策与LM曲线的移动

实际货币余额供给的变动会引起LM曲线的移动。我们可以用流动偏好理论来理解货币政策如何使LM曲线移动。假设中国人民银行将货币供给从 M_1 减少为 M_2，则实际货币余额供给从 M_1/P 减少为 M_2/P。图9-12表示所发生的变动。在收入不变从而实际货币余额需求曲线不变的情况下，实际货币余额供给的减少导致货币市场均衡利率的上升。因此，货币供给的减少使LM曲线向上移动，即每个收入水平所对应的利率都提高了；相反，实际货币余额供给的增加使LM曲线向下移动。

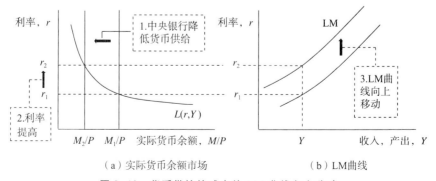

图9-12 货币供给的减少使LM曲线向上移动

第三节　基于 IS-LM 模型的波动分析

现在，我们可以将 IS 曲线和 LM 曲线放在一起，构造 IS-LM 模型：

$$\text{IS：} Y = C(Y-T) + I(r) + G \tag{9-15}$$

$$\text{LM：} \frac{M}{P} = L(r, Y) \tag{9-16}$$

这个模型把财政政策 G 和 T、货币政策 M、物价水平 P 作为外生变量。给定这些外生变量，IS 曲线给出了产品市场均衡下 r 与 Y 的关系，而 LM 曲线给出了满足货币市场均衡的 r 与 Y 的关系。图 9-13 表示了 IS-LM 模型中的均衡。

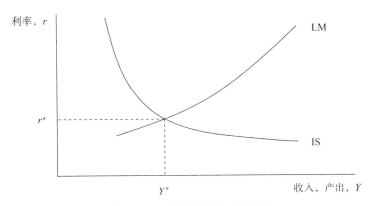

图 9-13　IS-LM 模型中的均衡

在 IS 曲线与 LM 曲线的交点上，产品市场均衡和货币市场均衡同时得到满足。此时利率 r^* 与收入水平 Y^* 的关系代表经济均衡的情况。在这一点上，实际支出等于计划支出，实际货币余额需求等于供给，从而决定了国民收入水平。而这两条曲线的移动将改变短期均衡的国民收入水平。下面，我们考察政策变动和其他冲击对均衡的影响。

1. 财政政策的冲击

政府购买与税收等财政政策的变动会影响计划支出，从而使 IS 曲线移动。在 IS-LM 模型下，IS 曲线的移动影响收入和利率。

先考察政府购买的变动。假设政府购买增加 ΔG。在政府购买乘数效应下，收入水平增加 $\Delta G/(1-MPC)$。因此，在图 9-14 中，IS 曲线向右移动了这一数量。经济的均衡从 A 点移动到 B 点，收入和利率均提高。由流动偏好理论可知，Y 的增加提高了每一利率水平上的货币需求量。然而货币供给并没有改变，因此均衡利率 r 上升。

货币市场上较高的利率反过来又影响了产品市场。当利率上升时，企业削减其投资计划。投资的减少部分抵消了政府购买增加的扩张效应。因此，在 IS-LM 模型中，财政扩张引起的收入增加小于凯恩斯交叉图中收入的增加。如图 9-14 所示，IS 曲线水平方向的移动等于凯恩斯交叉图中均衡收入的增加。这个量大于 IS-LM 模型中均衡收入的增加。这里的差别可以用更高的利率挤出的投资来解释，这被称为挤出效应（crowding-out effect）。

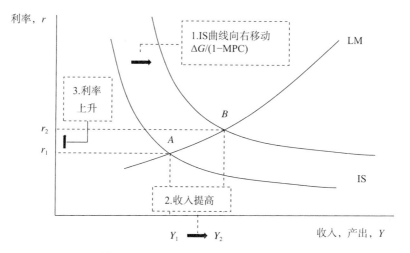

图 9-14　IS-LM 模型中政府购买的增加

类似地，税收的变动也会引起产出和利率的改变。例如，考虑税收减少 ΔT 的情况。减税鼓励消费者更多地消费，从而增加了计划支出。根据税收乘数，在任何给定的利率上，这一政策变动使收入水平提高了 $\Delta T \times MPC/(1-MPC)$。因此，如图 9-15 所示，IS 曲线向右移动了这一数量。经济的均衡从 A 点移动到 B 点。减税既提高了收入又提高了利率。由于较高的利率抑制了投资，在挤出效应下，收入的提高小于凯恩斯交叉图中均衡收入的提高。

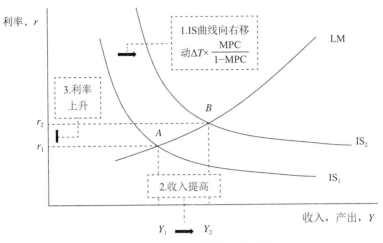

图 9-15　IS-LM 模型中的减税

2. 货币政策的冲击

现在,以货币供给的增加为例,考察货币政策的影响。由于在短期内物价水平 P 是固定的,M 的增加使实际货币余额 M/P 增加。流动偏好理论表明,对于任何给定的收入水平,实际货币供给的增加使利率下降,因此,如图 9-16 所示,LM 曲线向下移动,均衡从 A 点移动到 B 点,利率下降,收入水平提高。具体而言,当中国人民银行增加货币供给时,人们在现行利率上所拥有

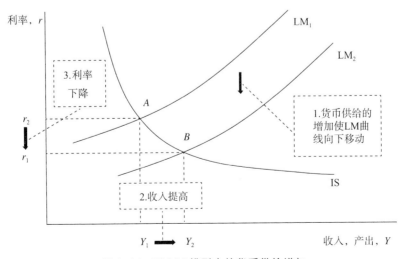

图 9-16　IS-LM 模型中的货币供给增加

的货币比他们想拥有的多。因此,他们开始把这些额外的货币存入银行或购买债券。对这些资产的增加使得利率 r 下降,直到货币市场达到新的均衡。在产品市场方面,较低的利率刺激了计划投资,从而增加了计划支出、生产,提高了收入水平 Y。

3. 货币政策与财政政策的相互作用

在分析货币政策或财政政策的变动时,一种政策的变动可能会影响另一种政策,这种相互作用可能改变一种政策变动的影响。例如,假设采取增税的财政政策,通过采取不同的货币政策,会对经济产生以下不同的影响。

在减少政府购买或增加税收这样的紧缩财政政策下,图 9-17 显示了可能的三种结果。在图 9-17(a)中,中国人民银行的目标是保持货币供给不变,因此 LM 曲线不变。财政紧缩使 IS 曲线向左移动,收入减少。较低的收入使货币需求减少,利率下降。在图 9-17(b)中,中国人民银行的目标是保持利率不变。在这种情况下,当 IS 曲线向左移动时,中国人民银行必须减少货币供给,以使利率保持在初始水平上。货币供给的这种减少使 LM 曲线向上移动。利率没有下降,但收入的减少要大于情况(a)。在图 9-17(a)中,较低的利率刺激了投资并部分抵消了紧缩,而在图 9-17(b)中并不存在这种抵消的情况,产出进一步减少了。在图 9-17(c)中,中国人民银行的目标是保持收入不变。因此,它必须增加货币供给,并使 LM 曲线向下移动到足以抵消 IS 曲线移动的程度。在这种情况下,较高的税收抑制了消费,而较低的利率刺激了投资,两种效应正好抵消,从而使得产出保持不变。

从这个例子中我们可以看到,财政政策变动的影响取决于中国人民银行所采取的货币政策。更一般地说,当分析一种政策的变动时,我们必须考虑其他政策可能的影响。

4. 其他冲击的影响

到现在为止,我们已经了解了财政政策和货币政策的变动如何使 IS 曲线和 LM 曲线移动。除此以外还存在其他的扰动。我们可以把其他扰动归为两类:对 IS 曲线的冲击和对 LM 曲线的冲击。

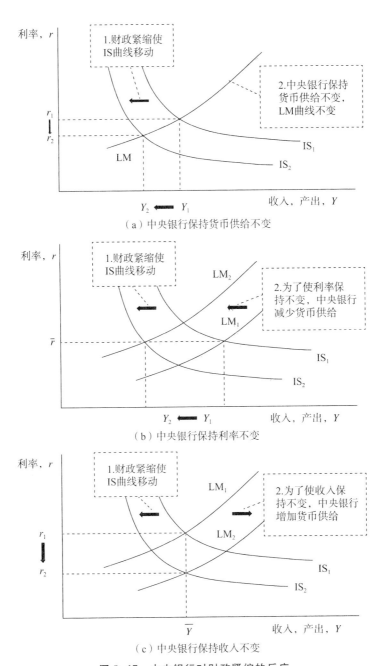

图 9-17 中央银行对财政紧缩的反应

对 IS 曲线的冲击来自产品与服务需求的外生变动。例如,假设企业对经济的未来发展变得悲观,从而减少投资,这会使计划支出减少并使 IS 曲线向左移动，从而使得收入减少。对 IS 曲线的冲击也可能产生于消费品需求的变动。例如，假设消费者对未来经济的发展有信心，这会使其为未来进行的储蓄减少而现在的消费增加，IS 曲线向右移动，从而提高收入。对 LM 曲线的冲击可能产生于货币需求的变动。例如，假设监管当局对移动支付进行了一定的限制，这样人们部分恢复了现金交易，从而增加了人们对货币的持有量。根据流动偏好理论，当货币需求增加时，利率提高。这样，货币需求的增加使 LM 曲线向上移动，从而利率上升，投资下降，收入被压低。

总之，各种不同的事件均可能通过使 IS 曲线和 LM 曲线移动而导致经济波动，决策者可以尝试用货币和财政政策工具去抵消外生冲击。

5. 政策效果

我们在以上部分使用 IS-LM 模型分析了短期经济波动。我们发现，短期经济波动的幅度，即产出变动的幅度，和 IS 或 LM 曲线的斜率有关系，而曲线斜率的大小意味着利率这一因素的敏感程度。例如，一项扩张性的宏观货币政策增加了货币供给，使得利率下降，从而投资增加，拉动产出的增加。如果利率在投资中的作用很敏感，那么利率的下降将造成投资的大幅上升，从而产出的增长也比较大。这种情况就对应着一个比较平坦的 IS 曲线。图 9-18 描述了这种情况。由于 IS′ 比 IS 更为平坦，因此，面对同样的 LM 曲线的移动，均衡点由 A 点变为 B' 点，导致 Y 的扩张更大（相较于 B 点，移动到 B' 点对应的 Y'_2 比 Y_2 更大）。

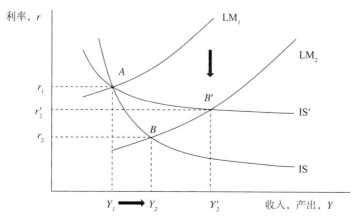

图 9-18　不同 IS 斜率下货币扩张的效果

图 9-19 描绘了另一种情况。曲线 LM′ 比 LM 更为平坦,表示利率在货币市场均衡中的作用更为敏感。在这种情况下,IS_1 曲线移动到 IS_2 时,更为平坦的 LM′ 曲线对应的均衡点是 B',其对应的均衡产出 Y'_2 大于 Y_2(B 点)。当财政扩张时,利率上升,这将导致投资下降,即"挤出"投资,从而抵消了一部分产出增加。更平坦的 LM 曲线意味着利率上升较小,从而"挤出"的投资较少,因此产出的增加更大。

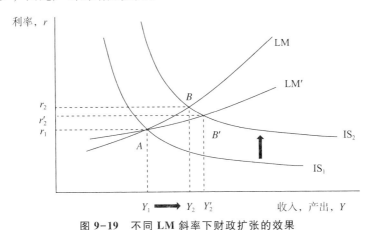

图 9-19　不同 LM 斜率下财政扩张的效果

第四节　中国案例:网络支付的发展和现金分享计划

下面我们通过介绍我国网络支付的发展和现金分享计划来阐述 IS-LM 模型的应用。

1. 网络支付的发展

随着移动互联网的发展,智能手机迅速改变了人们的生活模式。消费者不用携带现金就几乎能完成所有交易。手机支付主要有两种形式:一种是线上支付,如通过手机淘宝、京东等在线购物;另一种是线下通过智能手机终端支付,如通过微信、支付宝二维码付款。根据 CNNIC 第 50 次《中国互联网网络发展状况统计报告》,截至 2022 年 6 月,我国网络支付用户规模达 9.04 亿,较 2021 年 12 月增长 81 万,占网民整体的 96%,如图 9-20 所示。

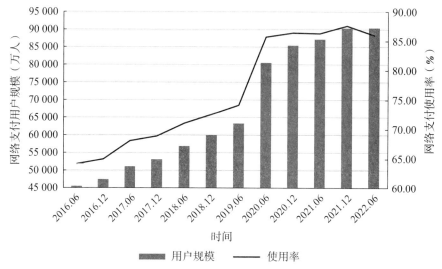

图 9-20　网络支付用户规模及使用率

数据来源：CNNIC 中国互联网络发展状况统计调查。

我们可以利用 IS-LM 模型来分析网络支付的普及对经济的影响。如图 9-21 所示，随着微信、支付宝等电子支付方式的发展，人们减少了对现金，即货币的需求，因此利率下降。在 IS-LM 模型中，LM 曲线向下移动，均衡由 A 点移动到 B 点，均衡利率从 r_1 下降到 r_2，从而刺激投资，均衡收入从 Y_1 增加到 Y_2。

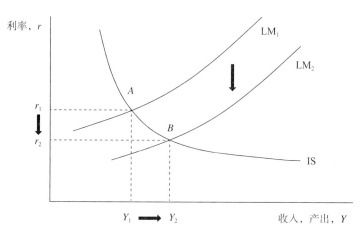

图 9-21　IS-LM 模型中网络支付方式的普及

2. 现金分享计划

近年来，中国香港和澳门特区政府均实施过现金分享计划。澳门特区政府自 2008 年每年向澳门居民发放一次性现金，所有持有有效或可续期的澳门特区居民身份证的居民均可获得发放款项，该计划被称为现金分享计划，其目的是与澳门居民分享澳门经济发展的成果。历年具体现金分享计划如图 9-22 所示。

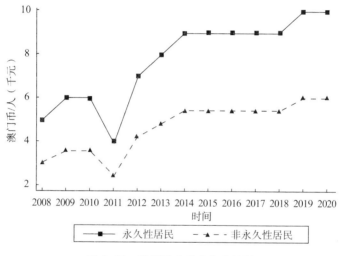

图 9-22 澳门政府现金分享计划

数据来源：澳门特区政府网站，https://www.gov.mo/zh-hant/。

类似地，面对新冠疫情的冲击，香港特区政府在 2020—2021 年财政预算案中提出以"撑企业、保就业、振经济、纾民困"为目标的惠民措施，共涉及超过 1 200 亿港元，其中一项措施就是现金分享计划，即向每名年满 18 岁的香港永久性居民发放 10 000 港元。[①]

我们可以利用 IS-LM 模型来分析中国澳门和香港特区政府的现金分享计划对经济的影响。如图 9-23 所示，中国澳门和香港政府的现金分享计划增加了居民的可支配收入，因此居民消费增加，IS 曲线向右移动。均衡由 A 点移动到 B 点，均衡收入从 Y_1 增加到 Y_2，同时均衡利率从 r_1 上升到 r_2。

---

① 资料来源：香港特区政府网站，https://www.gov.hk/sc/residents/；中国新闻网。

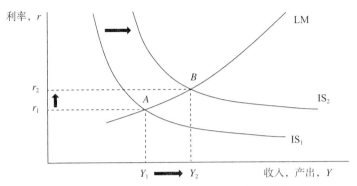

图 9-23 基于 IS-LM 模型的现金分享计划

前沿拓展与文献速递

乘数效应在中国的表现

学者们对乘数效应在中国的表现做了不少分析。在中国经济中,政府支出行为分为投资型和消费型,与此相对应地,也存在政府投资乘数和政府消费乘数,它们具有三个特征:政府消费和私人消费之间的埃奇沃斯互补性、政府投资的外部性和财政政策规则的内生性(王国静和田国强,2014)。王国静和田国强(2014)通过模拟得到的中国长期政府投资乘数为 6.11,而政府消费乘数为 0.79。类似地,张开和龚六堂(2018)也发现政府投资型支出乘数大于消费型支出乘数。另外,张开和龚六堂(2018)还发现,固定汇率制下的政府支出乘数更大,而贸易部门的乘数大于非贸易部门。陈创练等(2019)认为乘数效应具有时变性。他们的研究结果表明,政府投资乘数随着政府投资规模的扩大而迅速下降;政府消费乘数效应则取决于政府消费与居民消费的关系,当两者为替代关系时,政府消费乘数为负,当两者为互补关系时,政府消费乘数为正;政府税收乘数也随着政府税收规模的扩大而变小。

参考文献

陈创练、郑挺国、姚树洁,时变乘数效应与改革开放以来中国财政政策效果测定,《经济研究》,2019 年,第 12 期。

王国静、田国强,政府支出乘数,《经济研究》,2014 年,第 9 期。

张开、龚六堂,开放经济下的财政支出乘数研究——基于包含投入产出结构 DSGE 模型的分析,《管理世界》,2018 年,第 6 期。

本章总结

IS-LM 模型是凯恩斯主义对于短期经济波动的主要分析工具。在本章,我们从凯恩斯交叉开始,介绍了产品市场均衡,并推导出 IS 曲线。其中涉及的另一个主要问题是支出乘数的概念,包括政府购买乘数和税收乘数等。之后,基于流动性偏好理论和货币需求理论,我们介绍了货币市场均衡,并推导出 LM 曲线。接着,我们使用 IS-LM 模型对外生冲击造成的经济波动进行了分析,包括宏观财政政策和宏观货币政策的冲击以及其他需求冲击。最后,基于 IS-LM 模型,我们对中国案例进行了分析,包括网络支付的发展和现金分享计划。

问题与应用

1. 考虑以下情况中政府购买乘数会发生怎么样的变化:

(1) 随着收入的增加,居民边际消费倾向减小。

(2) 居民税收是可支配收入的一个固定比例。

(3) 存在进口的开放经济。

2. 股票、房地产等的市场收益率提高会对货币需求产生怎样的影响?

3. 使用 IS-LM 模型分析以下冲击的影响:

(1) 人工智能的发展实现重大突破。

(2) 网络遭受黑客攻击而使得手机支付变得困难。

(3) 战争等政治风险增加。

4. 假设某封闭经济如下:$C = 50 + \text{MPC} \times (Y - tY)$,投资、政府购买都是 100,税率 $t = 0.1$。

(1) 求均衡收入。

(2) 求政府支出乘数。

5. 假设存在以下封闭经济：$C = 100+0.8\times(Y-T)$，投资函数为 $I = 200-3.6r$，政府购买是 100，$T = 50+0.2Y$。货币需求函数是 $\left(\dfrac{M}{P}\right)_d = 0.5Y-20r$，货币供给是 200，物价水平是 2。

（1）求 IS 曲线表达式。

（2）求 LM 曲线表达式。

（3）求短期均衡的利率和产出。

第十章
蒙代尔-弗莱明模型

本章概览

本章介绍蒙代尔-弗莱明模型的构建和应用。首先在 IS-LM 模型的基本架构上，引入开放经济的关键变量——汇率，构建蒙代尔-弗莱明模型。接着分别在固定汇率制度和浮动汇率制度下，分析开放经济条件下财政政策、货币政策和贸易政策的影响。最后是中国案例，运用蒙代尔-弗莱明模型分析固定汇率制度下的中国澳门经济波动。

本章主要内容如图 10-1 所示。

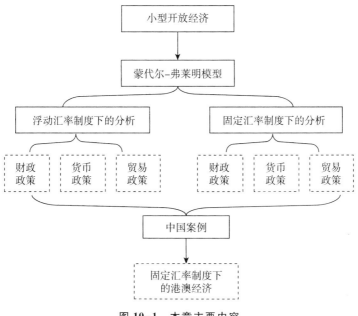

图 10-1　本章主要内容

第一节　蒙代尔-弗莱明模型的构建

蒙代尔-弗莱明模型（Mundell-Fleming model）也被称为开放经济条件下的 IS-LM 模型。比较蒙代尔-弗莱明模型和前面所学的 IS-LM 模型可以发现，两者均把价格水平视为给定，强调产品市场与货币市场之间的相互作用，以说明经济的短期波动。它们的最主要差别在于，前者假设所研究的经济为一个资本完全流动的小型开放经济，后者则假设是一个封闭的经济。由于开放经济的行为受到汇率制度的制约，因此本章的分析将涉及两种不同的汇率制度：固定汇率制度和浮动汇率制度。固定汇率制度是指一个经济体的货币与其他经济体的货币之间的兑换关系是固定的。为了维持汇率的稳定性，货币当局需要通过动用外汇储备的方式来进行。而浮动汇率制度是指一个经济体的货币与另一个经济体的货币之间的兑换关系根据市场供求关系而自由浮动，货币当局并不进行干预。蒙代尔-弗莱明模型的核心假设是一个资本完全流动的小型开放经济。如果经济体内外存在利率差异，则资本将通过自由流动来进行套利。而由于小型经济体并不拥有决定世界利率的能力，因此，该假设意味着经济体的利率 r 由给定的世界利率 r^* 外生决定，即：

$$r = r^* \tag{10-1}$$

我们将在本章末"问题与应用"部分的第 1 题放松这一假设，探讨蒙代尔-弗莱明模型中的利率差问题。

1. 产品市场与 IS^* 曲线

与 IS-LM 模型相比，蒙代尔-弗莱明模型考虑净出口。总产出 Y 是消费 C、投资 I、政府购买 G 和净出口 NX 之和。在封闭经济条件下，产品市场均衡的条件是 $S=I$，但在开放经济中，产品市场的均衡条件是 $S=I+$NX。此时，产品市场可以用以下方程表示：

$$Y = C(Y - T) + I(r) + G + NX(e) \tag{10-2}$$

其中，净出口 NX 反向取决于名义汇率 e。汇率 e 被定义为每一单位国内货币所能兑换到的外国货币量。实际汇率（ε）与名义汇率的关系是 $\varepsilon = eP/P^*$，其中，P 为国内价格水平，P^* 为国外价格水平。因为蒙代尔-弗莱明模型假设国内和国外价格水平都是固定的，所以实际汇率与名义汇率成稳定的比例。资本完全流动的假设 $r=r^*$ 简化了产品市场的均衡条件，我们用方程 IS^* 表示产品市场均衡：

$$Y = C(Y-T) + I(r^*) + G + NX(e) \qquad (10-3)$$

此时，IS^* 曲线表示产品市场均衡条件下产出 Y 和汇率 e 之间的关系。它依然向右下方倾斜，这表明汇率越高，产出水平越低，如图 10-2（c）表示。图 10-2 说明了其中的机制：在凯恩斯交叉图中，汇率上升使净出口下降，净出口的下降使计划支出线向下移动，从而产出减少。

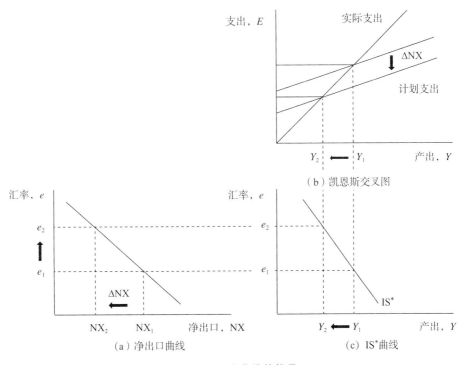

图 10-2　IS^* 曲线的推导

2. 货币市场与 LM^* 曲线

蒙代尔-弗莱明模型假设货币供给 M 和价格水平 P 都是外生给定的，且 $r=r^*$，因此我们用以下 LM^* 方程描述货币市场均衡：

$$M/P = L(r^*, Y) \tag{10-4}$$

由于利率由世界利率外生给定，因此，满足式（10-4）的只有一个产出水平。汇率没有进入 LM* 方程，因此，汇率并不会影响货币需求。在关于 Y 和 e 的坐标中，LM* 表现为一条垂直的线，如图 10-3 所示。

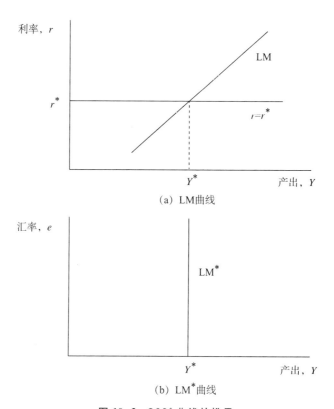

图 10-3　LM* 曲线的推导

3. 产品市场与货币市场均衡

产品市场和货币市场同时均衡，就构成了蒙代尔-弗莱明模型。

$$Y = C(Y - T) + I(r^*) + G + NX(e) \tag{10-5}$$

$$M/P = L(r^*, Y) \tag{10-6}$$

财政政策 G 和 T、货币供给数量 M、价格水平 P 和世界利率 r^* 均是外生变量。产出 Y 和汇率 e 是内生变量。在图 10-4 中，IS* 曲线和 LM* 曲线的交点表示满足产品市场和货币市场均衡的产出水平和汇率。

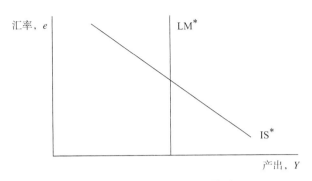

图 10-4 蒙代尔-弗莱明模型

第二节 浮动汇率下的分析

实行浮动汇率制的经济体的汇率由市场供求力量决定。财政政策、货币政策或贸易政策的改变会影响均衡。本部分运用蒙代尔-弗莱明模型分析浮动汇率制的小型开放经济体在上述冲击下的汇率、贸易余额和产出的短期变动。

1. 财政政策

假定政府采取增加政府购买或减税等扩张性财政政策，导致 IS^* 曲线向右移动，如图 10-5 所示。财政扩张使汇率上升，但由于 LM^* 曲线是垂直的，因此产出不变。这其中的机制是：扩张性财政政策使得储蓄减少，国内利率有向上的压力；国内资本收益率的提高引发资本流入，对本币需求增加，因而本

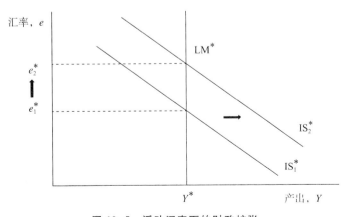

图 10-5 浮动汇率下的财政扩张

币升值，净出口降低。在我们的这个模型中，净出口的下降刚好抵消了财政扩张对产出的影响，使产出保持不变。因此，在浮动汇率条件下，依靠财政政策刺激经济失效。

2. 货币政策

我们现在考察货币政策。假定中央银行增加货币的供给，这使得 LM* 曲线向右移动，如图 10-6 所示。货币扩张使得货币供给增加，国内利率有向下的压力。国内市场资本收益率下降使得资本外流，因此对本币需求下降，本币贬值，刺激净出口，从而产出增加。因此，对于小型开放经济体，在汇率自由浮动的情况下，货币政策效果较为明显。

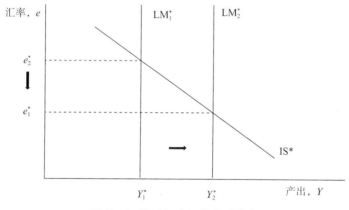

图 10-6 浮动汇率下的货币扩张

3. 贸易政策

当前，各国的贸易政策普遍表现为限制进口、鼓励出口的贸易保护主义政策。假定政府通过设置进口配额或征收关税来施加贸易限制，导致净出口曲线向右移动，即 IS* 曲线向右移动，如图 10-7 所示。贸易限制提高了汇率，但产出保持不变。其中的机制是：净出口曲线右移使产出 Y 产生向上的压力，从而对货币的需求增加，使国内利率产生向上的压力；国内资本收益率上升引发资本流入，本币需求增加，从而本币升值，降低了净出口 NX。NX 的上升和下降正好抵消，贸易余额不变。因此，在小型开放经济体中，当汇率自由浮动时，实施贸易保护主义政策并不能取得刺激经济的效果。

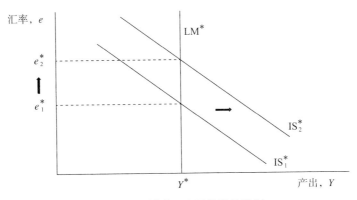

图 10-7 浮动汇率下的贸易限制

专栏 10-1

贸易保护主义

虽然经济全球化深入发展的趋势未发生根本性改变,但为了应对贫富差距扩大、收入不均等抱怨,一些发达国家从提倡"自由贸易"转向所谓的"公平贸易",这种逆全球化的思潮和贸易保护主义的抬头将导致贸易摩擦大幅增加。

美国针对中国的贸易摩擦和投资限制的举措与制度性安排等呈现明显增多、增强势头。2018年3月22日,美国贸易代表办公室公布了2017年8月发起的对华301调查结果,表示将对约600亿美元进口自中国的商品加征关税。4月3日,美国决定对中国约合500亿美元的1 300余种进口商品加征25%的关税。6月15日,美国贸易代表办公室发布了加征关税的商品清单,将对从中国进口的约500亿美元商品加征25%的关税。16日,中国国务院关税税则委员会发布公告,对原产于美国的659项约500亿美元进口商品加征25%的关税。7月6日,美国正式对340亿美元中国商品加征25%的关税,相应地,中国也于当日对340亿美元美国商品加征25%的关税。7月10日,美国贸易代表办公室公布了新一轮征税清单,拟对2 000亿美元的中国商品额外加征10%的关税。8月23日,美国对自中国进口的160亿美元产品加征25%的关税,中方随即展开对等反击。9月18日,美国政府宣布9月24日起将对约2 000亿美元中国商品加征新一轮关税,中方随即决定对原产于美国的约 600 亿美元商品加征 10% 或 5% 的关税。中美贸易摩擦在美对华增大关税征收力度、中国实施反制措施的不断博弈中逐渐升级为贸易争端。虽然中美进行了多轮经贸磋商，但双方的贸易问题仍不断升级。

我们在本章中基于蒙代尔-弗莱明模型对贸易保护主义的影响进行了分析。需要注意的是，这个模型的前提假设是一个小型开放经济。这实际上是一种理想的情况，贸易保护主义在现实中的具体效果如何，尤其是对于大型开放经济的效果如何，就需要我们进行更多的思考了。

参考文献

国务院发展研究中心"国际经济格局变化和中国战略选择"课题组，未来 15 年国际经济格局变化和中国战略选择，《管理世界》，2018 年，第 12 期。

原倩，萨缪尔森之忧、金德尔伯格陷阱与美国贸易保护主义，《经济学动态》，2018 年，第 10 期。

第三节　固定汇率下的分析

实行固定汇率制的经济体的货币与另一经济体的货币之间的汇率保持固定。我们再次运用蒙代尔-弗莱明模型，分析固定汇率制下的小型开放经济体进行财政扩张、货币扩张或进口限制对产出、汇率和贸易余额的短期影响。

1. 财政政策

假定政府采取扩张性财政政策，导致 IS^* 曲线向右移动，如图 10-8 所示。这使汇率产生了向上的压力。中央银行为了维持固定汇率，在外汇市场上用本币购买外币，增加了本国货币的供给，使 LM^* 曲线向右移动，从而得以将汇率维持在之前的水平。由此，财政的扩张导致产出的增加。因此，在固定汇率下，扩张性财政政策有效刺激了经济；反之，紧缩性财政政策导致产出的减少。

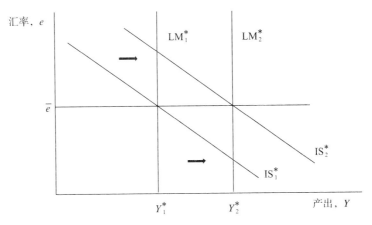

图 10-8 固定汇率下的财政扩张

2. 货币政策

假定中央银行增加货币供给,导致 LM^* 曲线向右移动,使汇率产生向下的压力。中央银行为了维持固定汇率,只能使 LM^* 曲线移回到初始位置,如图 10-9 所示。为了达到这个效果,中央银行在外汇市场用外币购买本币,从而减少了本币的供给,LM^* 曲线向左移动,汇率维持在之前的水平,产出不变。我们可以看到,在固定汇率制度下,中央银行只能放弃对货币供给的控制。因此,在固定汇率制度下,货币政策失效。

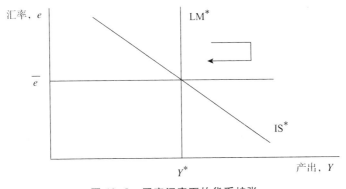

图 10-9 固定汇率下的货币扩张

3. 贸易政策

假定政府施加进口限制,使净出口曲线向右移动,即 IS^* 曲线向右移动,使汇率产生向上的压力,如图 10-10 所示。为了维持固定汇率,货币供给需要增加,LM*曲线需向右移动。为了达到这个目的,中央银行在外汇市场上用本币购买外币,以增加本币数量。我们可以看到,贸易限制增加了净出口,提高了产出水平。因此,在固定汇率制下,贸易保护主义政策有效。

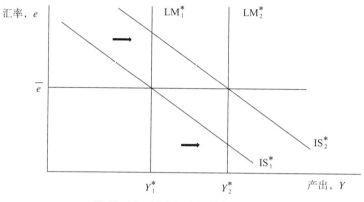

图 10-10 固定汇率下的贸易限制

■ 专栏 10-2

大型开放经济

到此为止,基于 IS-LM 框架,我们分析了封闭经济和小型开放经济的情况。然而,这都是极端的情况。现实的经济社会往往是这两种极端情况的调整或变形,例如,大型开放经济。对大型开放经济的分析需要将封闭经济的分析逻辑和小型开放经济的分析逻辑相结合。大型开放经济可以有独立的货币政策,也允许国际资本流动对经济产生影响。此时,利率是内生的,但也存在资本的流动。所以,我们可以在封闭经济的 IS-LM 模型上进行调整,以纳入资本流动的影响。其中的一种变形是对 IS 曲线进行调整。在开放经济条件下,$Y = C(Y-T) + I(r) + G + NX(e)$。我们在前面的分析中已经了解到,在均衡时,国际贸易余额等于资本净流出,而资本净流出是利率的负函数,即 $NX(e) = CF(r)$。因此,$Y = C(Y-T) + I(r) + G + CF(r)$,而 LM 曲线保持不变,仍然为 $M/P = L(r, Y)$。由此,我们得到大型开放经济的 IS-LM 模型:

$$Y = C(Y - T) + I(r) + G + CF(r) \tag{10-7}$$

$$M/P = L(r, Y) \tag{10-8}$$

在这一调整后，利率可以通过资本流动来影响产出。例如，当国内利率下降时，国内利率低于世界利率，世界资本回报上升从而导致资本外流。对本币需求的下降使得本币贬值，出口增加，从而拉动产出。因此，利率的作用变得更大了，它同时通过投资和资本流动来影响产出，在 IS-LM 图中表现为 IS 曲线更为平坦。

第四节 中国案例：固定汇率制下的港澳经济

作为"一国两制"下的两个特别行政区，香港和澳门均可被理解为小型开放经济。《中华人民共和国香港特别行政区基本法》第一百一十条第二款规定，香港特别行政区政府自行制定货币金融政策；第一百一十一条第一款规定，港元为香港特别行政区法定货币。《中华人民共和国澳门特别行政区基本法》对澳门的货币制度也进行了阐述：第一百零八条第一款规定，澳门元为澳门特别行政区的法定货币。第一百零八条第二款规定，澳门货币发行权属于澳门特别行政区政府。以澳门为例，根据《中华人民共和国澳门特别行政区基本法》，特区政府授权两家商业银行在澳门发行银行纸币，这两家银行分别为大西洋银行和中国银行澳门分行。两家发钞行发行纸币时必须按照联系汇率制度以指定的汇率，即 1 港元兑 1.03 澳门元，向澳门金融管理局（以下简称"金管局"）交出港元。

博彩业是澳门的支柱产业，2019 年，博彩及博彩中介业（gaming and junket activities）增加值占澳门 GDP 的 51%。澳门博彩业的客源来自世界各地，其中主要是来自内地的游客。2019 年，内地游客占澳门客源的 71%。因此，任何导致澳门与内地之间通关安排发生变动的外生事件都将影响澳门的经济。新冠疫情下两地通关便利化的停止就是一个例子。下面我们在固定汇率制度下，使用蒙代尔-弗莱明模型分析外生冲击对澳门经济的影响及政府的可能应对措施。

如图 10-11 所示，随着产品市场需求的下降，IS^* 曲线左移，澳门币有贬值的压力。为了维持汇率，金管局可以动用储备购回澳门币，使得流通中的澳门币数量相对减少，LM^* 也同时左移，由此维持汇率稳定。

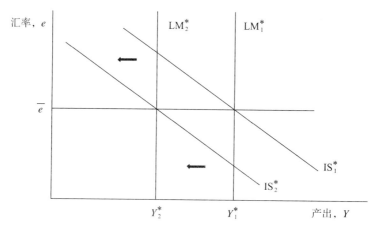

图 10-11 固定汇率下金管局维持汇率稳定

但是，实际上 IS* 左移的幅度并没有那么大，它被澳门当地的经济纾困政策所抵消。例如，澳门特区政府推出了"2021保就业、稳经济、顾民生计划"，其中的"电子消费优惠计划"旨在纾民困、稳经济。根据"电子消费优惠计划"，凡持有效或可续期的澳门永久性或非永久性居民身份证的人士，成功登记并经核实后，每人将获发 5 000 澳门元启动金及 3 000 元立减额。假设电子消费券等纾困措施能促进市民消费，则 IS* 曲线将适度向右移动，如图 10-12 所示。此时，LM* 左移的幅度就被一定程度地抵消了。

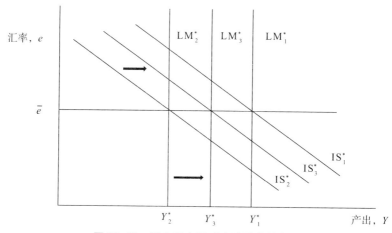

图 10-12 固定汇率下对本地需求的刺激

资料来源：《中华人民共和国澳门特别行政区基本法》、澳门金融管理局（https://www.amcm.gov.mo/）、澳门特别行政区政府统计暨普查局（https://www.dsec.gov.mo/zh-CN/）。

前沿拓展与文献速递

在经济学研究中,有不少文献基于标准的蒙代尔-弗莱明模型进行拓展,以更好地解释现实经济。朱杰(2002)认为对开放经济下财政政策有效性的分析不应忽视私人部门的外债存量,他将其纳入浮动汇率制下的蒙代尔-弗莱明模型,分别从短期和长期的角度分析国债融资的财政扩张对汇率的调整压力。章和杰和陈威吏(2008)根据中国的实际情况,提出了基于篮子货币汇率制度的蒙代尔-弗莱明模型,并在此修正的框架下对扩张财政政策对于国民收入的影响进行了分析。然而,随着经济现象越来越复杂,蒙代尔-弗莱明模型的假设和解释力也遭遇了挑战,例如,Blanchard 等(2016)提出了资本流动异质性条件下出现的两种不同效应:一方面,根据蒙代尔-弗莱明模型,为追求更高回报的资本流入对本币需求的增加导致了本币升值,从而不利于出口,因此对经济的影响是收缩性的;另一方面,更低的借贷成本导致的资本流入则推动信贷扩张,对经济产生扩张作用,这类资本包括外商直接投资、本地股票等。因此,资本流入对短期经济的最终影响将取决于两种不同资本流动的大小比较。

参考文献

朱杰,开放经济下私人部门外债与财政政策有效性分析:基于 M-F 模型的理论视角,《世界经济》,2002 年,第 9 期。

章和杰、陈威吏,扩张财政政策对内外均衡的影响分析——基于篮子货币汇率制度下的蒙代尔-弗莱明模型,《统计研究》,2008 年,第 10 期。

Blanchard, O., Ostry, J. D., Ghosh, A. R. and Chamon, M., Capital Flows: Expansionary or Contractionary?, *American Economic Review*, 2016, 106(5), 565–569.

本章总结

蒙代尔-弗莱明模型可以被称为开放经济条件下的 IS-LM 模型。在本章中,我们先回顾了小型开放经济的定义,然后分别构造了开放经济条件下的 IS 曲线和 LM 曲线。基于蒙代尔-弗莱明模型,我们分别考察了在浮动汇率制度和固定汇率制度下,宏观财政政策、宏观货币政策、贸易限制政策所引起的经济波动。封闭经济和小型开放经济是两个较为极端的理论假设,现实经济往往是更复杂的,因此我们在专栏中介绍了大型开放经济的基本框架。最后在中国案例中,我们探讨了固定汇率制下的港澳经济波动。

问题与应用

1. 本章的分析均假设 $r=r^*$。但现实中,各国的利率存在一定的差异,国内利率不等于世界利率,其原因有两个:第一,国家风险。投资者购买不发达国家的政府债券或向这些国家贷款时,由于担心政治动乱造成本息的拖欠,因此往往要求这些国家的债务人支付更高的利率以补偿债权人对这种风险的承担。第二,预期的汇率变动。当人们预期 A 国的通货相对于 B 国贬值时,为补偿这种预期的汇率变动,A 国的利率将高于 B 国。请思考,当存在利率差时,经济的均衡点与本章的分析有什么不同?

2. 本章考察了开放经济条件下的短期经济波动分析。结合上一章封闭经济条件下的 IS-LM 模型,请思考中国和美国属于哪种类型的经济体,原因何在。

3. 请分析在封闭经济和开放经济条件下,政府购买的挤出效应发生的不同路径。

4. 人民币汇率问题一直是大家热烈争论的问题。假设我国放开资本管制,请思考人民币汇率将会上升还是下降。

5. 假设存在以下开放经济:$C=100+0.8\times(Y-T)$,投资为 100,税收为 100,政府购买为 60,净出口 $NX = 100 - 5e$。货币市场均衡时的产出水平是 1 000。

(1) 求 IS^* 曲线的表达式。

(2) 求 LM^* 曲线的表达式。

(3) 求短期均衡的汇率和产出。

6. 请描述在大型开放经济条件下,居民对未来经济发展预期乐观的影响。

第十一章
AD-AS 模型

本章概览

本章介绍 AD-AS 模型的构建和应用。在第一节中，我们首先介绍短期和长期总供给曲线，然后在第二节分别从 IS-LM 模型和蒙代尔-弗莱明模型推导出总需求曲线。第三节和第四节使用 AD-AS 模型分析外生的需求冲击和供给冲击对经济的短期影响以及经济长期恢复过程，并介绍稳定化政策的操作过程。第五节和第六节介绍总供给曲线的变形，包括向右上方倾斜的短期供给曲线和非线性的总供给曲线。最后介绍一个使用 AD-AS 模型分析中国公共卫生事件对经济冲击的影响案例。

本章主要内容如图 11-1 所示。

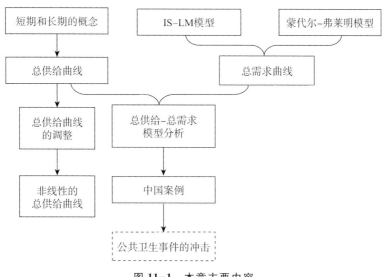

图 11-1　本章主要内容

第一节 总供给曲线

AD-AS 模型即总需求—总供给模型，它将总需求和总供给结合起来解释国民收入的决定以及相关经济现象。其中，总供给（aggregate supply，AS）曲线描述产品与服务的供给量和物价水平之间的关系，即在某个价格水平上厂商所愿意供给的产品总量。所有厂商愿意供给的产品总量取决于它们在提供这些产品时所得到的价格，以及它们在生产这些产品时所必须支付的劳动与其他生产要素的费用。由于价格的调整需要一定的时间，因此，价格能灵活调整的时间称为长期，而在短期内，价格具有黏性来不及调整，因此，我们需要分别考察长期和短期的总供给曲线。

1. 长期：垂直的总供给曲线

古典理论相对适合于描述经济在长期中的行为，此时，产量取决于固定的资本、劳动力及技术，即：

$$Y = F(\bar{K}, \bar{L}) = \bar{Y} \qquad (11-1)$$

$\bar{Y}$ 被称作产出的充分就业（full-employment）或自然（natural）水平。它是使经济的资源得到充分利用，失业处于自然失业率水平的产出水平。我们发现，产出并不取决于物价水平，因此，在图 11-2 中，总供给曲线是一条垂直于潜在产出 $\bar{Y}$ 的直线，我们用长期总供给曲线（LRAS）来表示。

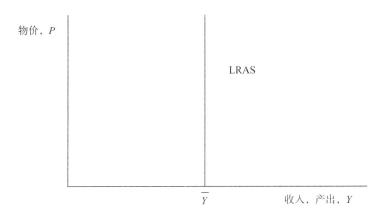

图 11-2 长期总供给曲线

2. 短期：水平的总供给曲线

在短期内，价格水平具有黏性。在一种极端的情况下，消费者愿意购买多少产品，企业就愿意出售多少产品。此时，总供给曲线就表现为一条水平的曲线，如图 11-3 所示，我们用短期总供给曲线（SRAS）来表示。

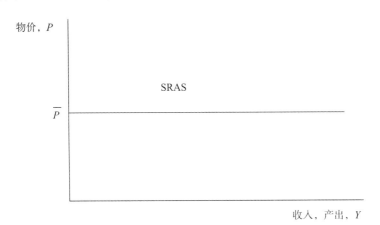

图 11-3　短期总供给曲线

我们把长期的总供给曲线和短期的总供给曲线放在一张图中，见图 11-4。在介绍了总需求曲线之后，我们就可以利用这些曲线去做分析。

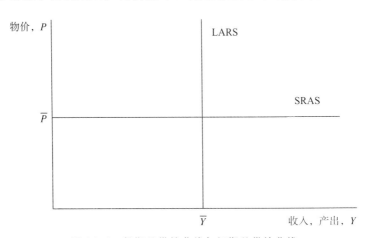

图 11-4　长期总供给曲线与短期总供给曲线

第二节 总需求曲线

总需求（aggregate demand，AD）曲线描述的是需求量与物价水平之间的关系，即在任何一种固定的物价水平上人们想购买的产品与服务量。总需求曲线是在货币供给等外生变量给定的情况下给出的，我们可以从 IS-LM 模型或蒙代尔-弗莱明模型推导出总需求曲线。

1. 从 IS-LM 模型到总需求曲线

我们先考察封闭经济的情况。总需求曲线是价格 P 和产出 Y 之间的关系，那么我们可以考察当物价水平上升时，产出如何变化。如图 11-5 所示，在（a）中，对于任一给定的货币供给 M，价格水平 P 的提高都会减少实际货币余额的供给 M/P，使得 LM 曲线向上方移动，这使均衡利率上升，投资下降，从而均衡收入下降。因此，物价水平从 P_1 上升到 P_2，而均衡收入从 Y_1 下降到 Y_2。图 11-4（b）中的总需求曲线描述了国民收入与物价水平之间的负向关系。由此我们可知，总需求曲线上对应的点表示了在每种物价水平上 IS-LM 模型的一组均衡点。

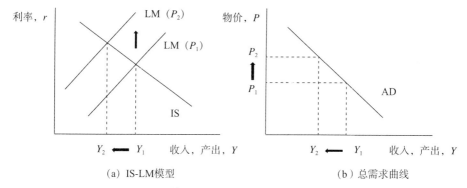

（a）IS-LM模型　　　　　　　（b）总需求曲线

图 11-5　基于 IS-LM 模型推导出总需求曲线

因此，在给定的价格水平下，使 IS 曲线和 LM 曲线移动的因素将导致总需求曲线的移动。例如，在任何给定的物价水平下，货币供给的增加（扩张性货币政策）都会使 IS-LM 模型中的 LM 曲线向下移动，从而收入增加。相对应地，AD 曲线右移，表明在每种价格水平下对应的均衡收入都增加了，如图 11-6（a）所示。同样，政府购买的增加或减税（扩张性财政政策）都会在给定的物价水平下使 IS 曲线向右移动，从而收入增加。这也使得总需求曲线向右移动，如图 11-5（b）所示。相反地，货币供给的减少、政府购买的减少、税收的增加等行为都使 IS-LM 模型中的均衡收入减少，使总需求曲线向左移动。此外，所有对产品市场（IS 曲线）和货币市场（LM 曲线）的冲击都有可能使得总需求曲线移动。

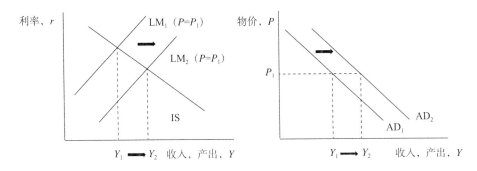

（a）扩张性货币政策

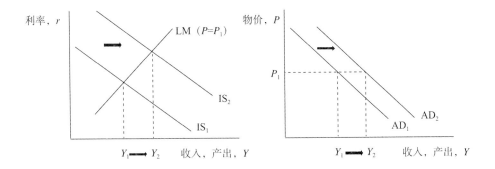

（b）扩张性财政政策

图 11-6　货币与财政政策如何使总需求曲线移动

下面，我们基于 IS-LM 模型描述长期中物价水平调整对经济的影响。图 11-7（a）绘制了 IS 曲线、LM 曲线以及长期总供给曲线。假设短期均衡是 K 点，在这一点 IS 曲线与 LM 相交，物价水平黏滞在 P_1 上。此时均衡产出低于其自然水平 $\bar{Y}$，这意味着经济衰退。因此，在长期中，对衰退中低需求的反应是工资与物价水平的下降。这使得实际货币余额上升，LM 曲线向下移动，直到 LM 曲线与 IS 曲线相交于 C 点，均衡产出等于自然水平 $\bar{Y}$，经济达到长期均衡，此时物价水平达到 P_2。图 11-7（b）显示了总供给曲线与总需求曲线的运动和 IS-LM 模型的运动相同的情况。当物价水平为 P_1 时，短期总供给曲线 $SRAS_1$ 与总需求曲线 AD 的交点为 K 点，此时均衡产出低于自然水平。在长期中，对低需求的反应为工资与物价水平下降，短期总供给曲线向下移动，均衡点沿着 AD 曲线移至 C 点，产出上升并最终达到自然率水平 $\bar{Y}$。

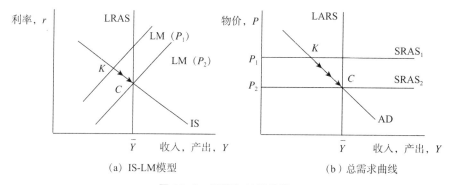

图 11-7　短期与长期均衡

2. 从蒙代尔-弗莱明模型到 AD 曲线

现在我们考察开放经济的情况。因为我们现在要考察价格调整，所以经济中的名义汇率和实际汇率不再保持一致的运动了。因此，我们必须区分这两个变量：名义汇率为 e，实际汇率为 ε，并且实际汇率等于 eP/P^*。净出口取决于实际汇率。我们可以把蒙代尔-弗莱明模型写成：

$$IS^*: Y = C(Y-T) + I(r^*) + G + NX(\varepsilon) \tag{11-2}$$

$$LM^*: \frac{M}{P} = L(r^*, Y) \tag{11-3}$$

图 11-8 显示了当物价水平下降时所发生的情况。由于较低的物价水平增加了实际货币余额，LM^* 曲线向右移动，如图 11-8（a）所示，实际汇率贬值，净出口增加，均衡收入水平提高了。正如图 11-8（b）所示，总需求曲线描述了物价水平和收入水平之间的负相关关系。

由此，总需求曲线表示在开放经济条件下不同的物价水平所对应的产品市场和货币市场的一组均衡。同样地，在物价水平的变动外，任何改变均衡收入的因素都会使总需求曲线移动。给定价格水平下，增加收入的政策或冲击使总需求曲线向右移动；而减少收入的政策或冲击则使总需求曲线向左移动。

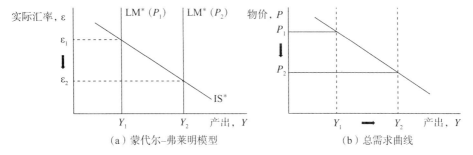

图 11-8　基于蒙代尔-弗莱明模型推导出总需求曲线

我们可以用图 11-9 来说明从短期走向长期的变化。在（a）、（b）两图中，K 点都描述了短期均衡。在这一均衡上，产出低于自然率水平。随着时间的推移，低需求导致物价水平下降。价格水平的下降增加了实际货币余额，使 LM^* 曲线向右移动。实际汇率贬值，因而净出口增加，产出增加。最终经济达到 C 点，达到长期均衡。

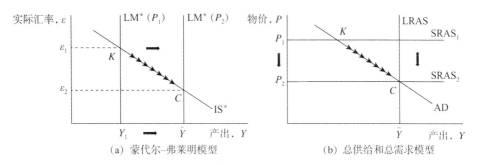

图 11-9　小型开放经济中的短期与长期均衡

第三节　AD-AS 模型分析

我们可以使用 AD-AS 模型来解释短期经济波动。根据之前的假设，在长期中，如果总供给曲线是垂直的，那么，总需求的变动只影响价格水平但不影响产出。如图 11-10 所示，如果货币供给减少，总需求曲线向左移动。经济从 A 点移动到新的 B 点。但总需求的移动只影响物价，产出依然处于自然率水平。由此，产出水平并不取决于货币供给。

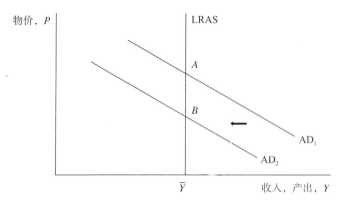

图 11-10 长期总需求的移动

但在短期内，在极端假设下，总供给曲线是水平的。在这种情况下，总需求变动影响产出水平。例如，如果央行减少货币供给，总需求曲线如图 11-11 所示向左移动。经济从交点 A 点移动到 B 点，产出减少。

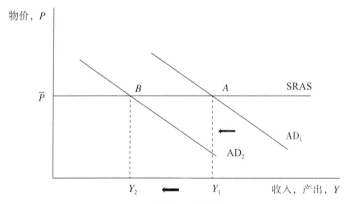

图 11-11 短期总需求的移动

那么，经济如何从短期走向长期？假设经济最初处于图 11-12 中所示的长期均衡 A 点。当经济实现长期均衡时，也必定处于短期均衡状态。因此，在 A 点上，总需求曲线、长期总供给曲线以及短期总供给曲线相交。假设央行减少货币供给，总需求曲线向左移动，如图 11-13 所示。在短期内，物价是黏性的，因此经济从 A 点移动到 B 点。产出与就业下降到低于自然水平，这意味着经济处于衰退中。随着时间的推移，工资与物价下降。价格水平的逐渐下降使经济向下沿着总需求曲线移动到 C 点，这是新的长期均衡。产出和就业回到其自然水平，但物价比原来的长期均衡（A 点）时低了。因此，总需求曲线的移动在短期内影响产出，在长期中影响价格。

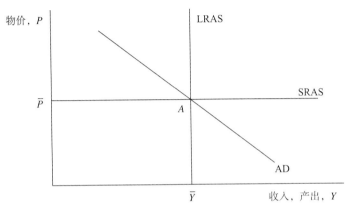

图 11-12　长期均衡

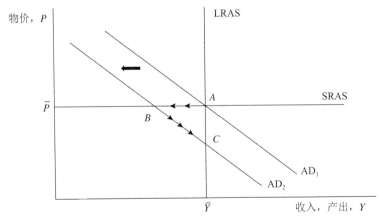

图 11-13　总需求减少

我们现在可以看到凯恩斯主义与古典主义在国民收入决定问题上的差别。凯恩斯主义的假设是物价水平具有黏性，因此，在货币政策、财政政策以及总需求的其他决定因素的冲击下，产出可能偏离其自然率水平。古典主义假设物价水平具有完全的灵活性，因此，物价水平的调整保证国民收入总是处于自然率水平。每一种假设都具有部分合理性。古典假设相对适合分析长期经济，此时产出等于自然率水平，而凯恩斯主义假设相对适合描述短期经济。

第四节 冲击与稳定政策

经济波动来自总供给或总需求的冲击（shock），包括使总需求曲线移动的需求冲击（demand shock）和使总供给曲线移动的供给冲击（supply shock）。我们已经使用总需求与总供给模型来说明这些冲击如何引起经济的波动。另外，对于这些经济波动，宏观经济政策可能做出反应以稳定经济波动。稳定政策（stabilization policy）表示旨在减少短期经济波动严重性的政策行为。由于产出和就业的波动围绕其长期自然水平，因此稳定政策通过使产出与就业尽量接近其自然水平而减轻经济周期的波动。在以下部分，我们以货币政策为例，考察货币政策如何对冲击做出反应及其经济后果。

1. 对总需求的冲击

考虑一个需求冲击的例子：信用卡的发明及发展。信用卡通常是一种比现金更方便的支付办法，减少了人们选择持有的货币量。在交易总价格不变的情况下，货币需求的减少使得货币流通速度加快。货币流通速度的加快引起总需求曲线的向右移动，正如图11-14所示。在短期内，需求的增加引起经济的产出增加——均衡点由 A 变为 B。在原来的价格水平上，企业现在出售了更多产品。因此，他们雇用更多工人，并充分地使用机器与设备。

随着时间的推移，总需求的高水平拉高了工资与物价。随着物价水平的上升，对产量的需求减少了，经济逐渐接近生产的自然水平，均衡点恢复到 C 点。但在到达 C 点以前，经济的产出高于其自然水平。为了应对偏离自然率这一情况，央行可以减少货币供给以抵消货币流通速度的加快。这样一来，AD 曲线将向左移动，使得 AD 曲线与短期供给曲线 SRAS 重新相交于 A 点，产出可恢复到自然率水平。

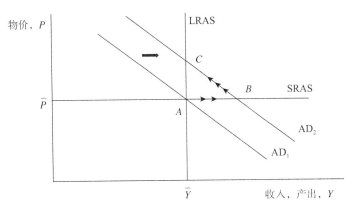

图 11-14 总需求的增加

2. 对总供给的冲击

对总供给的冲击也和对总需求的冲击一样，会引起产出的波动。不同的是，供给冲击是通过改变生产成本进而改变企业定价来进行的，因此，供给冲击有时也被称为价格冲击（price shock）。例如，不利的气候条件使得农产品供给减少，从而推动食物价格的上升；环保法案的实施使得企业增加环保的成本，从而使得产品价格上升；工会力量或最低工资法案等提高了工人的工资，进而使得产品价格上升；国际石油组织通过限制竞争，提高世界石油价格，从而普遍增加生产成本。以上这些冲击均属于不利的供给冲击，因为它们推高了成本以及价格；相反，对于降低了成本和价格的冲击，则称为有利的供给冲击。

图 11-15 描述了一种不利的供给冲击的影响。短期总供给曲线向上移动。如果总需求保持不变，经济均衡从 A 点移动到 B 点，此时物价水平上升而产出低于自然水平。像这样的情况通常被称为滞胀（stagflation），它同时具有停滞（产出下降）和通货膨胀（物价上升）两种现象。从短期走向长期，价格下降，直到经济恢复到原来的水平（A 点）。

如果政策当局想在短期内使得产出恢复自然率水平，则可以采用刺激总需求的政策，如图 11-16 所示。此时总需求曲线向右移动，经济立即从 A 点移动到 C 点。但是，在这种情况下，物价持久地保持在较高水平上。

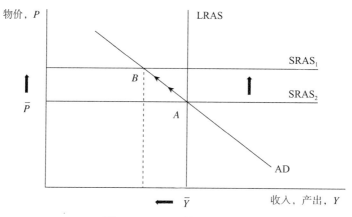

图 11-15 不利的供给冲击

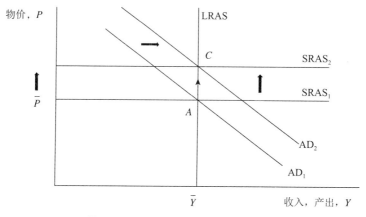

图 11-16 对不利的供给冲击的调节

第五节 总供给曲线的调整

到目前为止,我们假设短期总供给曲线是一条极端的水平线。但是,有的理论说明短期总供给曲线是一条向右上方倾斜的曲线,如下式所示:

$$Y = \bar{Y} + \alpha(P - P^e) \tag{11-4}$$

式(11-4)引入了预期价格的概念,即 P^e。当价格高于预期价格时,企业愿意生产更多的产品,产出则高于自然率水平;相反,如果物价水平低于预期的物价水平,产出则低于其自然率水平;而当价格恰好等于预期价格时,产出等于自然率水平。因此,预期价格水平即为产出达到潜在产出水平时的实际价格。这些特征如图11-17所示。要注意的是，P^e变动时总供给曲线也会移动。

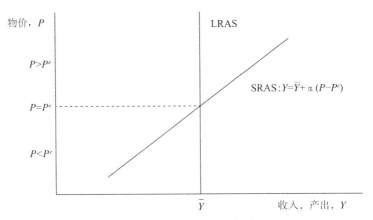

图 11-17　短期总供给曲线

下面我们把向右上方倾斜的总供给曲线与总需求曲线放到一起进行分析。如图11-18所示，假设总需求增加。在短期内，均衡从A点变动到B点。实际物价水平从P_1上升到P_2，产出从Y_1增加到Y_2，这超过了自然率水平$\bar{Y}$。因此，未预期到的总需求扩张使经济出现繁荣。在长期中，预期的物价水平发生改变，它上升到现实的水平，导致短期总供给曲线向上移动。随着预期的物价水平从P_2^e上升到P_3^e，经济的均衡从点B移动到点C，实际物价水平由P_2上升到P_3，而产出从Y_2减少到Y_3。由此，经济又恢复到长期的自然率水平，但是价格水平永久性地提高了。

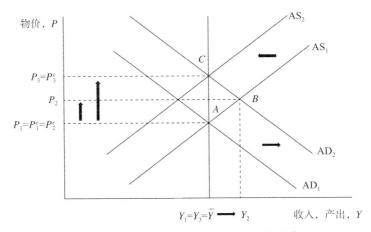

图 11-18　总需求的移动如何导致短期波动

■ 专栏 11-1

非线性总供给曲线与政策效果

我们已经介绍了短期、长期总供给曲线及其调整,然而,在使用 AD-AS 模型对经济进行解释时,学者们认为,一条非线性的总供给曲线更能说明现实,它能将我们前面所描述的不同形状的总供给曲线结合起来。如图 11-19 所示,这样的非线性 AS 曲线综合了短期总供给曲线和长期总供给曲线的特征。当产出 Y 较低时,距离潜在产出(即充分就业时的产出)较远,社会闲置资源较多,表现为较平坦的 AS 曲线,类似于前面所述的短期 AS 曲线。此时,一项扩张性的宏观经济政策使得 AD 曲线右移,均衡点从 A 点移动到 B 点,拉动产出从 Y_1 增加到 Y_2,价格小幅上升。当产出较高时,产出接近潜在产出,资源比较紧张,AS 曲线变得比较陡峭,类似于前面所述的长期 AS 曲线。此时,一项扩张性的宏观经济政策使得 AD 曲线右移,均衡点从 B 点移动到 C 点,拉动产出从 Y_2 增加到 Y_3,价格大幅上升。我们比较一下就会发现,AD 移动同样的距离,在较为平坦的 AS 曲线下,产出增加较大,而在陡峭的 AS 下,产出增加较小。平坦和陡峭的 AS 曲线分别对应着学者们所谓的"凯恩斯区域"和"古典区域",而两者之间的一个过渡情况则类似于前面所述的经过调整之后的向右上方倾斜的 AS 曲线。

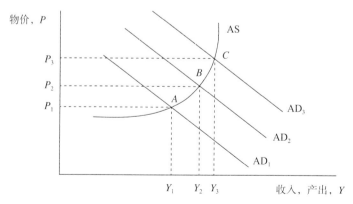

图 11-19 非线性总供给曲线与政策效果

基于这样一条非线性的 AS 曲线,我们可以解释经济出现一次波动的过程。当经济处于萧条阶段时,产出远离潜在产出水平,失业率较高,企业投资行为比较谨慎,社会资源较多。此时,AS 曲线趋于水平,一项扩张性的财政政策可以较大幅度地刺激投资,拉动产出,但不会大幅提高价格水平。随着经济的恢复,AS 曲线逐步变成向右上方倾斜的曲线,此时 AD 曲线的右移将同时拉动产出,提高价格。随着经济继续恢复到潜在产出水平,AS 曲线趋于垂直,失业率较低,资源利用率较高。此时,扩张性的财政政策无法大幅促进投资,产出增加有限,但引起资源的进一步紧张,价格大幅上涨。

第六节 中国案例:公共卫生事件的冲击

公共卫生事件对人类社会的冲击一直存在,例如1918年大流感、各种季节性流感、2003年的严重急性呼吸综合征(SARS)等。对于2019年年末以来出现的不明原因肺炎病例,世界卫生组织(WHO)于2020年2月正式将它命名为 Corona Virus Diseaes 2019(COVID-19),即我们所称的新型冠状病毒。COVID-19 在短时期内迅速在中国及世界蔓延,冲击着全世界民众的生活和生产。为了抑制病毒的扩散,各地政府均出台了控制人员流动的措施,物流、人流、室内消费等活动显著减少,这些措施有效阻隔了病毒的传播,但也对生产和生活产生了巨大的影响。

基于 AD-AS 模型,公共卫生事件对经济的影响可以从两个方面加以考虑。一方面,公共卫生事件对供给造成不利的冲击,例如,由新冠疫情所导致的停工停产造成生产成本的上升。如图 11-20 所示,短期总供给曲线向上移动,如果此时总需求不变,经济将从原均衡点 A 点移动到 B 点,物价水平从 P^* 上升至 P_1,产出由自然水平 $\bar{Y}$ 下降至 Y_1,具有"滞胀"的特征。如果决策当局不干预经济,那么随着疫情的结束,各地企业逐步复工,长期来看总供给曲线会回到$SRAS_1$,经济恢复到长期均衡点 A 点。

然而,为了在短期内恢复经济,政府出台政策扩大总需求,使经济更快地达到自然水平。例如,公共卫生事件发生后,政府实施积极的财政政策或积极的货币政策,使总需求曲线向右上方移动,如图 11-21 所示。从图中可

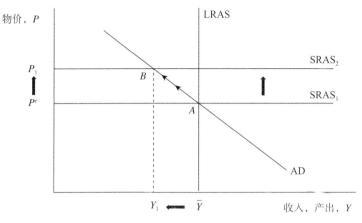

图 11-20 不利的供给冲击

以看到，总需求曲线由 AD_1 向右移动到 AD_2，经济从 B 点移动到 C 点，物价水平维持在 P_1，而产出恢复到自然水平 $\bar{Y}$。C 点是一个新的长期均衡点，产出维持在充分就业的水平但是伴随着高物价。

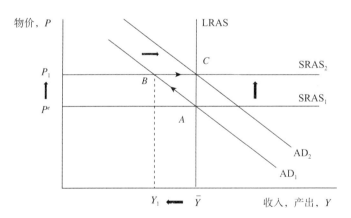

图 11-21 对不利的供给冲击的调节

另一方面，公共卫生事件对需求造成不利的冲击。比如，由于新冠疫情的传播，人们会取消旅游计划、减少外出购物次数、延迟大宗商品的购买等，大量减少对生活非必需品的需求会增加暂时性储蓄，使得总需求曲线左移。如图 11-22 所示，在短期内，需求的减少引起经济产出的减少，这导致经济萧条。疫情的冲击使得经济从 A 点移动到 B 点，在 B 点，产出低于自然水平。如果决策当局不干预，那么随着时间的推移，企业对低需求做出反应，工资和物价水平下降，经济恢复到长期均衡点 C。然而，政府可以出台刺激总需求的政策，使得总需求曲线向右移动，这样，在短期内均衡点恢复到 A 点。

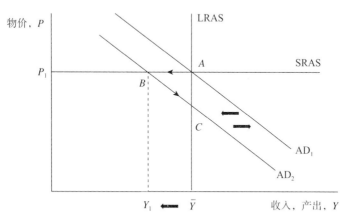

图 11-22　不利的需求冲击及调节

前沿拓展与文献速递

供给和需求的均衡及变动共同决定经济波动。在不同的背景下，对供给侧和需求侧的关注有所不同。陈昆亭和周炎（2020）提出"有限需求"的假说，认为有限需求的形成有两种情形：主观实际的需求饱和以及由财富约束所造成的被动的需求有限。在"有限需求"假说下，促进经济增长的途径在于不断增大需求空间、优化社会财富分配、增加家庭可支配收入等。传统观点认为，财政政策的影响属于需求侧，但郭长林（2016）认为生产型财政政策能够从供给侧对通货膨胀及其预期产生抑制作用。例如，我国政府自 1998 年以来所实施的扩张性财政政策主要集中投向基础设施建设等领域，具有相当程度的生产性。欧阳志刚和彭方平（2018）则认为供给侧和需求侧的驱动力不仅各自推动经济增长，它们还相互作用，形成合力共同推动经济增长的长期趋势和短期波动。但需求侧的投资增加不会显著带来供给侧的制度变迁、产业升级和人力资本积累的持续上升。

参考文献

陈昆亭、周炎，有限需求、市场约束与经济增长，《管理世界》，2020 年，第 4 期。

郭长林，被遗忘的总供给：财政政策扩张一定会导致通货膨胀吗？，《经济研究》，

2016年，第2期。

欧阳志刚、彭方平，双轮驱动下中国经济增长的共同趋势与相依周期，《经济研究》，2018年，第4期。

本章总结

本章介绍了 AD-AS 模型的框架和应用。首先，我们构造了短期和长期总供给曲线。接着，分别从 IS-LM 模型和蒙代尔-弗莱明模型推导出总需求曲线。基于 AD-AS 模型，我们对经济波动进行了分析，包括需求冲击和供给冲击，并讨论经济在外生冲击下从短期走向长期的过程。最后，我们基于 AD-AS 模型，对公共卫生事件冲击的影响进行了分析。

问题与应用

1. 请分析以下冲击下经济的短期均衡情况，以及如何从短期均衡走向长期均衡。如果政策当局想在短期内恢复均衡，可以采取什么措施？

（1）发生旱涝等自然灾害。

（2）居民对未来收入的预期更为乐观。

（3）最低工资法案提高了工人最低工资水平。

2. 如果经济在外来冲击下偏离自然率水平，那么政策当局是否应该采取措施在短期内使经济恢复均衡？为什么？

3. 假设 IS 曲线为 $Y = 100 - 2r$，LM 曲线为 $\left(\dfrac{M}{P}\right)_d = 10Y - 20r$，名义货币供给量为 200，求 AD 曲线。

4. 短期总供给曲线和长期总供给曲线有什么不一样？为什么？

5. 根据总需求曲线的理论基础，为什么价格水平和总需求呈反向关系？

第十二章
菲利普斯曲线：中国与世界

本章概览

如果中央银行能够通过调整货币供应量来影响失业率，那么它能让失业率一直低于自然失业率吗？本章将通过讨论菲利普斯曲线来回答这一问题。第一节讨论失业与通货膨胀之间存在的短期取舍关系。短期来看，失业率和通货膨胀率负相关。这一关系于1958年由威廉·菲利普斯（William Phillips）首次提出，后来被称为短期菲利普斯曲线（Phillips curve）。然而，长期来看，现实数据显示失业率和通货膨胀率之间并不是简单的负相关关系。第二节介绍现代菲利普斯曲线。在考虑失业率所代表的宏观需求的前提下，现代菲利普斯曲线考虑了通货膨胀预期和供给冲击对通胀率的影响，能更好地解释现实数据。短期内，增加货币供给所带来的通货膨胀会降低失业率。但是，长期来看通货膨胀率上升可能只会提高人们的通货膨胀预期，而不会导致失业率下降。事实上，菲利普斯曲线和之前章节介绍的总供给曲线是一体两面的，第三节将说明这一结论。最后，第四节将介绍中国香港的案例，用现实数据展示菲利普斯曲线。

本章主要内容如图12-1所示。

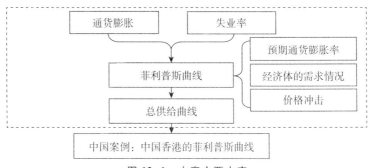

图12-1　本章主要内容

第一节 通货膨胀与失业之间的短期权衡

考虑一个繁荣的经济状态：较低的失业率、较高的产出以及较高的通货膨胀率。我们假设此时失业率低于自然失业率，产出大于潜在产出。这意味着企业以无法长期维持的过高产量进行着生产。企业如何才能生产超出潜在产出的产量？它们为什么会做出这样的决定？我们设想这样一种情况。假设在中国，每年的春节前会出现一个消费的旺季，年货的需求量大幅上升。生产年货的企业让工人加班加点，或者雇用更多的临时工人以满足需求的增长，而生产设备的日常维护可能会推迟一段时间。通过这些临时措施，企业可以在短期内扩大产量。然而，这将会导致同样的产品可能在春节前后价格迅速上涨，原因至少有两个：其一，生产成本更高，比如原材料的价格因为需求增加也随之上升，或是雇用更多临时工人以及给予加班的工人更高的工资。其二，即使产量增加了，人们对年货的需求还是很高，产品依然供不应求。

在一个产出高于潜在产出的繁荣经济体中，所有的企业都像是生产年货的企业。在这种情况下，企业试图扩大生产，满足更高的需求并利用高需求获取更多的利润。为了扩大生产，企业会雇用更多的工人。这必然伴随着失业率的下降。同时，生产成本的上升和需求的上升将促使企业提高价格。当众多的企业都将价格提高时，通货膨胀率随之上升。于是，在繁荣的经济体中，我们往往会观察到较低的失业率和较高的通货膨胀率。

再来设想另一种情况，此时经济陷入衰退，产出水平低于潜在产出水平。企业看到市场对产品的需求非常小，因而减少劳动力雇佣。如果大量的企业减少劳动力雇佣，人们将难以找到工作，失业率高于自然失业率。与此同时，较低的需求将使得企业难以提高价格，甚至降低产品价格。在这种情况下，通货膨胀率将会下降。于是，在衰退的经济体中，我们往往能观察到较高的失业率和较低的通货膨胀率。

上面所说的结论可以概括为：失业率和通货膨胀率负相关。这一结论被称为短期菲利普斯曲线。正如图 12-2 所示，一个经济体处于经济繁荣阶段时，实际失业率低于自然失业率，通货膨胀率上升；处于经济衰退时，实际失业率高于自然失业率，通货膨胀率下降。如果失业率缺口（实际失业率减自然失业率，用 $u-\bar{u}$ 表示）小于零，短期菲利普斯曲线表明，通货膨胀率的变化率（当年的通货膨胀率减上一年的通货膨胀率，用 $\Delta\pi$ 表示）会大于零。换句话说，短期菲利普斯曲线表明，当实际失业率小于自然失业率时，通货膨胀率会上升。相反地，如果失业率缺口 $u-\bar{u}>0$，通货膨胀率的变化率将为负，因此通货膨胀率也随之下降。

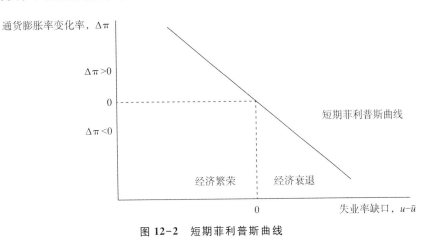

图 12-2 短期菲利普斯曲线

第二节 现代菲利普斯曲线

上一节我们简单地介绍了短期菲利普斯曲线的含义及相关应用，下面将更详细地讨论现代菲利普斯曲线。

1. 现代菲利普斯曲线

设想一个经济体过去 3 年的通货膨胀率都维持在 5%，失业率等于自然失业率。考虑一家钢铁企业在发现经济开始下行以后的定价决策。如果按照正常的经济发展速度，钢铁生产企业的预期通货膨胀率为 5%，因此钢铁产品的定价也会上升 5%。但是，我们假设这样一个情景：这家钢铁企业认为经济将要进入衰退状态，因为它发现钢铁的交易量在近几个月已经有所下降。在钢铁的需求量下降的情况下，为了刺激需求，钢铁生产企业很可能只是将价格提高 3% 甚至更少，而不敢提高 5%。事实上，这正是短期菲利普斯曲线背后的经济学原理。

通货膨胀率的定义为价格的变化率 $\pi_t \equiv (P_{t+1} - P_t)/P_t$。企业定价的考虑因素主要取决于其预期的通货膨胀率以及相应的产品需求情况：

$$\pi = \underbrace{E\pi}_{\text{预期通货膨胀率}} - \underbrace{\beta(u - \bar{u})}_{\text{需求情况}} \qquad (12\text{-}1)$$

为了理解式（12-1），假设每一家企业都和钢铁生产企业一样，对社会的预期通货膨胀率为5%，但是产品的需求下降会使得所有企业都只将价格提高3%来拉动需求，这也就是新的通货膨胀率，它恰好等于预期通货膨胀率减去由需求情况所产生的影响。需求情况正是通过短期失业率缺口来刻画的。

预期通货膨胀率该怎么来衡量呢？首先考虑最简单的形式：

$$E\pi = \pi_{-1} \qquad (12\text{-}2)$$

将当期的预期通货膨胀率假设为等于上一期的通货膨胀率被称为"适应性预期"，即认为通货膨胀率的变化是比较缓慢平稳的。更为具体地分析每家企业不同的预期通货膨胀率及其对社会通货膨胀率的影响是十分困难的。在接下来的描述中，采用这一适应性预期假设联立方程后可得：

$$\pi = \pi_{-1} - \beta(u - \bar{u}) \qquad (12\text{-}3)$$

菲利普斯曲线展示了通货膨胀率是如何受到短期产出影响的。当失业率等于自然失业率，即 $u - \bar{u} = 0$ 时，经济既不处于繁荣阶段也不处于衰退阶段，失业人数将在一个合适的水平上。此时通货膨胀率将等于预期的通货膨胀率，也就是上一期的通货膨胀率。然而，当经济处于繁荣阶段时，对劳动力的需求上升，实际失业率低于自然失业率，即 $u - \bar{u} < 0$。此时通货膨胀率将会上升，比上一期的通货膨胀率更高。

如果用 $\Delta\pi$ 来代表通货膨胀率的变化 $\Delta\pi = \pi - \pi_{-1}$，此时菲利普斯曲线的形式变为：

$$\pi - \pi_{-1} = -\beta(u - \bar{u}) \qquad (12\text{-}4)$$

这种形式的菲利普斯曲线直观地反映了经济体的兴衰，也就是短期失业的变化是怎样影响通货膨胀率的。系数 β 衡量了通货膨胀率对失业率波动的敏感程度。如果 β 非常大，那么通货膨胀率将会在面临相同的失业率波动时变得更加敏感；相反，如果 β 非常小，那么通货膨胀率则需要更大的失业率波动才能有相等的变化。

2. 价格冲击与菲利普斯曲线

大部分情况下，通货膨胀与失业的动态权衡就如上面讨论的那样，但有时也会受到价格冲击的影响，如能源价格冲击（石油、煤炭、天然气等）就使得通货膨胀率在短期内迅速上升。

将这种价格冲击因素放入方程中，就得到了最终的菲利普斯曲线表达式：

$$\pi = E\pi - \beta(u - \bar{u}) + \varepsilon \tag{12-5}$$

式（12-5）说明通货膨胀率将由三种因素决定。第一部分是预期的通货膨胀率，在适应性预期假设下，它等于上一期的通货膨胀率。第二部分是经济体的需求情况，由失业率缺口（$u - \bar{u}$）和一个敏感系数 β 决定，由经济繁荣使得总需求上升所引起的通货膨胀率上升被称为"需求拉动型通货膨胀"。第三部分是价格冲击 ε 对通货膨胀率的影响，例如能源价格突然急剧上升带来的通货膨胀率上升，被称为"成本推动型通货膨胀"。

价格冲击比较典型的例子是石油价格上涨带来的能源价格冲击。由于石油在工农业生产上具有广泛的用途，石油价格的变动可以通过影响石油化工产品来对各类中间投入品或终端消费品产生广泛的影响。如果工农业因为石油的价格上涨而成本大增，那么最终会使整个社会的物价随之上涨，通货膨胀率也将上涨。图 12-3 呈现了这样的情况。注意，即使实际失业率与自然失业率相等，受到价格冲击时，社会的通货膨胀率同样会发生变化。

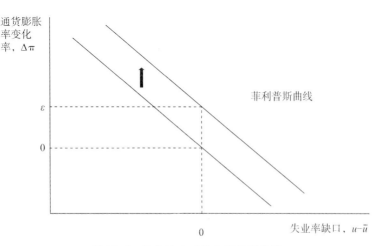

图 12-3 价格冲击时的菲利普斯曲线

第三节 菲利普斯曲线与总供给曲线

总供给曲线表示价格水平和产出的关系。菲利普斯曲线表示通货膨胀率和失业率的关系,当通货膨胀率较高时,失业率较低;反之,当通货膨胀率较低时,失业率较高。通过结合菲利普斯曲线和奥肯定律,我们可以推导出总供给曲线。如式(12-5)所示,菲利普斯曲线方程可以写为:

$$\pi = E\pi - \beta(u - \bar{u}) + \varepsilon$$

根据奥肯定律,用$(\frac{1}{a})(Y - \bar{Y})$代替上述方程中的$-\beta(u - \bar{u})$。于是,方程式变换为:

$$\pi = E\pi + \left(\frac{1}{a}\right)(Y - \bar{Y}) + \varepsilon \qquad (12-6)$$

我们将预期通货膨胀率设定为预期价格水平与上年价格水平之差,即$E\pi = EP - P_{-1}$,将通货膨胀率设定为当年价格水平与上年价格水平之差,即$\pi = P - P_{-1}$,于是,方程变为:

$$P - P_{-1} = (EP - P_{-1}) + \left(\frac{1}{a}\right)(Y - \bar{Y}) + \varepsilon \qquad (12-7)$$

为了表明通货膨胀率和价格水平之间的关系,方程两边同时加上上年价格水平P_{-1},可以得到:

$$P = EP + \left(\frac{1}{a}\right)(Y - \bar{Y}) + \varepsilon \qquad (12-8)$$

最后,方程右边减去供给冲击ε这一项,它代表价格水平发生改变的外生事件。整理得到总供给曲线的方程

$$Y = \bar{Y} + a(P - EP) \qquad (12-9)$$

菲利普斯曲线和总供给曲线是社会经济现象的两种表现方式,二者实际上是同一硬币的两面。对于菲利普斯曲线的探讨加深了对总供给曲线的理解。总供给曲线是从价格水平和产出的角度进行分析,而菲利普斯曲线是从失业率和通货膨胀率的角度进行分析。一般认为,研究通货膨胀和失业时,使用菲利普斯曲线比较方便;研究价格水平和产出时,使用总供给曲线更为方便。

第四节　中国案例：中国香港的菲利普斯曲线

图 12-4 显示了中国香港的菲利普斯曲线，它绘制了 1983—2018 年未预期的通货膨胀率和失业率缺口的历史数据。

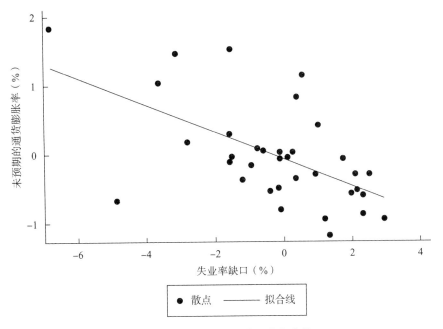

图 12-4　中国香港的菲利普斯曲线

数据来源：香港特区政府统计处。

具体而言，在适应性预期假设下，未预期的通货膨胀率可表示为：

$$\pi - \pi_{-1} \tag{12-10}$$

通过 CPI 来衡量通货膨胀率，失业率缺口则通过实际失业率与自然失业率之差来衡量：

$$u - \bar{u} \tag{12-11}$$

其中，自然失业率采用 3 年移动平均法进行测算：

$$\bar{u} = \frac{u + u_{-1} + u_{-2}}{3} \tag{12-12}$$

如图 12-4 所示，在失业人数减少、失业率缺口小于 0 的年份，通货膨胀率往往会上升；相反地，在经济衰退、失业率缺口大于 0 的年份，通货膨胀率会下降。拟合线的斜率大约为 -1.8，这意味着实际失业率每降低 1 个百分点，通货膨胀率大概会上升 1.8 个百分点。有不少年份的数据点处于拟合线附近，说明菲利普斯曲线的预测非常准确。但是，也有一些年份的数据点离拟合线比较远，其中的主要原因在于存在某些随机的供给冲击。

■ 专栏 12-1

菲利普斯曲线的历史与发展

1958 年，威廉·菲利普斯在《1861—1957 年英国失业率和货币工资变化率之间的关系》一文中提出了菲利普斯曲线的原始模型。通过研究英国在 1861—1957 年间失业和货币工资增长的关系，他发现失业率和货币工资增长率之间存在一种有规律的负相关关系，并提出一条用于表示二者间替代关系的曲线。曲线表明，在失业率较高时，货币工资增长率较低；相反，在失业率较低时，货币工资增长率较高。此后，萨缪尔森和索洛根据成本推动的通货膨胀理论，用通货膨胀率来表示货币工资增长率，菲利普斯曲线发展为用以表示失业率与通货膨胀率之间替代关系的曲线。

20 世纪 70 年代，美元持续贬值和原油价格飙升导致美国的通货膨胀加剧。与此同时，美国的失业率不断攀升，其经济处于高通货膨胀率和高失业率并存的状态。"滞胀"现象的产生无法用传统的菲利普斯曲线解释，于是，自由主义者们登上了历史舞台。米尔顿·弗里德曼和埃德蒙·费尔普斯根据自然失业率假说，将个体预期和最大化行为引入模型，提出了附加预期的菲利普斯曲线，解释了短期菲利普斯曲线与长期菲利普斯曲线的区别。他们认为只有在短期内，通货膨胀与失业才存在替代关系，能以较高的通货膨胀率为代价使失业率下降；而在长期中，失业率保持在自然失业率的水平，扩张性货币政策只能使通货膨胀加速，并不能使失业率降低。

1972 年，卢卡斯提出"理性预期"假说。理性预期学派经济学家认为失业率和通货膨胀率之间不存在有规律的替代关系，他们认为菲利普斯曲线是与自然失业率相垂直的直线。无论是在长期还是短期内，政府期望降低失业率的经济政策都是无效的。新凯恩斯主义者在接受理性预期假说的基础上，提出了新凯恩斯主义菲利普斯曲线：由于信息黏性，在短期内人们不能得到完备的信息，失业率与通货膨胀率之间具有替代关系；而在长期中，菲利普斯曲线垂直，失业率总是保持在自然失业率的水平。

资料来源：Gordon, R. J., The History of the Phillips Curve: Consensus and Bifurcation, *Economica*, 2011, 309 (78), 10–50.

专栏 12-2

针对中国数据的菲利普斯曲线研究

通货膨胀是中国经济的核心问题之一。作为发展中国家，我国的重要任务是社会发展和经济增长。因此，正确理解通货膨胀的产生原因和作用机制对于宏观经济政策的制定具有重要意义。实际情况中通货膨胀的产生原因非常复杂，但主要可以分为需求拉动、成本推动、通胀预期和通胀惯性四种类型。需求拉动型通货膨胀是因为总需求超过了总供给从而引起物价上涨；成本推动型通货膨胀是因为厂商生产成本提高从而引起价格水平的普遍持续上涨；通胀预期指的是人们预期到通货膨胀来临时会采取预防措施，从而使得价格水平上升；通胀惯性是指通货膨胀在发生后会因为惯性而持续一段时间。

菲利普斯曲线能很好地反映通货膨胀率与失业率的关系。研究菲利普斯曲线对于进一步了解通货膨胀和预测通货膨胀具有重要意义。基于中国数据的菲利普斯曲线的研究主要分为三种类型。第一种类型是基于失业率来估计菲利普斯曲线。但是我国失业率的数据统计较为困难，并且波动性较小，很多时候会得到一条近乎垂直的菲利普斯曲线，从而使得许多学者认为菲利普斯曲线不适于研究中国经济情况。第二种类型是采用经济增长率缺口（或产出缺口）来估计菲利普斯曲线，如图 12-4 所示。因为失业率与经济增长率为经济体的一体两面，经济增长率与通货膨胀率之间具有正相关关系，但是产出缺口难以进行准确估计，所以采用产出缺口对菲利普斯曲线进行研究的精确度有待提高。第三种类型是对建立在理性预期和价格黏性基础上的新凯恩斯主义菲利普斯曲线的研究，但很多研究中关于预期的估计并没有克服"卢卡斯批判"的弊端。

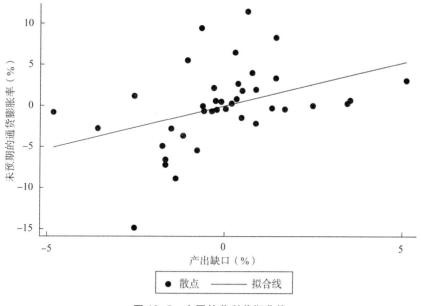

图 12-5　中国的菲利普斯曲线

数据来源：国家统计局。

专栏 12-3

卢卡斯批判

卢卡斯因对理性预期假说的发展和应用而于1995年被授予诺贝尔经济学奖。卢卡斯将理性预期假说引入宏观经济模型中，改变了宏观经济学的分析方法，深化了人们对经济政策的理解。以下将介绍理性预期理论的发展历史。

20世纪70年代，美国出现了通货膨胀和产出低迷并存的现象，即"滞胀"现象。凯恩斯主义的政府相机抉择理论失效，同时货币主义理论也无法给出较为合理的解释。在这个背景下，卢卡斯从博弈论出发，将宏观经济政策视为政府与私人部门之间的博弈，如果私人部门有完美的前瞻性，能够准确预见到政策将如何实施，那么政策带来的货币效应就会消失（Lucas，1972）。这种关于私人部门的理性预期假设是合理的，因为个人和企业在做出经济决策前一定会收集和利用一切信息来开展经济活动。比如，私人部门预见到政府会实行积极的货币政策，那么此时的货币政策将不会对实际产出产生推动作用，而仅仅影响名义产出。根据理性预期理论，卢卡斯对菲利普斯曲线进行完善，得出如下结论：已被预期到的总需求变动不会影响产出水平，只有未预期到的总需求才会提高产出水平。

随后，卢卡斯批判了凯恩斯主义将私人部门当作被动的"机器"来制定宏观经济政策（Lucas, 1976）。凯恩斯主义认为，政府可以利用政策工具对经济进行宏观调控，以应对经济周期波动。但是凯恩斯主义忽略了人们的预期会影响当下的行为，反向影响了政策制定时所参考的一系列参数。因此，任何政策变动都会导致原来的计量经济模型结构发生根本性的变化（模型中控制结构方程的参数发生了变化）。所以卢卡斯基于理性预期假说，将计量模型中的结构参数从常数改为随机参数。在这种模型中，政策变动被看作随机参数的变动，一方面改变经济主体在时间序列下的行为参数，另一方面改变控制体系其他部分的行为参数。卢卡斯认为，持续的扩张性货币政策将会造成人们期望的产能扩大，从而导致通货膨胀，而非经济产出增加。政府应该发挥自由市场的自发调节机制和作用，这样反倒能使经济处于稳定状态。

参考文献

Lucas, R. E. Jr., Expectations and the Neutrality of Money, *Journal of Economic Theory*, 1972, 4 (2), 103-124.

Lucas, R. E. Jr., Econometric Policy Evaluation: A Critique, *Carnegie-Rochester Conference Series on Public Policy*, 1976, 1, 19-46.

前沿拓展与文献速递

菲利普斯曲线是央行用于预测政策效果的标准宏观经济模型之一，描述了通货膨胀与失业之间的负向关系。但是近年来，许多学者发现菲利普斯曲线已经减弱甚至消失，认为菲利普斯曲线已经无法为政策制定提供建议。这些研究通过与经济萧条程度无关的统计过程拟合菲利普斯曲线，发现通货膨胀满足一个外生的统计过程，与产出缺口无关。他们将通货膨胀与产出指标之间关系（即通货膨胀与产出缺口之间的正向关系）的脱节解释为菲利普斯曲线减弱甚至消失的证据。

McLeay 和 Tenreyro（2019）解释了为什么会出现这种通货膨胀看似外生

的过程，换句话说，为什么很难从数据中验证菲利普斯曲线的存在。总体而言，他们认为菲利普斯曲线依然存在，并且解释了为什么菲利普斯曲线出现了平坦化。

货币政策的内生性被认为是菲利普斯曲线平坦化的一个重要解释。如果货币政策的目标是最小化福利损失，则根据菲利普斯曲线，实际产出水平高于潜在产出水平往往意味着劳动力市场供不应求，即失业率低于自然失业率。为避免劳动力成本上升进一步传递到商品市场价格，中央银行会提高加息的概率，以抑制通货膨胀。因此，中央银行的行为造成了通货膨胀和失业之间的正相关关系，中和了传统菲利普斯曲线中二者的负相关性，导致菲利普斯曲线平坦化。

除此之外，McLeay和Tenreyro（2019）还列举了菲利普斯曲线依然存在的三个经验发现。第一，在大规模成本冲击时期（如20世纪70年代出现的"滞胀"现象），以及在货币政策相对成功地实现其目标时，通货膨胀会因为政策调整而有效下降。第二，工资菲利普斯曲线比价格菲利普斯曲线有更明显的负向关系，从而更容易识别。第三，菲利普斯曲线关系在分类面板数据中应该比在汇总数据中表现得更强。综上所述，该文章解释了菲利普斯曲线估计所带来的识别问题，并讨论了识别问题的实际解决方案，显示了美国地区数据中依然存在菲利普斯曲线的证据。

参考文献

McLeay, M., Tenreyro, S., Optimal Inflation and the Identification of the Phillips Curve, NBER Working Paper, 2019, No. 25892.

本章总结

本章介绍和讨论了用于刻画失业与通货膨胀之间关系的菲利普斯曲线。在考虑失业率所代表的宏观需求的前提下，现代菲利普斯曲线分析了通货膨胀预期对通胀率的影响。短期来看，通货膨胀预期难以改变，通货膨胀与失业之间具有取舍关系，可以通过提高通货膨胀率来降低失业率。但是，长期来看，通货膨胀上升会同步提高人们的通货膨胀预期，因此提高通货膨胀率并不会降低失业率。

问题与应用

1. 假设某一经济体的菲利普斯曲线方程式为：
$$\pi = \pi_{-1} - 0.5 \times (u - 0.04)$$
（1）该经济体的自然失业率为多少？
（2）画出该经济体的短期和长期菲利普斯曲线。

2. 假若中央银行想对通货膨胀预期进行管理，以下哪些方案是可行的？（　　）

a. 提高货币政策的连续性和透明度

b. 控制货币的供应量

c. 必要时，对价格和工资进行管制

d. 增强人们对货币政策控制通货膨胀的信心

3. 若一个经济体的价格水平在 2001 年为 105.3，2002 年为 109.5，2003 年为 112.8。

（1）请求出 2002 年和 2003 年该经济体的通货膨胀率。

（2）若某年的通货膨胀率是过去两年通货膨胀率的加权平均值，请求出 2003 年的通货膨胀率。

4. 通货膨胀根据产生的原因可以分为（　　）。

a. 成本推动型通货膨胀

b. 需求拉动型通货膨胀

c. 通货膨胀惯性

d. 通货膨胀预期

5. 假设一个经济体的菲利普斯曲线如下：
$$\pi = \pi_{-1} - 0.4 \times (u - 5)$$
（1）为了使通货膨胀率下降 5%，则周期性失业（u-5）会发生怎样的变动？

（2）若中央银行想降低当前的通货膨胀率，请你给出两个可行的方案。

微观基础篇

第十三章

消费理论：微观基础

本章概览

在第二章"宏观经济数据与指标Ⅰ：GDP与中国经济"中，我们学到GDP由消费、投资、政府支出和净出口四部分组成，其中消费是重要的组成部分，那消费在宏观经济中是如何决定的呢？经济学理论又如何解释消费的动态变动呢？本章将分别论述凯恩斯主义和新古典主义的消费决定理论。

凯恩斯认为在经济危机期间有效需求不足，政府应该扩大政府支出以弥补有效需求。其中边际消费倾向递减是有效需求不足的原因之一。凯恩斯认为消费由收入决定，而不是古典主义所认为的消费由利息决定。

新古典主义的跨期消费决定理论认为消费者将其终生收入分配在不同的时期，以最大化其终生效用。在消费的跨期决定理论中，我们论述财政政策实施中的李嘉图等价现象。政府可以选择征税，也可以选择发行国债以满足政府支出的需要，李嘉图认为，在政府支出不变时，这两者对消费的影响等价。

本章主要内容如图13-1所示。

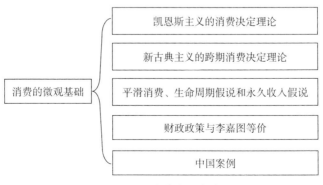

图13-1 本章主要内容

第一节 凯恩斯主义的消费决定理论

1. 凯恩斯主义的消费函数

古典主义消费理论认为消费由利率决定，当利率升高时，人们会减少消费、储蓄生息，而当利率降低时，人们会增加消费、降低储蓄。凯恩斯在收集了大量的数据后认为消费主要由收入决定，人们多赚 1 元钱收入，就会有 c 元收入用于消费，凯恩斯把 c 称为边际消费倾向 $\text{MPC} = \dfrac{dC_t}{dY_t}$。在短期内，利率对于消费没有影响。另外，无论收入多少，人们总是会消费最低的量以满足温饱，我们用 $\underline{C}$ 表示最低的消费量。于是，总消费可以表示为：

$$C_t = \underline{C} + cY_t \tag{13-1}$$

式（13-1）表示消费函数，即使当期收入为零，人们为了维持生活水平，也总会消费一定的量 $\underline{C}$；因为边际消费倾向为 c，所以当收入为 Y_t 时，最低消费量以外的额外消费为 cY_t，这两者之和为当期的消费 C_t。因为最低消费量的存在，随着收入的提高，平均消费倾向 $\text{APC} = \dfrac{C_t}{Y_t}$ 下降，如图 13-2 所示。

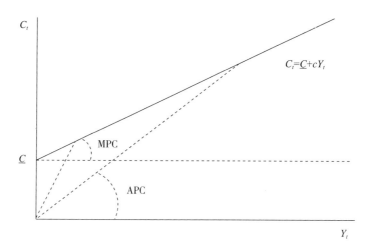

图 13-2 消费函数

凯恩斯主义的消费决定理论有如下三个性质：

第一，消费由收入决定，每多一元的收入，就会多消费 c 元；

第二，平均消费倾向 $APC = C_t / Y_t = \dfrac{C}{Y_t} + c$ 随着收入的提高而下降；

第三，消费函数与利率无关。

2. 凯恩斯主义的财政政策

凯恩斯主义消费函数的三点性质概括了凯恩斯主义消费决定理论的核心要素，也决定了凯恩斯理论体系的政策含义：既然消费由收入决定，政府如果多支出，就会带动与政府支出有关的行业的收入提高，于是这部分民众的消费增加，继续带动其他行业工作者的收入提高，进一步提升消费，这个过程叫作"乘数效应"，即 1 单位的政府支出，不仅会带来 1 单位的 GDP 的上升，通过消费函数，这个链条还会持续下去，最终带动需求的增加会多于 1 单位，这也是凯恩斯主义财政政策的核心逻辑。

举个例子，假设边际消费倾向为 0.8，政府决定实行扩张性的财政政策，支出 10 亿元修建高速公路。假设这 10 亿元全部用于支付建筑公司工人的工资，建筑公司工人得到 10 亿元的收入，根据消费函数，建筑公司工人会消费 8 亿元，而这 8 亿元会成为其他行业员工的工资收入，而其他行业员工会继续消费 6.4 亿元，这个链条可以持续下去，我们由此算一下总数：

$$10 + 8 + 6.4 + 5.12 + \cdots = 50$$

当边际消费倾向为 0.8 时，政府多支出的 10 亿元最后使得所有行业的收入加总起来增加了 50 亿元，政府支出的乘数为 $\dfrac{50}{10} = 5$。当消费需求不足时，政府支出增加，弥补了私有部门的消费不足。

考虑国民核算恒等式，封闭经济条件下的国民收入由消费、投资、政府支出三部分组成。

$$Y_t = C_t + I_t + G_t \tag{13-2}$$

消费函数（13-1）以及国民核算恒等式（13-2）组成了凯恩斯主义的消费决定理论。将式（13-1）代入式（13-2），我们可以得到

$$Y_t = \dfrac{1}{1-c}(\underline{C} + I_t + G_t) \tag{13-3}$$

$$C_t = \frac{1}{1-c}\underline{C} + \frac{c}{1-c}(I_t + G_t) \qquad (13-4)$$

式（13-3）表明最终的国民收入由最低消费量 $\underline{C}$、投资 I_t、政府支出 G_t 以及边际消费倾向 c 决定，国民收入的政府支出乘数为 $\frac{1}{1-c}$。

第二节　新古典主义的跨期消费决定理论

宏观经济学诞生于 20 世纪 30 年代的经济大萧条时期，当时国民需求严重不足，因此凯恩斯的需求不足论在政策实践上取得了巨大的成功。20 世纪 70 年代，美国陷入"滞胀"，即经济停滞、通货膨胀高企的阶段，凯恩斯主义主张的政府调节需求的政策在这段时期完全失效。当政府决定扩大支出降低失业率时，通货膨胀加剧，控制通货膨胀和降低失业率两个目标无法两全。

经济学家卢卡斯认为经济中的行为者是理性的，政府制定政策需要考虑理性人的反应，而凯恩斯主义提出的宏观变量之间的关系并没有考虑这一点，式（13-1）消费函数里的参数如最低消费 $\underline{C}$ 以及边际消费倾向 c，都是在一定政策环境下的值，当政策环境不变时，可以认为这些参数不变。但政府扩大政府支出本身就会改变政策环境，此情景下认为边际消费倾向不变是不合乎情理的。也就是说，消费函数里的最低消费量以及边际消费倾向都是更为底层因素的函数，如下所示，当政策发生变动时，代表偏好和技术的底层参数不变，但最低消费量以及边际消费倾向都可能发生改变，这也是凯恩斯主义政策失效的原因。

$$C_t = \underline{C}_t + c_t Y_t$$

卢卡斯等认为，需要从更为底层的行为如消费者的偏好出发，对消费者行为建模，从消费者最大化其效用中得到最终的消费函数。因此，边际消费倾向是更底层的参数如偏好的函数，当政策发生变化时，可以根据消费函数计算出边际消费倾向如何变化，从而评估政策效果。这就是 20 世纪 70 年代诞生的新古典主义宏观学派。接下来，我们介绍新古典主义宏观经济学的消费决定理论。

代表性消费者的生命只有两期 0 和 1，两期的收入分别为 Y_0 以及 Y_1，收入为外生给定。市场中存在某种存储技术，如果消费者不全部消费收入，则可以在 0 期储蓄，而在 1 期获得利息，利率为 r；如果消费者想消费更多，则允许在 0 期贷款，而在 1 期还款。如果把 1 期的收入折现到 0 期，则消费者的终生收入为：

$$PI = Y_0 + \frac{Y_1}{1+r}$$

消费者在两期的消费不能超过其终生收入，所以消费者面临的预算约束为：

$$C_0 + \frac{C_1}{1+r} \leqslant PI \quad (13-5)$$

$\{(C_0, C_1) \mid C_0 + \frac{C_1}{1+r} \leqslant PI\}$ 为消费者的消费可能集，如图 13-3 所示。当消费者终生收入 PI 上升即 Y_0 或者 Y_1 上升时，消费可能集扩大；而当消费者终生收入下降时，消费可能集缩小。我们可以把现在的消费和未来的消费视为两种商品，其中现在消费的价格为 1，而未来消费的价格为 $\frac{1}{1+r}$，计价单位为现在的商品；或者换一个角度，如果以未来的商品为计价单位，则现在消费的价格为 $1+r$，未来消费的价格为 1，而终生收入为 $PI(1+r)$，即：

$$C_0(1+r) + C_1 = PI(1+r)$$

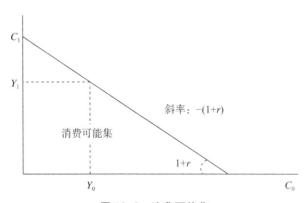

图 13-3 消费可能集

图 13-4 表示消费者的等收入线，同一条等收入线上的点表示消费者拥有

相同的终生收入，等收入线往外移动，表示消费者的终生收入提高。例如图中三条等收入线表示 $PI_1<PI_2<PI_3$，等收入线的斜率相等，都是 $-(1+r)$。

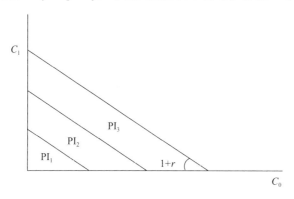

图 13-4　等收入线

消费者的效用函数满足边际效用递减的性质，即 $U''(C_t)<0$。在 0 期时，消费者在其收入为 Y_0 时选择消费量 C_0 以及储蓄量 S；在 1 期时，消费者得到收入 Y_1 以及 0 期储蓄的本息 $(1+r)S$。消费者只有两期生命，所以其第二期会消费所有的收入和储蓄。

$$C_0 = Y_0 - S$$
$$C_1 = Y_1 + (1+r)S$$

如果储蓄为负数，则消费者在 0 期贷款消费，而在 1 期还款。消费者的目标是最大化其终生的效用。消费者更重视当期的效用，而对未来的效用折现，折现因子为 $\beta(0<\beta<1)$，其终生效用为：

$$U(C_0) + \beta U(C_1) \tag{13-6}$$

图 13-5 表示消费者的无差异曲线，即同一条无差异曲线上的点的终生效用相同。无差异曲线往外移动，表示消费者的终生效用提高。无差异曲线在 (C_0, C_1) 点的斜率为 $-\dfrac{U'(C_0)}{\beta U'(C_1)}$。

因此，消费者的决策可以概括为在终生收入的约束下，最大化其终生的效用：

$$\max_{C_0, C_1} U(C_0) + \beta U(C_1)$$

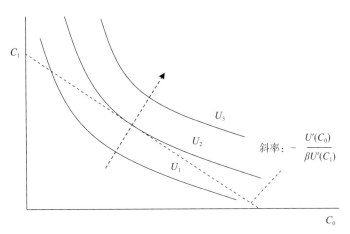

图 13-5 无差异曲线

$$\text{s.t. } C_0 + \frac{C_1}{1+r} = Y_0 + \frac{Y_1}{1+r}$$

无差异曲线和预算约束线相切的点即为效用最大的点，两条线的斜率相同，即：

$$-\frac{U'(C_0)}{\beta U'(C_1)} = -(1+r)$$

或者

$$U'(C_0) = \beta U'(C_1)(1+r) \tag{13-7}$$

式（13-7）是消费者规划问题的必要条件，也被称为欧拉方程。其表示的经济学含义为消费者在当期的消费和未来的消费之间权衡，以最大化其终生效用。等式左边 $U'(C_0)$ 表示牺牲一单位 0 期消费的边际效用，消费者可以将这一单位收入储蓄起来，在 1 期时这一单位收入获得的收益为 $1+r$，而在 1 期一单位消费的边际效用为 $U'(C_1)$，因此 0 期牺牲的一单位消费在 1 期带来的效用为 $(1+r)U'(C_1)$，如果我们把 1 期的效用折现到 0 期，则牺牲 1 单位 0 期消费带来的未来 1 期的效用递增为 $\beta(1+r)U'(C_1)$。只有当牺牲 1 单位 0 期消费的边际成本等于边际收益时，消费者才获得了最大的终生效用。欧拉方程是消费者效用最大化的必要条件，也被称作消费者的跨期消费决定条件。

图 13-6 中等收入线与无差异曲线的切点为最优消费点，消费者在终生收入的约束下跨期决策找到最大化其终生效用的 0 期消费和 1 期消费。在切

点，无差异曲线的斜率与等收入线的斜率相等，即：

$$\frac{dC_1}{dC_0} = -(1+r)$$

这表示减少一单位 0 期的消费必须增加 $1+r$ 单位的 1 期消费，消费者的终生效用才会相同，而这刚好是边际替代率的含义，即 0 期消费对 1 期消费的边际替代率为 $-(1+r)$。

$$MRS = -(1+r)$$

根据欧拉方程 $-(1+r) = -\frac{U'(C_0)}{\beta U'(C_1)}$，边际替代率与两期消费的边际效用的关系为：

$$MRS = -\frac{U'(C_0)}{\beta U'(C_1)}$$

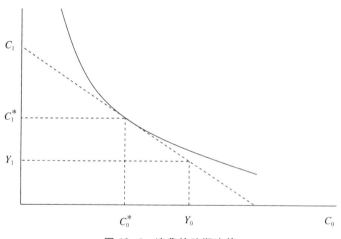

图 13-6 消费的跨期决策

从图 13-6 可以看出，当期的消费 C_0^* 小于当期的收入 Y_0，因此 $S>0$，消费者当期储蓄，转移部分收入至未来消费。

如果经济受到一个正向的供给冲击，即当期收入 Y_0 上升，内生变量会如何变化呢？图 13-7 中 Y_0 上升到 Y_0'，等收入线向外移动，0 期的消费和 1 期的消费都会相应增加，0 期的收入增加 $Y_0' - Y_0$ 不会全部用于当期消费，消费者会把增加的收入平滑到未来以增加其终生效用，因此当期的储蓄 S 将会上升。

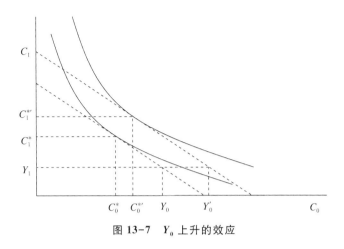

图 13-7 Y_0 上升的效应

如果未来 1 期的收入 Y_1 上升，如图 13-8 所示，则消费者的终生收入上升，预算约束线外移，之前的最优消费点在新预算线的内侧，因为更高效用的无差异曲线与新预算线相切，0 期的消费与 1 期的消费都会增加，但是 0 期的收入不变，因此消费者减少储蓄，通过调节储蓄将部分未来收入转移至 0 期消费以获得更大的终生效用。

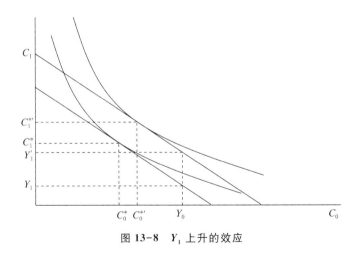

图 13-8 Y_1 上升的效应

如果实际利率上升，消费者的内生变量又会如何变化呢？与改变当期或者未来的收入不同，实际利率的改变对消费者有两种效应：替代效应和收入效应。首先，实际利率上升会改变当期消费与未来消费的相对价格，实际利率上升时，当期的消费与未来的消费相比价格更贵，因为 $1+r$ 是当期消费以未来消费计价的价格，因此消费者倾向于多消费未来的商品，而减少本期的消费；其次，实际利率上升时，会根据消费者在 0 期是储蓄还是借贷的不同产生不同的收入效应，如果消费者在 0 期是储蓄者，则利率上升会给消费者带来更高的终生收入，如果消费者在 0 期是贷款者，则利率上升会让消费者的终生收入下降。因此，如表 13-1 所示，对于 0 期是储蓄者的消费者，实际利率上升导致 1 期的消费 C_1 上升，而 0 期的消费可能上升也可能下降；对于 0 期是贷款者的消费者，实际利率上升导致 0 期的消费下降，无法判断 1 期的消费是上升还是下降，取决于效用函数的具体形式和系数的大小。

表 13-1 收入效应和替代效应

		替代效应	收入效应	总效应
0 期是储蓄者				
	C_0	−	+	?
	C_1	+	+	+
0 期是贷款者				
	C_0	−	−	−
	C_1	+	−	?

我们也可以通过坐标图做同样的分析。图 13-9 是 0 期消费者为储蓄者时实际利率上升的比较静态分析。当实际利率上升时，等收入线更加陡峭，变化后的预算约束线依然要经过两期的收入点 (Y_0, Y_1)，因此消费者的预算约束线围绕 (Y_0, Y_1) 顺时针旋转至新的位置。我们可以看到新的均衡点位置，只有 1 期的均衡消费 C_1^* 确定增加，但我们无法确定 0 期消费的变化情况。

为了理解替代效应和收入效应对最后结果的影响，我们构造了一条分解这两种效应的虚拟预算线，在图 13-9 中用粗实线表示，这条虚拟预算线与新的预算线的斜率相同，表明 0 期和 1 期的消费相对价格相同，但其终生收入水平比新的预算线低，而虚拟预算线与利率变化前的无差异曲线相切，于是我们就分离了替代效应和收入效应，旧预算线到虚拟预算线之间消费的变化是替代效应，因为其终生效用相等，变化的只是当期与未来消费相对价格

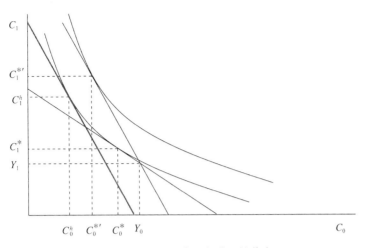

图 13-9　实际利率 r 上升：储蓄者

的不同，而虚拟预算线与新的预算线之间的变化是利率上升带来的收入的变化，是收入效应。

从图 13-9 中我们可以看到，当利率上升时，0 期的消费的相对价格变高，因此 0 期的消费从 C_0^* 减少到 C_0^h，而 1 期的消费从 C_1^* 增加到 C_1^h，这是替代效应；而利率上升导致的作为储蓄者的消费者的终生收入上升，所以两期的消费都从 C_0^h，C_1^h 增加至 $C_0^{*'}$，$C_1^{*'}$。因此，利率上升时，作为储蓄者的消费者的 1 期消费肯定会增加，而 0 期的消费的替代效应和收入效应的方向相反，其结果不确定，具体是增加还是下降取决于其效用函数的具体形式，图 13-9 中的 0 期消费增加，说明该效用函数的形式决定了其收入效应大于替代效应。

我们也可以在图中分析消费者在 0 期是贷款者的情况。与消费者作为储蓄者一样，我们用虚拟预算线分离消费者的替代效应和收入效应。如果利率上升，0 期消费的相对价格上升，因此替代效应使消费者的 0 期消费从 C_0^* 下降到 C_0^h，而 1 期的消费从 C_1^* 上升到 C_1^h。当利率上升时，作为贷款者的消费者需要付出更多利息，因此其终生收入下降，因此消费者两期的消费从 C_0^h，C_1^h 下降到 $C_0^{*'}$，$C_1^{*'}$。消费者 0 期消费的替代效应和收入效应都为负，而 1 期消费的替代效应和收入效应符号不同，因此 0 期消费的确定性下降，而 1 期消费的变化方向取决于效用函数的形式，图 13-10 中的消费函数形式使 1 期的消费增加，替代效应大于收入效应。

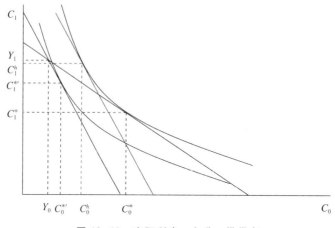

图 13-10　实际利率 r 上升：借贷者

第三节　平滑消费、生命周期假说和永久收入假说

如果效用函数为对数效用函数，根据第二节的结果，我们可以表示均衡时的储蓄：

$$S = Y_0 - C_0 = \frac{\beta Y_0}{1+\beta} - \frac{Y_1}{(1+\beta)(1+r)}$$

① 当 $Y_0 > \dfrac{\frac{1}{\beta}}{1+r} Y_1$ 时，$S > 0$。这意味着消费者在 0 期的收入够高时，其会在 0 期储蓄，而补足 1 期的收入不足。

② 当 $Y_0 < \dfrac{\frac{1}{\beta}}{1+r} Y_1$ 时，$S < 0$。这意味着消费者在 1 期的收入够高时，消费者会在 0 期借贷，以补足 0 期的收入不足。

从上述现象可以看出，消费者总是在不同的时期平滑消费，即收入低时贷款，收入高时储蓄，维持均衡的消费。消费者通过调节储蓄或者贷款维持平稳的消费，这是由其风险规避偏好所决定的，即消费者更偏好平均的消费组合，而不是波动大的消费组合。在经济思想史上，从凯恩斯的消费决定理论到新古典的跨期消费决定理论，中间有两大学说非常有影响力，其思想与消费者最大化终生效用的跨期消费选择即平滑消费密切相关,那就是莫利迪安尼的生命周期假说以及弗里德曼的永久收入假说。

1. 生命周期假说

莫利迪安尼从人一生的收入以及消费方面进行考虑,认为理性人在工作的青年以及中年时期会进行储蓄以应对老年退休无收入来源的时期,也就是说,理性人不会把全部的收入用于当期消费,而是在工作期间储蓄,并在老年时期消费之前的储蓄。假设人在参加工作的时点预期自己的寿命为 T 年,退休前还可以工作 X 年,工作前的财富为 W,每年的工作收入为 Y,则理性人会将 X 年的工作收入分配到预期寿命 T 年中消费,即年平均消费为 C:

$$C = \frac{W + X \cdot Y}{T} = \frac{W}{T} + \frac{X}{T} \cdot Y$$

可以看到年平均消费 C 是年收入 Y 的增函数,边际消费倾向为 $\frac{X}{T}$,小于 1,这意味着理性人会在年轻时储蓄,而不是把当期的收入全部用于消费。终生收入假说非常简单,但也蕴含了新古典跨期消费模型的核心含义,即理性人用储蓄平滑不同时期的消费水平。我们可以把生命周期假说中的青年与中年时期看作新古典模型中的 0 期,而老年时期是 1 期,整个 1 期都没有收入,因此理性人通过在 0 期储蓄来平滑消费,最大化其终生效用。

2. 永久收入假说

弗里德曼认为当期收入 Y 由永久性收入 Y^p 和暂时性收入 Y^t 组成,其中永久性收入是预期每年都可以持续的收入,而暂时性收入是预期无法持续、偶然得到的收入。例如每个月的基本工资是永久性收入,而一次性的奖金、彩票获奖收入是暂时性收入。理性人认为永久性收入可以持续,因此会选择固定消费一部分,但暂时性收入不可持续,理性人会将暂时性收入按预期剩余寿命 T 平均分到每年消费,因此,弗里德曼认为消费由永久性收入决定:

$$C = \alpha Y^p + \frac{Y^t}{T} \approx \alpha Y^p$$

因为永久性收入每期都有,所以从跨期决策的角度看,是无须平滑的;而暂时性收入是波动性的收入,消费者有平滑消费的动力。

第四节 新古典主义的财政政策与李嘉图等价

在前述的两期消费模型的基础上,这一节我们加入政府部门探讨政府的财政政策问题。在前面几章中我们知道,在封闭经济中,GDP 从支出法可分为消费、投资以及政府支出。凯恩斯主义的消费理论认为扩大政府支出、减税可以带动收入的成倍增长,那新古典的财政政策又会如何呢?

我们仍然假定在 0 期和 1 期消费者会得到收入 Y_0 和 Y_1,不同的是我们假定在这两期消费者还需要纳税 T_0 和 T_1,则消费者在两期的预算方程为:

$$C_0 = Y_0 - T_0 - S$$

$$C_1 = Y_1 - T_1 + (1+r)S$$

在这种情况下,消费者每期的收入不能全部用于分配消费和储蓄,而是将可支配收入 $Y-T$ 用于分配消费和储蓄。居民储蓄的方式是购买政府发行的国债 B,而国债市场是出清的:

$$S = B$$

消费者的终生收入预算线为:

$$C_0 + \frac{C_1}{1+r} = Y_0 + \frac{Y_1}{1+r} - T_0 - \frac{T_1}{1+r}$$

消费者的效用函数与第三节相同,消费者在两期的预算约束下选择每期的消费以及 0 期的储蓄以最大化其终生效用。

$$\max_{C_0, C_1} U(C_0) + \beta U(C_1)$$

政府收取的两期税收 T_0 和 T_1 用于公共支出 G_0 和 G_1,我们假定政府可以向消费者发行国债 B 以弥补 0 期税收的不足,1 期必须还清国债。在 0 期时,政府用 0 期的税收 T_0 和发行的国债 B 筹措资金覆盖政府支出 G_0,而 1 期时,政府用 1 期的税收 T_1 减去还本付息的国债 $(1+r)B$ 覆盖政府支出 G_1。如果 $B>0$,我们就说政府在 0 期是财政赤字状态,发行国债弥补税收不足;如果 $B<0$,那么政府处于财政盈余状态:

$$G_0 = T_0 + B$$
$$G_1 = T_1 - (1+r)B$$

对政府来说，其两期的终生政府支出 $G_0 + \dfrac{G_1}{1+r}$ 必须等于其终生税收收入 $T_0 + \dfrac{T_1}{1+r}$。无论政府在 0 期采取财政赤字政策还是财政盈余政策，从两期看，政府的财政收入和支出是平衡的：

$$G_0 + \frac{G_1}{1+r} = T_0 + \frac{T_1}{1+r}$$

将财政平衡恒等式代入消费者的预算方程，我们可以得到消费者的终生收入预算方程：

$$C_0 + \frac{C_1}{1+r} = Y_0 + \frac{Y_1}{1+r} - G_0 - \frac{G_1}{1+r}$$

因此，消费者的问题为在终生收入预算方程的约束下最大化其终生效用。

$$\max_{C_0, C_1} U(C_0) + \beta U(C_1)$$

$$\text{s. t. } C_0 + \frac{C_1}{1+r} = Y_0 + \frac{Y_1}{1+r} - G_0 - \frac{G_1}{1+r}$$

引入政府部门后，消费者问题的改变在于其终生收入中有一部分需要用于政府支出。在相同的两期收入下，加入政府部门会使消费者的收入线向内移动，与没有政府部门的情况相比，两期的消费都下降了。

在两期的消费者跨期决策中，收入为外生给定，因此政府实行扩张的财政政策对于消费者的收入 Y_0 和 Y_1 没有影响，其政府支出乘数为 1，即政府扩大支出或者缩小支出对消费者的收入没有影响，政府扩大支出会导致消费者的两期消费减少，即挤出效应。

如图 13-11 所示，消费者的终生收入预算约束表明，只要政府支出不变，政府是通过税收筹集收入还是通过国债筹集收入，对于消费者的最优消费选择没有影响。因为政府是增税还是发行国债对消费者的终生预算约束毫无影响，因此消费者的两期消费不变。那变化的是什么呢？我们可以先看看政府两期的预算约束：

$$G_0 = T_0 + B$$
$$G_1 = T_1 - (1+r)B$$

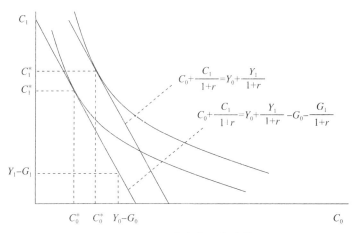

图 13-11 消费者的跨期决策

当政府支出保持不变时，政府在 0 期是增税还是发行国债对其自身都一样，增税的部分就是国债发行减少的部分，而对消费者来说，政府增税与发行国债不会影响消费，但会影响消费者的储蓄。

当政府决定增税时，T_0 增加，但消费者的选择不变，所以 C_0 不变，因此储蓄减少。因为政府需要平衡终生预算，1 期的税收 T_1 会减少，而这部分减少的税收刚好可以用来增加 1 期的消费，抵消因为储蓄减少而减少 1 期消费的部分，最终 1 期的消费 C_1 才可以保持不变：

$$C_0 = Y_0 - T_0 - S$$
$$C_1 = Y_1 - T_1 + (1+r)S$$

当政府决定增加国债发行时，B 增加，T_0 减少，但消费者的选择不变，所以 C_0 不变，因此储蓄增加。因为政府需要平衡终生预算，1 期的税收 T_1 会增加，而消费者 0 期储蓄的增加刚好可以用来上缴 1 期增加的部分税收，最终 1 期的消费 C_1 才可以保持不变。

因此，只要政府支出不变，无论政府采取增税还是发行国债的方式筹措资金，消费者的跨期消费决策都不会发生改变，但消费者会改变储蓄。政府无论采取增税还是发行国债的方式筹措资金对消费者的跨期消费影响都等同的现象，在经济学中被称作"李嘉图等价"，它是由著名经济学家大卫·李嘉图提出的。

■ 专栏 13-1

对数效用函数与跨期消费模型

我们看一下具体的效用函数形式下最优的消费组合是什么。如果我们假设效用函数为对数效用函数：

$$U(C) = \ln C$$

消费者的问题为：

$$\max \ln C_0 + \beta \ln C_1$$

$$\text{s.t. } C_0 + \frac{C_1}{1+r} = Y_0 + \frac{Y_1}{1+r}$$

可通过构建拉格朗日函数得到：

$$C_0^* = \frac{Y_0 + \dfrac{Y_1}{1+r}}{1+\beta}$$

$$C_1^* = \beta(1+r)\frac{Y_0 + \dfrac{Y_1}{1+r}}{1+\beta}$$

如果我们做比较静态分析，则：

$$\frac{\partial C_0^*}{\partial \beta} = -\frac{Y_0 + \dfrac{Y_1}{1+r}}{(1+\beta)^2} < 0, \quad \frac{\partial C_0^*}{\partial r} = -\frac{Y_1}{(1+\beta)(1+r)^2} < 0$$

$$\frac{\partial C_1^*}{\partial \beta} = \frac{Y_0 + \dfrac{Y_1}{1+r}}{(1+\beta)^2} > 0, \quad \frac{\partial C_1^*}{\partial r} = \frac{\beta Y_0}{(1+\beta)} > 0$$

0 期的消费 C_0 随着贴现因子的上升而下降，当贴现因子上升时，说明消费者对于收入是来自现在还是将来更加无所谓，因此消费者会储蓄更多以赚得利息，减少 0 期的消费、增加 1 期的消费会增加终生效用。0 期的消费 C_0 随着利率的上升而下降，当利率上升时，消费者会储蓄更多以在 1 期赚取更多的收益，从而减少 0 期的消费、增加 1 期的消费。

第五节 中国案例：中国香港与中国澳门的"派钱"政策

中国香港和中国澳门是我国已经进入发达收入水平的两个特别行政区，其税收自给自足，无须向中央政府缴纳税收，因此这两个地区的财政收支常年处于盈余状态，那么多余的钱怎么处理？香港和澳门特区政府常常采用向永久居民派发红包的形式处理财政盈余。2020年，因为新冠疫情，香港和澳门特区政府各自向两地永久居民派发了一万港元和澳门元，此外澳门特区政府几乎年年都"派钱"。派发红包对两地的宏观经济有什么影响呢？宏观经济理论又是怎么分析这种政策的呢？

在前面的章节中，我们用IS-LM模型分析了"派钱"计划对港澳宏观经济的影响，按照传统凯恩斯的消费理论，政府"派钱"导致消费者的可支配收入提高，居民会拿出一部分新增加的可支配收入用于消费，因此消费提高并且总收入提高，政府"派钱"对最后的总收入有乘数效应。如图13-12所示，在IS-LM模型中，政府"派钱"增加了政府对居民的转移支付，从而使得净税收 T 下降，可支配收入 $Y-T$ 上升，因此IS曲线向右移动。政府"派钱"并不影响基础货币，因此LM曲线不发生移动。最终，宏观经济表现为收入和利率上升。

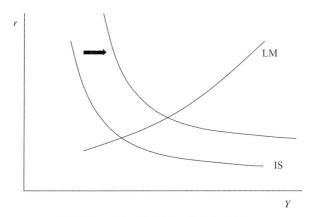

图13-12　IS-LM模型：转移支付增加

按照新古典的消费理论，政府"派钱"如何影响消费者的跨期决策仍然取决于"派钱"是否影响消费者的终生预算约束，消费发生何种变化取决于政府支出的情况：

① 如果政府在"派钱"的同时并不改变其将来的支出计划，"派钱"就不会影响消费者的终生收入 $Y_0 + \dfrac{Y_1}{1+r} - G_0 - \dfrac{G_1}{1+r}$，因此最优消费不变，这也是李嘉图等价的原理：

$$C_0 + \dfrac{C_1}{1+r} = Y_0 + \dfrac{Y_1}{1+r} - G_0 - \dfrac{G_1}{1+r}$$

发生改变的是消费者的储蓄，政府"派钱"相当于政府减税，也就是 T_0 下降，由于消费不发生改变，因此 0 期的储蓄 S 增加，政府"派钱"变成消费者的储蓄以应对未来税收的增加：

$$C_0 = Y_0 - T_0 - S$$
$$C_1 = Y_1 - T_1 + (1+r)S$$

② 如果政府在"派钱"的同时减少两期的支出计划，即 G_0 和 G_1 下降，那么消费者的终生收入 $Y_0 + \dfrac{Y_1}{1+r} - G_0 - \dfrac{G_1}{1+r}$ 上升，因此预算线外移，两期的消费 C_0 和 C_1 上升。

前沿拓展与文献速递

新古典主义的跨期消费决定理论认为边际消费倾向是由消费者偏好所决定的，必须对消费者行为建立微观基础，才能从模型中将边际消费倾向表示为底层参数如偏好和技术的函数，这样的做法可以通过"卢卡斯批判"的考验，而得到不受政府政策影响的真实的边际消费倾向。最近十年，边际消费倾向的研究再次复兴，原因在于宏观经济学的研究从宏观走向微观，宏观现象由微观现象加总得到，因此宏观经济学家将关注点转移到不同人群的边际消费倾向的分布上，从而加总得到宏观的边际消费倾向。Kaplan 和 Violante（2014）发现人群中有一部分固定资产多但流动资产少的人群，他们称之为"手停口停"（hand-to-mouth）者，这群人的边际消费倾向远高于普通人群。原因在于这群人因持有高额的固定资产而很富裕，但是在碰到收入负向冲击时无法即时卖掉固定资产抵御收入风险，因此当财政转移支付上升时，这群人的边际消费倾向比其他人高。Kaplan 和 Violante（2014）发现的机制引领了整个宏观经济学的基础模型往异质性模型转移，如 Kaplan 等（2018），这类新模型被称为异质性个体新凯恩斯主义模型。

参考文献

Kaplan, G., Violante, G. L., A Model of the Consumption Response to Fiscal Stimulus Payments, *Econometrica*, 2014, 82 (4), 1199–1239.

Kaplan, G., Moll, B., Violante, G. L., Monetary Policy According to HANK, *American Economic Review*, 2018, 108 (3), 697–743.

本章总结

本章讲述了宏观经济学中消费的基本理论：凯恩斯主义的消费理论以及新古典主义的跨期消费决定理论。从宏观经济学诞生以来，消费决定理论就是各种理论学说的中心。凯恩斯主义从消费函数出发，认为政府支出有乘数效应。新古典的消费理论从个人的跨期最优决策出发，为消费函数构建了坚实的微观基础。

问题与应用

1. 假设消费者的效用函数为对数效用函数 $U(C) = \log C$，$C = C_0, C_1$，其他的模型设置与两期模型相同。

（1）请写出 0 期和 1 期消费的边际替代率。

（2）均衡时，消费者的边际替代率等于多少？

（3）实际利率上升时，0 期和 1 期的消费的变动是多少？

（4）实际利率上升时，0 期消费的变化中多少是因为替代效应？多少是因为收入效应？

2. 在有税收和政府债务的两期模型中，假设 0 期的税收下降，并且政府支出也下降，请分析 0 期的消费和储蓄以及 1 期的消费的变化情况。

3. 请比较古典主义的消费理论与凯恩斯主义的消费理论的异同点。

4. 新冠疫情下，欧美各国都提出了各种经济刺激计划，例如减税、发行国债、增加失业救济金等，请结合消费理论，阐述这些政策的最终效果。

第十四章
投资理论：微观基础

本章概览

第十三章中，我们学习了 GDP 组成部分中消费的微观理论。这一章，我们学习 GDP 的另外一个重要组成部分投资的理论及其微观基础。

我们知道，消费是提供消费者效用的来源之一，有收入来源才有消费，而收入来自生产，生产就必须投入资本和劳动等要素，资本需要投资行为，因此未来的消费需要当期的投资增加。短期内，因为消费者的风险规避偏好，消费者会利用储蓄平滑收入的波动，尽量保持消费的稳定，而投资是 GDP 构成中波动最大的部分：在经济衰退期间，首先下降的就是投资，人们预期未来的收入下降，就会减少投资行为，以保持当期的消费不会下降太多。

投资可以分为三种：商业固定投资，包括各种生产部门从事生产活动时所需要的机器、设备以及知识产权；住房投资，包括居民居住或者房东出租需要而新增建造的房屋投资；存货投资，包括为了应对销售周期而提前准备的各种中间生产资料以及最终产品。这一章论述的是第一种投资即商业固定投资的理论，为了简便，后文所称的投资都是指商业固定投资。

首先，我们在企业的利润最大化问题中描述投资的一般理论。企业会选择使利润最大化的投资水平，在最优点时资本的边际产出等于资本的边际成本。

其次，我们讲述托宾的 Q 值理论，并结合前一章的新古典消费理论论述托宾的 Q 值理论。

本章主要内容如图 14-1 所示。

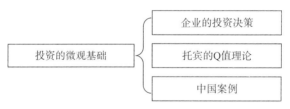

图 14-1 本章主要内容

第一节 企业的投资决策

投资的标准模型也叫新古典投资决策模型，企业通过雇用资本和劳动组织生产活动，其目标是最大化利润，因此企业在扩大资本带来的收益以及增加的成本之间取舍，赚取最大的利润。新古典投资决策模型反映了企业的投资决策，即资本的增量决策与资本的边际产出和边际成本之间的关系。

假设经济中存在两种企业：第一种企业是产品生产企业，其雇用资本生产一般的产品；第二种企业是资本租赁企业，其购买资本品，并将投资品租给第一种企业。现实社会中的企业一般兼具上述两种企业的功能。我们将企业分为两种是为了简化分析。

1. 产品生产企业

假设产品生产企业的生产函数为柯布-道格拉斯：

$$Y = AK^{\alpha}L^{1-\alpha}$$

企业租赁资本 K、雇用劳动 L 组织生产，需要付出包括资本租金 R 和劳动工资 W 在内的成本。假设企业生产的产品的价格为 P，企业最大化其利润：

$$\max_{K,L} PY - RK - WL$$

对于资本，其最优一阶条件为：

$$\alpha AK^{\alpha-1}L^{1-\alpha} = \frac{R}{P}$$

我们知道，$\alpha AK^{\alpha-1}L^{1-\alpha}$ 是资本的边际产出 MPK，即多租赁一单位资本品得到的产出增量，而 $\frac{R}{P}$ 是资本的边际成本，即多租赁一单位资本品所需付出的成本增量，当这两者相等时，企业的利润最大。

资本决定的一阶条件也是资本需求函数,企业对资本存量的需求 K 随着资本品的租赁价格 $\frac{R}{P}$ 的上升而下降,图 14-2 中向下倾斜的曲线就是资本的需求曲线。竖直的曲线为资本的供给曲线,资本品的供给和需求共同决定了资本的数量和租赁价格,其交点就是均衡点。

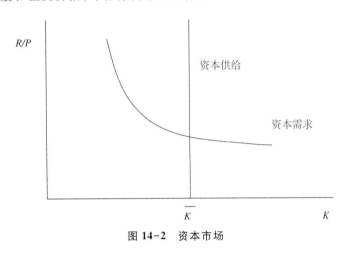

图 14-2 资本市场

资本的边际产出与全要素生产率 A、资本存量 K 以及劳动投入 L 有关,三个因素的变化会改变资本市场的均衡价格:全要素生产率上升,需求曲线向右移动,资本品的价格上升;资本存量下降,供给曲线向左移动,资本品的价格上升;劳动投入上升,需求曲线向右移动,资本品的价格上升。

2. 资本租赁企业

资本租赁企业购买投资品,租赁给产品生产企业,其收入来自产品生产企业的单位资本品成本投入 $\frac{R}{P}$,资本租赁企业的成本更为复杂一点儿,包括三部分:

① 资本租赁企业为了购买投资品的贷款利息成本。资本租赁企业通过贷款融资购入投资品,假设 P_K 为投资品的价格,i 为贷款利率,则单位投资品的贷款成本为 iP_K,如果企业是通过现金购买投资品的话,这部分仍然是企业的机会成本,因为资本租赁企业如果把这部分资金存入银行,依然可以获得 iP_K 的收益。

② 资本品价格的变动成本。资本租赁企业的收入来源于购入投资品，获得租赁收入。如果资本品的价格下降，这部分下降是企业的损失，因此我们也需要考虑资本品价格变化对企业成本的影响。假设投资期间，单位资本品的价格变动为 ΔP_K，则企业的成本变动为 $-\Delta P_K$，取负号是因为这里我们计算的是成本而非收益。

③ 折旧成本。资本租赁企业在购入资本品后，随着时间的推移和资本品的利用，资本品会产生折旧，投资增加后首先需要弥补资本的折旧部分，因此企业需要增加投入从而提高成本。假设一单位的投资品在每期产生 δ 单位的折旧，则企业需要重新增补的折旧的成本为 δP_K。

以上三项成本相加，每一个时期单位资本品的成本为：

$$iP_K - \Delta P_K + \delta P_K$$

假设资本品与其他产品一样，都有同样的通货膨胀率 $\pi = \dfrac{\Delta P_K}{P_K}$，上述单位资本品的成本可简化为：

$$P_K(i - \pi + \delta) = P_K(r + \delta)$$

这里用到了费雪方程式 $r = i - \pi$。因此，资本租赁企业的成本与实际利率、折旧率的总和以及资本品价格有关。另外，如果我们将资本租赁企业的成本以一般产品计量的话，我们就会得到资本租赁企业的实际成本：

$$\dfrac{P_K}{P}(r + \delta)$$

企业每单位资本的购入可以赚取的利润为每单位资本的收入减去每单位资本的成本：

$$\dfrac{R}{P} - \dfrac{P_K}{P}(r + \delta)$$

当资本租赁企业处于完全竞争的市场时，企业数量众多，企业也可以自由出入资本租赁市场，每一家企业都赚得零经济利润，在均衡时每单位资本的收入等于每单位资本的成本。

$$\dfrac{R}{P} = \dfrac{P_K}{P}(r + \delta)$$

3. 投资决定

当市场处于均衡时,产品生产企业的资本的边际收入等于边际成本,资本租赁企业的单位资本的收入等于单位资本的成本。

$$\text{MPK} = \frac{R}{P}$$

$$\frac{R}{P} = \frac{P_K}{P}(r+\delta)$$

于是,在均衡时,产品生产企业的资本的边际产出等于资本租赁企业的单位资本的成本,进而决定了均衡的资本存量。当资本的边际产出大于资本的边际成本时,企业扩大资本、加大投资有利可图;当资本的边际产出小于资本的边际成本时,企业缩小资本、减少投资更经济。

$$\text{MPK} = \frac{P_K}{P}(r+\delta)$$

净投资 I_n 是资本存量的增量,也就是当期与上一期资本存量的变化量。净投资取决于产品的边际产出、资本品价格、产品价格、实际利率。

$$I_n = \Delta K$$

每一期,企业除净投资外,还需补充折旧的资本品。因此总投资 I 是净投资和折旧的总和。

$$I = I_n + \delta K$$

假设经济开始时处于均衡状态,实际利率受到一个正向的冲击而上升,资本租赁企业的成本上升,导致资本的边际产出低于资本成本,于是企业会降低资本品投入,净投资下降,于是总投资也下降。因此,投资是实际利率的减函数,如图 14-3 所示。

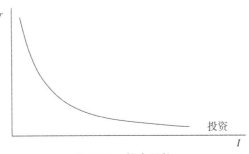

图 14-3 投资函数

实际利率以外的因素会导致投资曲线左右移动，如劳动投入增加会导致投资曲线向右移动。

4. 企业所得税和投资优惠

一个国家的税法对企业的投资有重大影响，国家的税收制定者可以通过不同的税收法律改变企业的投资激励。这里我们讲述两种政策，分别是企业所得税和投资优惠。

企业所得税是国家对企业利润的征税。中国现行的企业所得税基本税率为 25%，符合条件的小型微利企业的税率为 20%，高新技术企业的税率为 15%。

企业所得税对企业投资激励的效应取决于现实生活中如何定义企业的利润。在我们简单的模型中，资本租赁企业的利润等于资本租金 $\frac{R}{P}$ 减去资本成本 $\frac{P_K}{P}(r+\delta)$，如果现实世界也是如此定义企业的利润，那么企业所得税定在什么水平都不会影响投资的激励，只要资本租金高于资本成本，企业就会投资，反之，则会减少投资。

模型中的设定与现实中的设定的不同点在于折旧的定义不同，我们这里所说的折旧是资本的当期价值的一部分 δ，而现实中的税法规定采用历史价值，即资本品购入时间的价值，这会导致会计核算中的折旧与模型中的折旧不同。在资本品涨价的时候，因为资本成本上升，而折旧按历史成本价格计量，导致现实中的会计核算会低估折旧，导致高估利润，从而交纳更多的税额，企业就会减少投资。

现实中，政府也知道会计对利润的定义会导致企业投资动力不足。因此政府会出台各种投资优惠政策，如购入某种高技术机器时政府会给予补贴，这相当于减少了企业购入资本的价格 P_K，从而使投资曲线向右移动，鼓励投资。

第二节 股票市场与托宾的 Q 值理论

诺贝尔经济学奖得主詹姆斯·托宾（James Tobin）认为投资与股票市场

的波动密切相关,并由此引领了投资的另一派理论,即托宾的 Q 值理论(Tobin's Q)。股票市场是企业股权上市交易的市场。当企业的盈利预期能长期增长时,股票的价格上升,此时企业会加大投资扩大生产。因此,股票价格会反映企业投资的动力。

1. Q 值

托宾认为企业会根据一个比值决定是否增加或者减少投资,即 Q 值:

$$Q = \frac{\text{企业的市场价值}}{\text{企业的重估价值}}$$

其中,企业的市场价值是指企业的股票在市场交易的价值;而企业的重估价值是指企业如果被重新建立需要多少成本。托宾认为当 Q 值大于 1 时,企业如果补充资本,会获得更大的市场价值,因此会加大投资;如果 Q 值小于 1,则正好相反,企业补充资本,在股票市场上获得的价值会小于当期的重估价值,因此会减少投资。

托宾的 Q 值理论似乎与新古典投资理论在形式上脱节,但它们的内涵密切相关。我们将用两期模型学习 Q 值在理论模型中的对应,即资本品相对消费品的价格。事实上,Q 值的大小取决于投资的未来收益,当投资的未来收益更高时,企业的利润更高,因此企业在股票市场上更受追捧,股票的价值上升导致企业的市场价值上升,所以 Q 值上升、投资增加;而新古典投资理论认为投资的未来收益上升时,投资增加;因此两种理论的内涵和逻辑是一致的。同样地,当投资的成本上升时,新古典投资理论认为投资会下降,而在托宾的 Q 值理论中,投资的成本上升会让企业产生损失,市场价值下降,Q 值下降从而投资减少。

托宾的 Q 值理论非常直观,并且在现实中有对应的数字统计,便于观察和决策,也反映了单个企业和整个宏观经济的景气度以及民众对未来的预期。

2. 投资品的价格 Q 值

考虑一个两期模型,消费者生存 0 期和 1 期,0 期开始的时候消费者拥有资本品 K_{-1},消费者将资本品租赁给企业并为企业工作,工作时间为 L,获得工资收入 $W_0 L$ 和资本租赁收入 $R_0 K_{-1}$,消费者决定 0 期的消费 C_0 以及投资 I_0,

假设消费者投资的时候会有投资成本 $d(I_0)$。0 期期末的时候消费者持有的资本存量为：

$$K_0 = I_0 + (1-\delta)K_{-1}$$

其中，δ 为资本的折旧率。1 期开始的时候，消费者持有 0 期期末的资本量 K_0，消费者将资本品租赁给企业并为企业工作 L，获得工资收入 $W_1 L$ 和资本租赁收入 $R_1 K_0$，消费者决定 1 期的消费 C_1。其他设置与消费者理论中的两期模型一致，消费者的问题是：

$$\max U(C_0) + \beta U(C_1)$$
$$\text{s.t. } C_0 + I_0 = W_0 L + R_0 K_{-1} - d(I_0)$$
$$C_1 = W_1 L + R_1 K_0 + (1-\delta)K_0$$
$$K_0 = I_0 + (1-\delta)K_{-1}$$

设消费者 0 期和 1 期的预算约束的拉格朗日乘子为 λ_0 和 λ_1，资本积累的拉格朗日乘子为 μ。消费者最大化效用的拉格朗日函数为：

$$L = U(C_0) + \beta U(C_1) + \lambda_0(-C_0 - I_0 + W_0 L + R_0 K_{-1} - d(I_0))$$
$$+ \lambda_1(-C_1 + W_1 L + R_1 K_0 + (1-\delta)K_0) + \mu(I_0 + (1-\delta)K_{-1} - K_0)$$

对 C_0，C_1，I_0，K_0 求导得到均衡条件：

$$\lambda_0 = U'(C_0)$$
$$\lambda_1 = \beta U'(C_1)$$
$$\lambda_0(1 + d'(I_0)) = \mu$$
$$\lambda_1(R_1 + 1 - \delta) - \mu = 0$$

我们可以定义

$$Q = \frac{\mu}{\lambda_0} = 1 + d'(I_0)$$

在这里，Q 的含义为投资品的边际效用和消费品的边际效用之比，也可以被理解为投资品以消费品计价的价格，当经济中不存在投资调整成本即 $d(I_0) = 0$ 时，资本品的价格 Q 为 1，这个刚好也是托宾的 Q 值理论中分析投资是增加还是减少的标准。

分析投资的均衡条件：

$$Q = \frac{\beta U'(C_1)}{U'(C_0)}(R_1 + 1 - \delta)$$

等式左边为投资品的边际成本，即多投资一单位的资本需要付出的 0 期消费品的数量，而等式的右边为投资品的边际收益，即多投资一单位的资本在 1 期获得的效用等价的 0 期的消费品，均衡的时候边际成本等于边际效用。如果右边大于左边，消费者会增加投资；反之，会减少投资。

3. 两期模型中的托宾的 Q 值

假设效用函数为 $U(C) = \ln C$，投资的调整成本为 $d(I) = \xi I$，$\xi \in (0,1)$，则托宾的 Q 值为：

$$Q = 1 + d'(I_0) = 1 + \xi > 1$$

并且投资的均衡条件为：

$$Q = \frac{\beta C_0}{C_1}(R_1 + 1 - \delta)$$

第三节 中国案例：投资优惠政策

中国在改革开放后连续制定了多种投资优惠政策，吸引外国直接投资以及民营资本投资。

第一，设立经济特区。改革开放伊始，中国在沿海地区设立了深圳、珠海、汕头、厦门四个经济特区。特区内的一系列经济政策与特区外的地区不同（例如特区内企业所得税为 15%，而特区外为 33%），因此短时间内吸引了大量的海外投资，沿海地区利用海外资金和国内的廉价劳动力发展出口产业，经济迅速恢复增长。

第二，对鼓励性行业实行税收优惠。我国现行的企业所得税法规定：国家需要重点扶持的高新技术企业，减按 15% 的税率征收企业所得税；对经认定的技术先进型服务企业，减按 15% 的税率征收企业所得税。

第三，制定折旧政策优惠。企业在核算应税利率时，其会计核算折旧与税法核算的折旧不一致，这造成了企业所得税是不鼓励投资的税收，为此，我国对某些企业也制定了不同的折旧政策优惠，鼓励投资。例如集成电路生产企业的生产设备的折旧年限可以适当缩短，最短可为 3 年。

前沿拓展与文献速递

投资率以及全球性失衡

本章的投资理论假设经济封闭，因此 $S=I$。但在开放经济中，投资不一定等于储蓄，其差额等于进出口。开放经济中的国民收入恒等式为：

$$S - I = NX$$

其中 $S=Y-C-G$ 为国民储蓄，$NX=X-M$ 为净出口。净出口等于储蓄与投资的差额。改革开放后，中国在大部分时间处于贸易顺差的状态，因此储蓄大于投资。东亚国家和地区如日本、韩国也较长时期处于贸易顺差以及储蓄大于投资的状态。而美国与东亚的情形刚好相反，美国自20世纪70年代以来一直处于贸易逆差以及储蓄小于投资的状态，这种现象被称为"储蓄过剩"（saving glut）。

Bernanke（2005）论述了全球储蓄过剩的现象，并把全球性失衡的原因归结于东亚经济体对未来不确定性的预期：人们追求安全资产，将大量出口换得的外汇储备用于购买安全的美国国债，而不是用于国内投资，并且这个过程还伴随着利率的不断下降。从投资的微观基础模型出发，当一国对未来投资的不确定性增强时，产品生产企业的资本边际收入下降，当资本租赁企业的成本保持不变时，均衡的资本水平下降，从而导致投资下降，其投资需求曲线向左移动。

参考文献

Bernanke, B. S., The Global Saving Glut and the U. S. Current Account Deficit, Remarks at the Homer Jones Lecture, St. Louis, 2005.

本章总结

本章从生产者个体的最优决策出发论述均衡的投资决定理论，投资的边际收益和边际成本决定了最优的投资水平。另外，本章还介绍了托宾的 Q 值理论，并且在两期的跨期决策模型中比照了托宾的 Q 值与投资品价格之间的关系。

问题与应用

1. 投资的数量 I 取决于投资的边际收益 MPK 和边际成本 $\frac{P_K}{P}(r+\delta)$：

（1）请用自己的话描述决定投资 I 的均衡条件。

（2）当通货膨胀上升时，均衡的投资 I 会有什么变化？

2. 2004 年 12 月印度洋发生了地震，引起印度洋沿岸高达 10 米的海啸，造成了数十万人死亡以及基础设施毁损，请问：此事件对沿岸国家均衡的投资有什么影响？为什么？

3. 在两期模型中，折旧率上升，托宾的 Q 值会发生怎样的变化？

4. 请阅读本章"前沿拓展与文献速递"专栏中有关储蓄过剩的文献，阐述中国的储蓄现状。

5. 请阐述投资函数向右下方倾斜的原因。

经济增长篇

第十五章 经济增长的引擎

本章概览

当前的中国比几十年前繁荣得多。许多今天我们认为理所当然的产品和服务,包括电脑、手机、火车、汽车、电影、电视、球赛、音乐会等,在几十年前都不那么普及,甚至有些今天常见的产品和服务在几十年前还没有出现。事实上,最近几十年全球大多数国家和地区所能生产的产品和服务均有所增加。经济增长的过程体现为一个经济体生产产品和服务的能力不断提高的过程。

第一节将介绍一个基本事实:长期来看经济增长率非常重要。对于同样起点的国家,如果存在看起来差异不大的经济增长率,几十年或者几百年以后就可能会有非常不一样的生活水平。第二节讨论影响经济增长的三个直接因素:物质资本、人力资本、技术。人均物质资本增长较快、人力资本增长较快以及技术进步较快的经济体,通常也拥有较快的经济增长速度。第三节将讨论影响长期经济增长的三个深层因素:地理、制度、文化。一些研究认为,长期来看,这三个深层因素在背后决定着一个经济体的增长速度。第四节以案例的形式说明中国改革开放可用于验证经济增长的相关理论。

本章主要内容如图 15-1 所示。

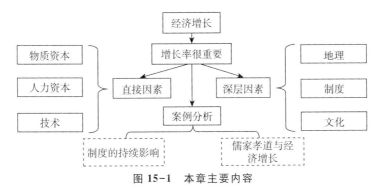

图 15-1 本章主要内容

第一节 增长率很重要

亚当·斯密在《国富论》中阐述了在他看来最重要的经济学问题：什么使一个国家走向繁荣，造福于民。根据他的观点，衡量繁荣至关重要的因素是每年人均产出的增长。为什么增长率如此重要？并不是因为发展的最终目标是增长，而是因为一个国家可以通过不断的增长来达到更高的收入水平。

经济增长率的重要性来自复利的强大力量。在复利的作用下，各国经济增长速度细微区别的长期积累，能够使世界各国人均 GDP 水平发生巨大的变化。表 15-1 报告了安格斯·麦迪森（Angus Maddison）估算的 1500—1998 年美国、日本等经济体的人均 GDP 数据。[1] 这个数据统一用 1990 年不变价的国际元做单位。因此，该表的数据可以直接进行横向跨国比较和纵向跨时期比较。

表 15-1 1500—1998 年部分国家的人均 GDP

（单位：1990 年国际元）

	人均 GDP				1500—1998 年	
	1500 年	1820 年	1913 年	1998 年	倍率	年均增长率（%）
美国	400	1 257	5 301	27 331	68.33	0.85
日本	500	669	1 387	20 413	40.83	0.75
印度	550	533	673	1 746	3.17	0.23
法国	727	1 230	3 485	19 558	26.90	0.66
德国	676	1 058	3 648	17 799	26.33	0.66
英国	714	1 707	4 921	18 714	26.21	0.66
墨西哥	425	759	1 732	6 655	15.66	0.55

资料来源：Maddison, A., *The World Economy: A Millennial Perspective*, Paris: OECD, 2001.

根据这些数据，我们可以发现 1500 年各国的人均 GDP 水平相对比较接近。当时较富有的法国的人均 GDP 也仅仅是当时较贫穷的美国的不到两倍。

---

[1] Maddison, A., *The World Economy: A Millennial Perspective*, Paris: OECD, 2001.

我们还根据安格斯·麦迪森的数据计算了这些国家在 1500—1998 年的人均 GDP 年均增长率。按今天的标准来看,表中的七个国家在这个时间段的人均 GDP 增长率并不算高。其中,人均 GDP 增长最快的美国也只有 0.85% 的年均增长率。然而,在将近 500 年的时间里,增长率的细微区别产生了巨大的影响。在这期间,美国的人均 GDP 变成了原来的 68.33 倍,而印度的人均 GDP 仅上升至原来的 3.17 倍。

第二节　经济增长的直接因素:物质资本、人力资本、技术

1. 物质资本积累

所谓物质资本,如机器、设备、厂房、建筑物、交通运输设施等,它是在一定时间内用来生产其他消费品或生产资料的耐用品。在自然资源给定和劳动力充足的经济体中,物质资本存量的多寡和物质资本形成的快慢是影响经济增长的基本因素。

物质资本的积累对于一国财富增长的重要性很早就被古典经济学家亚当·斯密所认识,他认为财富的增长有两个途径:一是通过分工来提高劳动生产率;二是增加生产性劳动者的人数。但是这两者的实现都离不开物质资本,无论是机器的改进还是工作分配的改良都必须以资本投资为前提。因此,物质资本积累就成为决定财富增长的关键因素。

图 15-2 使用 2019 年的跨国数据展示了物质资本水平与人均产出的关系。图上的每个点都代表一个国家的数据,横轴是按购买力平价计算的人均资本存量,纵轴是按购买力平价计算的人均 GDP。如图所示,我国目前的人均资本存量和人均 GDP 在全球来看都处于中等水平。

物质资本积累还可以看作是从"贫困的恶性循环"中解脱出来的一条出路。罗格纳·纳克斯(Ragnar Nurkse)在《不发达国家的资本形成》[①] 一书中提出了一个循环命题:一个国家穷是因为它穷。他描述了两个恶性循环:①资本供给:低收入——低储蓄——低资本形成——低生产规模——低收入;

---

① Nurkse, R., *Problems of Capital Formation in Underdeveloped Countries*, New York: Oxford University Press, 1953.

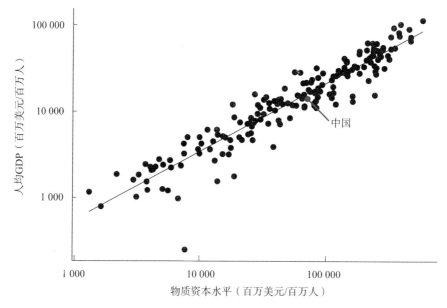

图 15-2 物质资本水平与人均产出的关系（2019 年）

数据来源：Penn World Table, version 10.0。

②资本需求：低收入——低购买力——投资需求不足——低资本形成——低生产规模和生产率——低收入。要想打破恶性循环，就必须采取平衡增长方式，增加储蓄、扩大投资，在许多行业同时进行大规模的投资，形成各行业之间的相互需求，扩大市场容量，以保证投资有效。

2. 人力资本积累

人力资本是经济增长的重要引擎之一，它是体现在人身上的知识、技能和健康水平等资本存量的加总，其独有的特性决定了它具有通过人力投资形成并与劳动者紧密联系在一起的特点。在生产活动中，人们将要素资源生产成各种商品，同时对劳动者进行教育培训，在提高学习能力和素质的同时提高社会劳动生产率。

人力资本理论的历史发展源远流长，最早的思想萌芽可以追溯到古希腊，柏拉图的著作《理想国》已经阐明教育和训练对经济发展起到一定作用。比较系统的人力资本理论是在 20 世纪 60 年代由舒尔茨和贝克尔提出的，其中两个核心观点是：在经济增长中人力资本的作用大于物质资本的作用；人力资本的核心是提高人口质量，进行人力投资的有效方法是教育。[①] 随着经济社会的发展，人们越来越深入地意识到人力资本积累的重要性，人力资本理论也不断发展，内容不断丰富，至今已成为经济学的一门分支，并被运用到企业管理中，有助于企业形成更加合理、有效完善的治理结构。

为了对人力资本进行测量估算，国际上通用的方法有终生收入法（J-F法）、支出法、教育指标法等。在人力资本积累中，教育是人力投资的主要部分，教育发展可以为个人和社会带来积极的收益。从教育发展带来的私人收益来看，通过提高个体受教育水平，积累人力资本，可以进一步保障收入，减少贫困。从社会收益的角度看，教育发展可以较好地调整劳动力市场供求均衡，优化市场结构，并通过知识扩散所形成的学习效应，提高劳动者的创新能力。与此同时，经济增长又促进了教育的繁荣。一方面，经济增长增加了教育投资的数量，提高教育的普及程度，扩大了教育的规模，加快了教育的速度；另一方面，经济增长改变了教育方式，优化了教育结构。二者相辅相成，联系紧密。

为了提升整体的创新能力和培养更多适应经济高质量发展的人才，国家不论是在素质文化教育方面，还是在技能培训方面，始终高度重视人力资本的积累和增加。

人力资本积累对经济增长具有重要作用。人力投资通过知识扩散形成学习效应，是人力资本积累的重要途径，它能够提高劳动者的学习能力和素质，在提高社会劳动生产率的同时增加消费，在提升经济体创新能力的同时优化产业结构，为经济增长提供智力源泉，为社会发展提供不竭动力。图15-3是2019年118个国家或地区数据的散点图，其中纵轴是按当前购买力平价计算的人均实际GDP，横轴是人均人力资本指数，这是一个基于受教育年限和教育回报的指数。

3. 技术进步

经济增长除了受要素投入驱动，还受到技术进步的影响。技术进步不但

[①] Becker, G. S., *Human Capital: A Theoretical and Empirical Analysis with Special Reference to Education*, Chicago: The University of Chicago Press, 1964. Schultz, T. W., Investment in Human Capital, *American Economic Review*, 1961, 51 (1), 1-17.

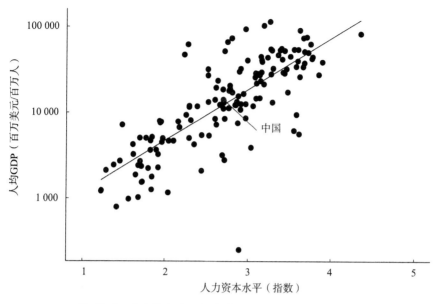

图15-3 人力资本水平与人均GDP的关系（2019年）

数据来源：Penn World Table, version 10.0。

能够提高劳动生产率，还可以抵消人均资本上升所引起的资本边际报酬递减的影响，改变生产函数，使得资本的边际报酬并未因资本的投入增加而减少，从而使资本—产出比相对稳定，带动经济总量的持续增长。包含技术进步的生产函数可以引入 A 来代表：$Y=A \cdot F(K, L)$，当给定物质资本存量和有效劳动单位时，更大的 A 会促进总产出的增加，让同样多的要素投入带来更多的社会产出。

技术进步一般指科学技术和组织管理的改进使得劳动和资本效率提高，具体表现在劳动力的素质、设备的先进程度及其使用效率、生产工艺的合理性和管理决策水平的提高等。而产生技术进步的方式除了偶然发生，如今更通常的情况是经济主体有意为之。

西蒙·史密斯·库兹涅茨在《各国经济增长》[①] 中比较了13个较为发达国家的长期统计资料，他得出的结论是：要素生产率在国民收入增长中的贡献明显上升，发达国家人均收入增加有50%—70%应归因于技术进步带来的要

---

① Kuznets, S., *Economic Growth of Nations: Total Output and Production Structure*, Cambridge: Belknap Press of Harvard University Press, 1971.

素生产率的提高。图15-4是2019年118个国家或地区数据的散点图,其中纵轴是按当前购买力平价计算的人均实际GDP,横轴是当前购买力平价的全要素生产率水平(美国=1)。可以发现,技术水平高的国家通常也拥有较高的人均GDP。

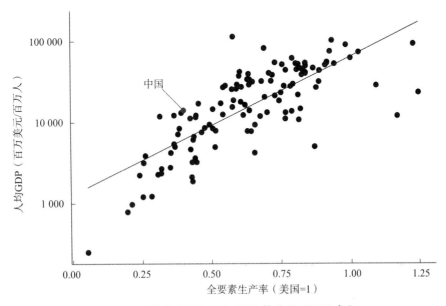

图15-4 技术水平与人均GDP的关系(2019年)

数据来源:Penn World Table, version 10.0。

综上所述,技术进步是经济增长的重要源泉,要想有持续的繁荣,必须重视知识的进步与积累。国家应该倡导科技创新,通过对研究和开发的支持激励更多的成果并使其转化为生产力,从而实现经济长期增长。

第三节 经济增长的深层因素:地理、制度、文化

上一节我们介绍了物质资本、人力资本和技术这三个经济增长的直接因素。然而,我们知道物质资本积累、人力资本积累和技术进步都是人们行动的结果。这自然又引出了下一个问题:哪些深层因素影响与决定物质资本、人力资本和技术这些直接因素呢?

1. 地理

地理因素对经济增长和发展有多方面的影响。我们大体可以将地理因素分为地理条件和地理位置。其中，地理条件包括水资源、矿产资源等。四大文明古国都发源于大河，这是因为河流可以提供丰富的水资源。城市用水量大，粮食需求量多，所以河流交汇的平原地区容易集聚人口形成城市。因矿产资源丰富而实现经济腾飞的城市也有很多，如石油资源城市、煤炭资源城市等。另外，地理位置在经济全球化趋势下也越来越重要。地理位置对经济增长的影响可以从经纬度位置、海陆位置、交通位置和邻国位置等方面显示出来。地球表面的热量、降水量等的分布是不平衡的，广大中纬度地区位置居中，四季分明、气候温和、降水适中，对人类的生产、生活和贸易等活动都较适宜，是人们生存、发展和交往的理想环境。举世瞩目的世界四大文明古国的疆域就主要位于中纬度的温带和亚热带范围。在海上贸易发达以后，重要航线的交通枢纽对当地的经济增长也起到了关键作用。比如，新加坡的经济繁荣在很大程度上依赖于马六甲海峡。

Démurger 等（2002）认为地理主要从两个方面来影响中国各地区的经济增长。[①] 一是地理条件影响农业生产，二是地理位置影响国际贸易。首先，在中国改革开放后的前二十年，农业在多数省份仍占很大比重，所以农业生产率是地区人均 GDP 增长率的重要决定因素。各地区的地理条件差异，如海拔高度和可耕地面积也会影响农业生产率，造成各地区经济增长率差异很大。其次，海运的低成本使沿海地区的城市成为制造业出口的基地。在出口产业的带动下，劳动力和资本等生产要素在长三角和珠三角等沿海地区集聚，当地经济快速发展。海运条件好的地区会直接受益于国际贸易，迅速提高其经济增长率。Jia（2014）发现近代中国"租界"或"通商口岸"的设立往往和地理位置有关。[②] 殖民者通常会选择海运条件好的沿海或沿江城市，因为这些城市方便发展国际贸易，从而经济增长率较高。

[①] Démurger, S., 杰夫·萨克斯、胡永泰等, 地理位置与优惠政策对中国地区经济发展的相关贡献,《经济研究》，2002 年，第 9 期。

[②] Jia, R., The Legacies of Forced Freedom: China's Treaty Ports, *The Review of Economics and Statistics*, 2014, 96 (4), 596–608.

贾雷德·戴蒙德（Jared Diamond）在其1997年出版的作品《枪炮、病菌与钢铁：人类社会的命运》①中列举了大量人类历史的早期事件，强调地理因素对早期人类社会的经济增长具有决定性的影响。戴蒙德对比了欧亚大陆、非洲、美洲和澳大利亚四块大陆，发现欧亚大陆具有得天独厚的优势。欧亚大陆可供驯化的动植物最多。欧亚大陆具有东西向的主轴线以及相对而言不太大的生态与地理障碍，使得作物和牲畜的推广在这一片大陆相对较快。同时，欧亚大陆面积最大，可承载的人口最多，"更大的面积或更多的人口意味着更多的潜在发明者，更多的互相竞争的社会，更多的可以采用的发明创造"。当然，戴蒙德的这本书主要是解释人类历史早期的经济活动，在技术不断进步的今天，地理对当今社会的影响已经与此不完全一样了。

2. 制度

影响经济增长的第二个深层因素是制度。诺贝尔经济学奖得主道格拉斯·诺斯在《制度、制度变迁与经济绩效》中为制度下了一个定义："制度是一个社会的博弈规则，或者更规范地说，它们是一些人为设计的、形塑人们互动关系的约束。"② 同时，该书认为"制度在社会中具有更为基础性的作用，它们是决定长期经济绩效的根本因素"。

经济增长依赖于物质资本积累、人力资本积累以及技术进步等直接因素。这些决定经济增长的直接因素的背后又是人们的各种互动和各种决策。比如说，技术进步背后是企业和其他机构在研发上的巨大投入。而人们在决定是否投入资源进行研发的时候，必然会考虑成本和收益的问题。在这个层面上，一个社会是否拥有保护知识产权的制度就非常重要了。如果一个制度能很好地保护知识产权，一些企业就愿意投入大量资源进行研发，并依靠研发所得的知识产权获得巨大的利益。相反，如果一个制度不能很好地保护知识产权，企业研发得到的技术就很难给自身带来巨大收益，企业往往也就更倾向于使用现有技术进行生产而不投入过多资源进行研发。当然，即使没有知识产权的制度性保护，人们也会通过干中学之类的形式在生产的过程中不经意地发

---

① Diamond, J., *Guns, Germs, and Steel: The Fates of Human Societies*, New York: Norton, 1997.
② North, D. C., *Institutions, Institutional Change and Economic Performance*, Cambridge: Cambridge University Press, 1990.

现新技术，进而通过相互分享推动整个社会的技术进步。但是，不经意间发现的新技术在数量和质量上都很难达到企业刻意投入大量资源获得新技术的水平。

在中国体制转换、增长方式改变的历史进程中，有很多经济制度促进了中国经济的发展。首先是改革农村土地产权制度，实行家庭联产承包责任制。在农村土地仍归集体所有的条件下，家庭联产承包责任制以"包产到户"的形式恢复农民的家庭经营，调动了农民的生产积极性。在城市，工业经济实行经营责任制，将所有权和经营权分离，理顺产权关系，推进国有经济的布局调整和实行股份制改造，促进了国有经济的发展。其次，改革所有制形式，鼓励非公有制经济发展。乡镇企业、民营企业在20世纪八九十年代迅速发展。随后，改革统收统支的财政体制，实行"分灶吃饭"和分税制财政体制改革。同时，进行大规模的基础设施建设，促进经济发展。

从本质上来说，中国经济制度的变迁恢复和扩大了经济发展的自主选择权，调动了各方面的积极性、创造性。

3. 文化

最近几十年，经济学文献中广泛关注的影响经济增长的第三个深层因素是文化。这一支文献通常将文化定义为"那些通过种族、宗教或社群一代一代传递下来的，相对稳定的传统信念和价值观"（比如，Guiso 等，2006）[1]。文化决定着个人和社会的价值观、偏好以及信念，而这些因素又通过影响人们的经济决策而深深地影响着一个经济体的增长表现。比如，一些社会的文化传统更强调储蓄和教育，这些社会往往就会积累更多的物质资本和人力资本，而物质资本和人力资本的积累又会带来较好的经济表现。

提到文化与经济增长的联系，相关的讨论往往会追溯到一百多年前马克斯·韦伯（Max Weber）出版的《新教伦理与资本主义精神》[2] 一书。根据韦伯的观点，西欧的工业化起源可以追溯到新教。因为新教的价值观鼓励努力工作和储蓄，而人们努力工作和增加储蓄则为经济增长提供了劳动力和资

---

[1] Guiso, L., Sapienza, P., Zingales, L., Does Culture Affect Economic Outcomes?, *Journal of Economic Perspectives*, 2006, 20（2），23-48.

[2] Weber, M., *The Protestant Ethic and the Spirit of Capitalism*, New York: Routledge, 1930.

本的良好基础。事实上，一些文献甚至在此思路的基础上，进一步提出新教伦理为后来西方世界的制度变迁提供了道义上的支持。因此，我们可以认为在一些情况下，文化会对制度这种经济增长的深层因素产生影响。

在劳伦斯·哈里森（Lawrence Harrison）和塞缪尔·亨廷顿（Samuel Huntington）主编的《文化的重要作用：价值观如何影响人类进步》[①] 一书中也有类似的观点：文化在决定繁荣中起着中心作用。书中对比了韩国与加纳在 21 世纪的经济增长表现，强调"文化必然在解释中占一大部分。韩国人重视节俭、投资、努力工作、教育、组织和纪律。而加纳人则有着不同的价值观"。当然，从更广泛的意义上说，书中强调的韩国人的价值观也是儒家文化的重要组成部分。

蔡洪滨等（2008）[②] 发现明代徽商选择基于血缘和宗族控制的治理模式，而晋商选择基于地缘和股俸激励的治理模式，他们认为造成两者差异的一个重要条件是两大商帮所处地域的宗族制度的强盛程度不同：徽州的宗族聚居和宗族制度在整体上比北方的山西更发达，所以徽商主要从宗族子弟中选拔人才，而晋商主要从同乡中选拔。不同的宗族制度发展程度决定了其企业治理方式和制度的不同，也决定了两地经济发展模式的不同。良好的治理结构可以有效地利用地域文化中的合理因素并与企业内部治理进行整合，形成良性博弈，从而节省企业的治理成本。徽商和晋商的成功也许正是因为它们找到了适合各自地域文化的企业治理良性机制，所以促进了两派企业的发展和地区的经济增长。

总的来说，经济学文献中普遍认为文化是影响经济增长的深层因素。不过，经济学家对其中许多相关的具体问题还没有形成清晰的答案。比如，如何精确测度一个社会的文化？哪些文化特征对经济增长有利？文化的演化是如何发生的？假定我们知道一些文化特征对经济增长有利，我们又如何才能演化出那种文化特征呢？许多问题都有待进一步的研究。

[①] Harrison, L. E., Huntington, S. P., *Culture Matters: How Values Shape Human Progress*, New York: Basic Books, 2000.
[②] 蔡洪滨、周黎安、吴意云，宗族制度、商人信仰与商帮治理：关于明清时期徽商与晋商的比较研究，《管理世界》，2008 年，第 8 期。

第四节 中国案例：改革开放与经济增长理论

改革开放以来，中国的经济增长率远高于世界平均水平。四十余载的时间里，我国人民生活水平大幅提升，现代服务业蓬勃兴起，金融业和制造业不断创新发展，医疗卫生服务系统更加先进，人民教育理念和水平不断提高，居住环境更加绿色生态，国家繁荣昌盛，经济飞速发展。在此过程中，我国的物质资本和人力资本得到积累，技术水平不断进步。

改革开放以来，我国在物质资本积累方面取得了极大的成就。张军等（2004）估算了1952—2000年我国的物质资本存量数据。[①] 按1952年不变价格计算，1978年我国的物质资本存量为6 267亿元，1990年增长至17 224亿元，2000年进一步增长到51 056亿元。快速的资本积累对改革开放以来我国产出的快速增长贡献巨大。同时也要注意到，快速的经济增长与物质资本积累是相辅相成的。经济增长带来了消费需求，为企业带来了利润空间，促进了企业投资扩张的冲动，也提升了企业的投资能力。换言之，物资资本积累促进了经济增长，经济增长导致了更多的投资。

在人力资本积累方面，改革开放以来，国家高度重视教育事业的发展，将教育视为优先发展战略。近年来，我国的教育投入不断增加，人均教育经费逐年上升。政府通过一系列政策优化人力资本结构、提升整体创新能力，培养了更多适应经济高质量发展的人才。《中国人力资本报告2021》显示：1985—2019年，中国人力资本存量由42.46万亿元增长到529.80万亿元。从人均方面来看，人均人力资本是指人力资本总量与非退休人口的比率，它能较好地反映一个地区人力资本的发展状况。1985—2019年，中国实际人均人力资本存量也从4.37万元上升至47.44万元，年均增长率达7.49%左右，表明我国人力资本水平有了明显的提高。

在技术进步方面，改革开放后，中国的科学技术从引进技术进行初次消化吸收，到加速理解吸收进行自主创新，再到创新驱动发展。从制造到创造，

[①] 张军、吴桂英、张吉鹏，中国省际物质资本存量估算：1952—2000，《经济研究》，2004年，第10期。

第十五章 经济增长的引擎

从学习到创新,中国经济增长的奇迹背后,是受内部与外部因素共同作用的经济发展与科技进步之路。2013 年我国财政科技支出为 6 184.9 亿元,至 2019 年增长为 10 717.4 亿元,研发投入逐年增加。在 1978 年的全国科学大会上,"现代化的关键是科学技术现代化"这一观点应运而生。四十余载的风雨兼程,我国在各项高新技术领域取得了诸多成就:1988 年 10 月 16 日,我国第一座高能加速器——北京正负电子对撞机首次对撞成功,这是我国继原子弹、氢弹爆炸成功后在高科技领域的又一重大突破;1999 年 9 月,中国加入人类基因组计划,成为参与此项研究计划的唯一发展中国家;2000 年 10 月 31 日,我国自行研制的第一颗导航定位卫星——"北斗导航试验卫星"发射成功,中国继美国和俄罗斯之后,成为第三个拥有自主卫星导航系统的国家;2003 年 10 月 15 日,"神舟五号"飞船升空,标志着我国首次载人航天飞行圆满成功;2007 年 10 月 24 日,我国第一颗绕月探测卫星——"嫦娥一号"发射成功;2020 年 1 月 11 日,被誉为"中国天眼"的 500 米口径球面射电望远镜通过国家验收正式开放运行,成为全球最大且最灵敏的射电望远镜。

在地理方面,地理因素对社会经济发展具有重要作用。1997 年 7 月 1 日香港的回归、1999 年 12 月 20 日澳门的回归,不仅使我国领土更加完整,同时也促进了我国的社会主义现代化建设。在"一国两制"的政治制度下,香港和澳门经济繁荣发展,与内地的经济关系紧密。香港地处华南沿岸,同时也位于迅速发展的东亚地区的中心地带,优越的地理位置使其金融、贸易、旅游业和物流业非常发达。香港加强了中国与世界的经贸交流与合作,是中国经济的一扇窗户。澳门位于中国东南沿海,地处珠江三角洲的西岸,与内地经济贸易关系深厚。一方面,内地为澳门提供原材料、物资和劳动力,为澳门经济发展提供有力保障;另一方面,澳门有利于内地吸引境外投资,加强内地与国际的经济交流与合作。粤港澳大湾区位于珠江的入海口附近,南临南海,包括香港特别行政区、澳门特别行政区和广东省广州市、深圳市、珠海市、佛山市、惠州市、东莞市、中山市、江门市、肇庆市珠三角九市,其地理区位优越,具有交通运输、贸易、金融等方面的优势,是中国经济活力最充沛的区域之一。同时,粤港澳大湾区也是"海上丝绸之路"的起点之一,在连接 21 世纪"海上丝绸之路"沿线国家和地区、推进"一带一路"

建设方面意义深远。粤港澳大湾区的建设对于丰富"一国两制"实践内涵，促进中国经济内外双循环良性互动具有重要作用。

在制度方面，改革开放过程中，我国从20世纪70年代末开始推广家庭联产承包责任制，实行"包产到户"，很好地适应了当时农村生产的需要，不仅提高了农民的生产积极性，还促进了农业生产力的发展。经历四十多年的蜕变，农业农村体制改革使得农业实现了脱胎换骨，现代农业在一定程度上解放了农民的双手，智慧农业极大地改善了农民的生活水平。伴随着改革开放的进程，我国逐渐由计划经济转为市场经济，工业和制造业由当初的手工作坊逐渐发展为世界的制造业中心，并进一步向世界的创造中心迈进。

在文化方面，文化与经济发展联系紧密，决定着人们的世界观、价值观和偏好，而这些因素又通过影响人们的经济决策而影响一个经济体的增长表现。中国优秀传统文化博大精深、源远流长，其中所蕴含的思想文化和道德修养在宏观上影响着经济社会的消费与投资，同时又作用于微观家庭的消费与储蓄。从儒家文化的经济影响来看，"中庸之道"是儒家文化的核心之一，在中庸价值观潜移默化的影响下，社会重视集体意志和经济发展的平衡。改革开放以来，中国优秀传统文化在时代中继承创新，对于经济发展具有重要意义。

总的来说，中国改革开放以来的高速增长为人们理解经济增长背后的决定因素提供了宝贵的案例。

前沿拓展与文献速递

1. 制度的持续影响

Dell（2010）利用历史制度对秘鲁不同地区经济发展长期影响的不同进行了细致的实证分析，讨论制度差异对发展中国家的长期历史影响。

1573年西班牙政府在秘鲁和玻利维亚地区建立了一个强制实行的徭役制度——米塔，并且在1812年废除。米塔制度的实行有助于殖民国家更高效便利地开采当地的银矿和水银。为了节省开采的人工、运输等成本，殖民者围绕矿区在其附近专门设立了采矿区域。该制度强制规定，采矿区域内两百多个土著地区每年都要无条件提供男性居民总数的七分之一从事强制性劳动，主要包括开矿、修筑道路和桥梁以及在种植园做工。劳动时间每天可达18—22小时，死亡率高达80%。米塔一词在印第安人克丘亚语中有替换、轮流之意。据估计，殖民统治时期仅在秘鲁就有约800万印第安人死于米塔制度，西班牙殖民者则榨取了价值高达25亿比索的财富。印第安人为反对这一罪恶的制度进行了长期的斗争。直到19世纪初拉丁美洲各国独立后，米塔制度才被取消。

米塔制度的分配标准为距离矿井的远近和海拔高度。在米塔制度施行区域边界线的两侧，其地理条件、人文风俗、饮食习惯本来几乎没有差异，所以这条边界线就自然形成了断点：这个区域的一部分地区必须送出一定的人口去服徭役，但是另外的地区就不用去服徭役。这个断点两边的人群由于处在不同的制度下而受到制度长期深远的影响。研究表明：即使米塔制度已经消失了两百多年，这一制度的后续影响依然存在。实行米塔制度地区的家庭消费和儿童发育不良患病率依然高于没有实行米塔制度的地区。研究还发现，米塔制度的影响是通过其对土地所有制和公共物品供给的影响而持续存在的。

好的制度可以起到正向激励作用，而不好的制度起到的是负向激励作用。米塔制度无法保护人们最基本的人身自由权，更何谈让当地居民通过自己的努力去发展呢？更严重的是，即便米塔制度已被废除，这种历史事件在当地的烙印也会一直延续下去，并且至今还制约着当地的经济发展。

参考文献

Dell, M., The Persistent Effects of Peru's Mining Mita, *Econometrica*, 2010, 78 (6), 1863-1903.

North, D. C., Thomas, R. P., *The Rise of the Western World: A New Economic History*, New York: Cambridge University Press, 1973.

2. 儒家孝道与经济增长

李金波和聂辉华（2011）探讨了儒家孝道这一文化特征的成因和经济影响。孝道作为儒家思想的典型特征之一，对中国古代经济发展到底起到促进的作用还是抑制的作用？为什么自汉武帝"废黜百家，独尊儒术"之后，历代的统治者都会推崇孝道并且社会上各阶层也都普遍接受孝道？为什么在匈奴等少数民族则没有出现类似的现象？

我们已经知道储蓄水平决定均衡产出，而储蓄水平又是由储蓄收益率决定的。在生产力比较差的自然经济时代，人们几乎没有积累和储蓄，信贷市场几乎不存在，这时，把未来消费"储蓄"在子女身上就成了家庭储蓄的最优决策。下面简要介绍孝道在代际流动中所起的作用。假设在每一期 t，一个新成员出生，进入家庭，称为第 t 代。每个人可以存活三期：幼年期（t）、成年期（$t+1$）、老年期（$t+2$）。人们在幼年期因为没有生产能力，所以只能依靠上一代的抚养；到了成年期之后，人们就具备了生产能力，可以提供劳动；最后步入老年期时，人们丧失了生产能力，需要处在成年期的后代赡养。我们可以把这个代际关系理解成一种融资契约，第 t 代向第 $t-1$ 代借入一定的代际转移物品；到了 $t+1$ 期时第 t 代进入成年期，向处于老年期的第 $t-1$ 代偿还以前借入的前向转移物品。

然而这种契约总是不完备的，转移物品的内容、形式和质量对双方都是可观察但不可被证实的，并且下一代会有较大的违约激励，而预见了违约激励的上一代就会选择较低水平的转移物品，或者干脆不转移，这就陷入了一个囚徒困境。此时，孝道在其中的作用就显现出来了，孝道是对孝行的认同，即按照期望的水平赡养上一代，如果违约或者观察到别人违约都会产生一种负效用，那么就相当于对违约添加了一个惩罚机制。动态博弈出现均衡结果的条件是孝道的惩罚满足一定的条件。

因此，统治者推行孝道会有利于维持前面说到的契约合作均衡，向后代投入更多资源形成人力资本积累，进而促进经济增长。但是，古代社会并不完全是和平时期，还可能面临各种战争的风险，推行孝道不一定会满足统治者的利益最大化。统治者会通过制定制度或法律的方式形成某种水平的孝道认同，使得家庭在满足自身利益最大化时对劳动和参军进行劳动力分配。均衡时会存在两种情况，当军事竞争的平均收益低于某个临界值时，统治者将选择最高水平的孝道，此时经济进入"Ⅰ类均衡"；当军事竞争的平均收益高于某个临界值时，统治者将选择最低水平的孝道，此时经济进入"Ⅱ类均衡"。从历史事实来看，中原文明在汉代以后大部分时间都基本处于和平时期，战争的收益较低，因此会进入"Ⅰ类均衡"，统治者大力推崇孝道，实现经济的快速增长。而匈奴游牧文明则认为战争的收益会比劳动生产的收益更高，以"侵略成性"而著称，因此推行孝道反而会减少他们的收益，最终统治者会选择最低水平的孝道，鼓励战争投入，使经济进入"Ⅱ类均衡"：越是好战，越不重视孝道，老年人的投资激励就越少，经济难以持续发展，就越是要对外进行战争掠夺以延续生存。

总的来说，孝道实际上是一种变相的储蓄机制，是对纵向代际交易产权的保护，对于经济的可持续增长具有重要意义。

参考文献

李金波、聂辉华，儒家孝道、经济增长与文明分岔，《中国社会科学》，2011年，第6期。

本章总结

长期来看，经济增长率对一国的生活水平具有重要的决定作用。本章从直接因素和深层因素两个维度介绍了影响经济增长率的主要因素。影响经济增长的三个直接因素是：物质资本、人力资本、技术。如果一个国家能长期实现较快的物质资本积累、较为迅速的人力资本水平提升，以及较快的技术进步速度，那么这个国家就可以实现较快的经济增长。经过一段时间的积累，这个经济增长较快的国家通常也能为生活在其中的人民提供较高的生活水平。相关文献较为关注的影响经济增长的三个深层因素是：地理、制度、文化。一个国家是否善于利用自身具有的地理、制度和文化等深层因素，以及是否善于将自身的地理、制度和文化建设得更有利于经济增长，往往是一个国家能否取得良好经济表现的关键所在。

问题与应用

1. 中国1952年的人均GDP只有962.8美元，印度同年的人均GDP则有986.3美元。从这个数据来看，1952年中国和印度的人均GDP差不多，甚至中国还比印度稍微穷一点。但是，到了2019年，中国的人均GDP已经上升到14 128.8美元，印度却只上升到6 711.4美元。① 请问：

（1）1952—2019年这段时间内，中国和印度的人均GDP年增长率分别是多少？

（2）从全球的历史经验来看，一个相对落后的国家怎样可以在很长一段时间后获得较高的人均收入水平？

2. 在Penn World Table version 10.0里有数据的183个经济体中，2019年人均GDP增长率最高的5个经济体分别为安圭拉、埃塞俄比亚、荷属圣马丁、格鲁吉亚和巴勒斯坦。然而，这5个经济体并不是最富裕的经济体。它们的人均GDP在183个经济体中分别排在第88位、第160位、第47位、第79位和第130位。这看起来像是一个矛盾。请解释为什么一些人均GDP很低的国家也可以拥有很高的经济增长率。

3. 请结合现实简述经济增长的直接动力有哪些。

4. 请结合现实简述经济增长的深层因素有哪些。

5. 请尝试从地理、制度和文化的角度解释第二次世界大战以后"亚洲四小龙"的高速经济增长。

---

① 资料来源为Penn World Table version 10.0。以上数据中人均GDP的单位都是2017年美元，汇率用购买力平价折算。

第十六章
索洛模型

本章概览

这一章我们介绍经济学家用于研究经济增长的一个经典模型——索洛模型,它以1987年诺贝尔经济学奖得主罗伯特·索洛(Robert Solow)的名字命名。[①] 索洛模型假设总产出取决于物资资本、劳动力和技术水平。资本积累、劳动力增加以及技术进步都会提高一个经济体的总产出。模型的结论强调只有持续的技术进步才能带来人均 GDP 的持续增长。

第一节介绍索洛模型的基本设定,第二节求解索洛模型的均衡状态,第三节介绍索洛模型的主要结论,第四节说明索洛模型的结论与中国经济增长的相关政策实践的共通之处。

本章主要内容如图 16-1 所示。

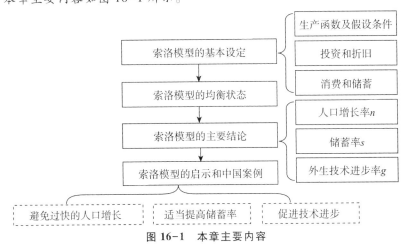

图 16-1 本章主要内容

---

① Solow, R. M., A Contribution to the Theory of Economic Growth, *The Quarterly Journal of Economics*, 1956, 70 (1), 65-94.

第一节 索洛模型的基本设定

在索洛模型中,我们讨论一个封闭经济体。这个经济体不与别国互动,包括没有人员往来,没有国际贸易,没有资本跨国流动,甚至没有技术转移。我们也许会想,这符合现实吗?这里需要再次说明一下建立经济模型的思维。建立模型的时候,我们需要省略那些对本模型来说相对次要的特征,只保留最基本、最重要的要素。只有这样,我们才能清晰地研究最关键的逻辑。在这里,封闭经济体当然不是对现实世界的精确描述。但是,我们会发现,这些假设极大地简化了我们的分析,并且帮助我们得出了有用的结论。

我们假设这个经济体的总产出(Y)取决于资本(K)、劳动(L)和技术水平(A)。具体来说,可以用下面的公式来表示这一假设:

$$Y = F(K, AL) \qquad (16-1)$$

其中,F 被称为生产函数。同时,我们假设生产函数是规模报酬不变的。根据定义,如果 F 对于任何正数 λ 都满足

$$\lambda F(K, AL) = F(\lambda K, \lambda AL) \qquad (16-2)$$

那么,我们就说生产函数 F 是规模报酬不变的。也就是说,如果生产函数的第一个参数和第二个参数都变为原来的 λ 倍,产出也会变成原来的 λ 倍。应该说,这一假设较为符合工业生产的现实。很多情况下,多加一倍的设备和工人,产出也基本上会增加一倍。

规模报酬不变的假设使我们可以对式(16-1)进行化简,将二元函数简化为一元函数。这将简化我们的分析过程。为了看出这一点,我们令 $\lambda = \dfrac{1}{AL}$,由式(16-1)可以得到

$$\frac{Y}{AL} = F\left(\frac{K}{AL}, \frac{AL}{AL}\right) \qquad (16-3)$$

在此基础上,我们用 y 表示 $\dfrac{Y}{AL}$,用 k 表示 $\dfrac{K}{AL}$,用 $f(\cdot)$ 表示 $F(\cdot, 1)$,可以把式(16-3)简化成

$$y = f(k) \tag{16-4}$$

针对生产函数式（16-4），索洛模型给出了一些基本假设，包括：

① k 为 0 的时候，y 也为 0，即：

$$f(0) = 0$$

② 随着 k 上升，y 也上升，或者说资本的边际产量大于 0，即：

$$f'(k) > 0$$

③ 随着 k 上升，$f'(k)$ 下降。结合上一个假设，这意味着：随着资本增加，产出会上升，但是资本增加带来的边际产出会越来越少，或者说，资本的边际产出递减，即：

$$f''(k) < 0$$

④ k 趋于零时，$f'(k)$ 趋于无穷大，或者说，资本非常少的时候，增加一单位资本带来的产出非常大，即：

$$\lim_{k \to 0} f'(k) = \infty$$

⑤ k 趋于无穷大时，$f'(k)$ 趋于 0，或者说，资本非常多的时候，增加一单位资本带来的产出非常少，即：

$$\lim_{k \to \infty} f'(k) = 0$$

基于这五个基本假设，我们可以画出生产函数式（16-4）的曲线。

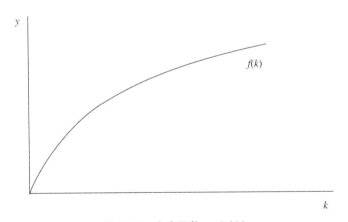

图 16-2 生产函数 $y=f(k)$

值得一提的是，我们这里用索洛模型来研究的是经济增长。经济增长是一个动态的问题，或者说我们要考虑每一个变量随着时间的推移会如何演变的问题。因而，模型中的每一个变量都可以看作时间的函数，随着时间的改变有可能会改变。为了体现模型的动态性，我们可以把式（16-1）重写为

$$Y(t) = F(K(t), A(t)L(t)) \qquad (16-5)$$

式（16-5）的写法提醒我们，资本 $K(t)$、劳动 $L(t)$ 和技术水平 $A(t)$ 都可能随着时间的推移而改变。当然，总产出 $Y(t)$ 也可能会随着时间的推移而改变。

为了简化表述，我们有时也会直接使用式（16-1）那样的表达。但我们必须记住，在索洛模型中，资本、劳动、技术水平和总产出，以及其他许多变量，都是时间的函数。

接下来，我们探讨资本如何随着时间的推移而改变。我们假设全社会的资本总量的改变取决于两个因素：第一个因素是投资，投资会产生新的资本；第二个因素是折旧，折旧会减少现有资本。

在索洛模型中，我们认为投资等于储蓄。这一结论来源于封闭经济的假设。在封闭经济的假设下，国内的储蓄不会输出到国外，只能全部用于在本国进行投资；同时也不存在引进外资的可能，本国的投资只能来自国内的储蓄。用 I 表示投资，用 S 表示储蓄，我们可以把这一结论表述为：

$$I(t) = S(t) \qquad (16-6)$$

为了简化起见，索洛模型也不考虑政府购买。在封闭经济的假设下，自然也不会有净出口。因此，从支出法的角度看，总产出就只包含两项：消费和投资。

$$Y(t) = C(t) + I(t) \qquad (16-7)$$

结合式（16-7）和式（16-6），我们很容易就可以知道，总产出可以分为消费与储蓄。

$$Y(t) = C(t) + S(t) \qquad (16-8)$$

在索洛模型中，我们假设储蓄是总产出的一个固定比重，或者说我们假设有一个外生给定的储蓄率。用 s 表示储蓄率，我们要求 $0 \leq s \leq 1$。这一假设也可以表述为：

$$S(t) = sY(t) \qquad (16-9)$$

相应地，消费也是产出的一个固定比率：

$$C(t) = (1-s)Y(t) \tag{16-10}$$

事实上,外生给定的储蓄率是索洛模型区别于许多其他经济增长模型的关键假设。现实中,储蓄率是由每一个家庭的决策共同构成的。各种经济因素完全有可能影响家庭的决策,因而也完全有可能影响储蓄率。从这个角度说,索洛模型关于储蓄率的假设当然也是不符合现实的。不过,正是这一假设大幅度简化了模型的分析,有力地提高了索洛模型的影响力。[①]

在折旧方面,我们假设存在一个外生给定的折旧率,用 δ 表示。现在,我们可以将投资和折旧两种影响资本的因素结合在一个方程里面表达:

$$\dot{K}(t) = I(t) - \delta K(t) \tag{16-11}$$

其中,$\dot{K}(t)$ 表示资本的改变量。[②]

我们假设一个人提供一单位的劳动力,而且人口增长率外生给定,用 n 表示人口增长率。可以用下面这个数学公式表示人口增长率:

$$n = \dot{L}(t)/L(t) \tag{16-12}$$

在索洛模型中,我们还假设技术进步率外生给定。这是索洛模型等新古典增长模型与下一章要介绍的内生增长模型之间的最主要区别。我们用 g 表示技术进步率,可以用下面这个数学公式表示技术进步率:

$$g = \dot{A}(t)/A(t) \tag{16-13}$$

第二节 索洛模型的均衡状态

为了与式 (16-4) 对应起来,我们接下来尝试把式 (16-11) 转换为用 k

[①] 随着经济学研究的发展,在索洛模型的基础上出现了一些允许储蓄率内生的模型。这类模型扩展了我们探讨的空间,但技术复杂度也提高了。因此,大多数入门教材在介绍经济增长模型的时候都选择把索洛模型作为基准进行介绍。

[②] 我们使用在函数符号上加一点的方式来表示某一变量的变化率,即对时间的导数。比如,$\dot{K}(t) = dK/dt$。事实上,在函数符号上加一点表示对时间的导数是牛顿发明的记法。另外两种当前常见的记法分别来自莱布尼茨和拉格朗日。莱布尼茨的记法中使用 dy/dx 表示 y 对 x 的导数。拉格朗日的记法中函数 $y=f(x)$ 的导数记作 $f'(x)$。更多相关内容见 Cajori, F., *A History of Mathematical Notations*, New York: Courier Corporation, 2013。

等符号表示的式子。首先，根据定义有 $k = \dfrac{K}{AL}$，两边取对数可以得到

$$\ln(k(t)) = \ln(K(t)) - \ln(A(t)) - \ln(L(t))$$

上式对 t 求导可以得到

$$\frac{\dot{k}(t)}{k(t)} = \frac{\dot{K}(t)}{K(t)} - \frac{\dot{A}(t)}{A(t)} - \frac{\dot{L}(t)}{L(t)}$$

将式（16-11）、式（16-12）和式（16-13）代入上式可以得到

$$\frac{\dot{k}(t)}{k(t)} = \frac{I(t) - \delta K(t)}{K(t)} - g - n$$

再将式（16-6）和式（16-9）代入上式可以得到

$$\frac{\dot{k}(t)}{k(t)} = \frac{sY(t)}{K(t)} - \delta - g - n$$

又因为 $k = \dfrac{K}{AL}$、$y = \dfrac{Y}{AL}$ 及式（16-4），上式可以进一步整理为：

$$\frac{\dot{k}(t)}{k(t)} = \frac{sf(k(t)) - (n + g + \delta)k(t)}{k(t)} \tag{16-14}$$

在索洛模型中，我们将均衡状态定义为 $k(t)$ 的增长率为零的状态。我们用 k^* 表示这个不随时间改变而改变的 k。有时候我们也说，均衡路径上 $k(t) = k^*$。

根据这个定义，我们知道均衡状态下有

$$sf(k^*) = (n + g + \delta)k^* \tag{16-15}$$

式（16-15）也被称为索洛模型的关键方程，因为这一方程确定了均衡状态的有效劳均资本存量（k^*）。我们还可以借助式（16-4）进一步确定均衡下的有效劳均产出（y^*）。

为了直观地展示索洛模型的均衡状态，我们可以将式（16-15）的等号两边同时画在以 k 为横轴的二维平面上，如图 16-3 所示。

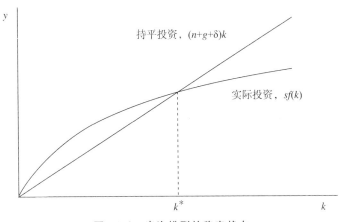

图 16-3 索洛模型的稳定状态

第三节 索洛模型的主要结论

这一节介绍索洛模型的四个主要结论。

1. 人口增长率

当一个经济体的人口增长率 n 上升时,代表人口增长、技术进步和折旧的直线的斜率将会变大,直线变得更加陡峭。由于储蓄率不变,投资也就不变,这就使得稳态有效劳均资本水平由于人口增长率的提高而下降。由于有效劳均产出水平是关于有效劳均资本水平的增函数,因此当有效劳均资本水平下降时,有效劳均产出水平也会下降。索洛模型预测人口增长率更高的经济体将会有更低的有效劳均产出水平。另外,人口增长率的变化并不能解释经济的持续发展(由于稳态产出仍为常数),但它有助于解释总产出的持续增长。

2. 储蓄率对产出的影响

考虑一个经济的储蓄率提高对产出的影响。由于假设储蓄等于投资,因此储蓄率 s 上升意味着给定任意的资本存量,投资量都更大了。这使得投资函数向上移动。折旧量不变的情况下,投资超过折旧,资本存量就会一直增加,直到资本达到新的更高的稳态。同样地,更高的资本存量意味着产出水平也会达到一个更高的水平。索洛模型表明更高的储蓄率导致了更快的增长，但这只是暂时的，在经济达到新的稳态之后，高经济增长率也随之消失，保持着大的资本存量和高的产出水平。

3. 储蓄率对消费的影响

根据索洛模型，尽管高储蓄率会带来更高的产出水平，但是过高的储蓄率会导致较低的消费水平。使消费最大化的稳态 k 值被称为资本的黄金率水平。接下来我们将分别讨论经济初始状态的资本与黄金率稳态大小关系不一样时的情况。

当经济一开始所处的稳态所拥有的资本存量高于黄金率水平时，如果政府制定相关的政策使储蓄率下降，并最终达到黄金率水平，就会引起消费立刻增加和投资立刻减少。随着时间的推移，当资本存量减少时，投资、产出和消费也会随之减少。尽管产出和投资都更低了，但是由于新的稳态是黄金率稳态，消费必定会高于初始状态。

当经济一开始所处的稳态所拥有的资本存量低于黄金率水平时，如果政府制定相关的政策使储蓄率上升，并最终达到黄金率水平，就会引起消费立刻减少和投资立刻增加。随着时间的推移，当资本存量增加时，投资、产出和消费也会随之增加。尽管消费一开始会下降，但是由于产出的不断增加将拉动消费量，消费必定会高于初始状态。

4. 技术进步率

与人口增长率上升时的情况类似，技术进步率 g 的上升代表人口增长、技术进步和折旧的直线的斜率将会变大，直线变得更加陡峭。由于储蓄率不变，投资也就不变，这就使得稳态有效劳均资本水平由于技术进步率的提高而下降。不一样的是，劳均产出的增长率会随着技术进步率的上升而上升，总产出的增长率同样会上升。因此，根据索洛模型，人口增长率和储蓄率的上升都不能改变稳态时劳均产出的增长率，只有技术进步才能使劳均产出的增长率上升，从而才能解释经济的持续增长。

第四节　索洛模型的启示与中国经济政策

1. 避免过快的人口增长

根据索洛模型，当一个经济体的人口增长率上升时，代表人口增长、技术进步和折旧的直线会更加陡峭，由于储蓄率不变，稳态时的有效劳均产出水平和有效劳均资本水平会随着人口增长率的上升而下降。因此，经济体应避免过快的人口增长。

中华人民共和国成立以来，我国经历了快速的人口增长。1953 年，我国开展了第一次全国人口普查，发现全国人口总数为 6.02 亿人。1964 年，第二次人口普查时，全国总人口已增加到 7.23 亿人。到了 1982 年，根据第三次人口普查的数据，全国总人口已达到 10.3 亿人。伴随着人口的快速增长，人均资源紧张的局面不断加剧。我国于 20 世纪 80 年代开始实施严格的计划生育政策，在全国范围内普遍提倡"一对夫妇只生育一个孩子"。伴随着计划生育政策的实施，我国的人口增长率逐渐下降。根据全国第三次人口普查公报，1964—1982 年，全国人口年平均增长率为 2.1%。根据全国第四、五、六和七次人口普查公报，1982—1990 年，全国人口年平均增长率下降至 1.48%；1990—2000 年，全国人口年平均增长率进一步下降至 1.07%；2000—2010 年和 2010—2020 年，全国人口年平均增长率更是进一步下降至 0.57% 和 0.53%。伴随着全国人口增长率下降的是中国这四十年间人均收入的大幅上升。

然而，索洛模型关于人口增长的观点也存在一定的片面性。索洛模型的重心是刻画经济增长，尤其是着重于强调技术进步对长期经济增长的关键影响，而没有过多关注人口增长对经济社会方方面面的影响。随着人口出生率的下降，人们的收入水平有所上升，但老龄化问题也随之而来。没有充足的年轻人口，国家的长远发展是难以维持的。在老龄化的背景下，最近十年，我国的计划生育政策也在逐渐放宽。然而，随着城市化的发展，以及人们生活水平的提高，人们的生育意愿似乎已经有所下降，放宽计划生育政策能否有效应对老龄化问题还需要进一步观察。

2. 适当提高储蓄率

由上一节索洛模型关于储蓄率的相关结论可以知道，适当提高储蓄率可以提高人均产出水平。现实中，各国政府也常常会采取各种政策措施鼓励投资，提高储蓄率。

中国政府在鼓励民间投资方面有大量举措。这里举两个例子。2010年，《国务院关于鼓励和引导民间投资健康发展的若干意见》中明确指出，要鼓励和引导民间资本进入基础产业和基础设施领域、金融服务领域和国防科技工业等多领域，鼓励金融机构加大对民间投资的融资支持，加强对民间投资的金融服务。2016年，《国务院办公厅关于进一步做好民间投资有关工作的通知》同样提出了要努力营造公平竞争的市场环境，缓解民营企业融资难融资贵问题的工作要求。

同时，中国政府也有各种举措鼓励外国投资者来中国投资。这里举一个例子。2020年12月28日，国家发改委和商务部公开发布《鼓励外商投资产业目录（2020年版）》，目录从1108增至1235条，增幅超过10%。增加的条目意味着更多新领域将向外商投资敞开大门，外资企业将迎来更大的发展机遇。根据该文件，外资企业不仅可以投资更多的领域，而且能享受一系列优惠政策。具体来看，对于鼓励类外商投资项目，在投资总额内进口自用设备，除《进口不予免税的重大技术装备和产品目录》和《外商投资项目不予免税的进口商品目录》外，实行免征关税政策；对于符合条件的西部地区和海南省鼓励类产业的外商投资企业，减按15%征收企业所得税。

3. 促进技术进步

经济增长中最重要的引擎之一是技术进步。技术进步的前提是知识的生产和使用，而知识是一种具有较高正外部性的公共物品，政府的一系列政策激励和引导才能促进一国的科技创新水平。

改革开放之初，我国不仅在产业和技术水平上落后于世界先进水平，市场机制和市场配置效率也远远不足。为了赶上发展的时代潮流，我国制定了技术改造计划。首先选择优先发展的产业并且通过学习和模仿发达国家现有的技术和经验来促进经济结构调整和产业升级。为了有效引导企业技术创新工作，1997年国家经贸委组织编制了《"九五"国家重点技术开发指南》，这是我国中长期科技发展规划的一部分。"九五"期间国家专项计划中有一系列推进技术改造计划的项目，如"双加一期""双加二期""双高一优""财政贴息国家重点技术改造"等。此外，企业学习和模仿先进技术，必须有资金，为此，国家出台了一系列的财政补贴和专项贷款政策，无论是中央还是地方政府，每年都会安排一定的贴息额和专项贷款，通过财政金融支持企业的技术改造。早期的税收优惠政策如研发费用加计扣除政策也体现了对重点产业优先发展的倾斜。

通过引进发达国家现有的技术来促进本国自身的产业升级，从而形成规模优势提升国际竞争力，是经济发展落后国家想要快速发展的方法和途径。20世纪60年代初，工业基础薄弱、技术落后的韩国也是通过类似的方法引进国外技术，如轻纺、电子、交通等社会基础性技术来追赶发达国家的。

当前我国的经济发展和技术水平与改革开放初期相比有了长足的进步，国际竞争力已经大大提升。但是，到了追赶发达国家的后半程，进入经济"新常态"，技术领域仍有薄弱之处。原因在于很多核心技术还在先进国家手中，只有突破了核心关键技术才能突破经济持续发展的障碍。所以，当前我国的技术发展方向就是要发挥市场中微观主体企业的自主创新能力，而政府发挥功能性引导作用，才能实现技术攻关。

第五节　中国案例：关于中国的经济增长核算（1978—2015年）

在第二次世界大战之后，东亚一些国家和地区陆续出现了长达数十年的经济高速增长现象。世界银行曾在1993年总结该地区经济增长的经验，并发布报告《东亚的奇迹：经济增长与公共政策》（*The East Asian Miracle：Economic Growth and Public Policy*）。然而，克鲁格曼却对此提出了质疑，他认为过去几十年中东亚新兴工业国家经济的高速增长并不是什么奇迹，主要靠的是政府的资源动员能力所促成的投入的增长，即资本和劳动因素，而不是效率（全要素生产率）和技术水平的提高。① 这种靠"流汗"方式而不是靠"灵感"方式获得的经济增长难以持续，因为这种增长将受到投入品本身的限制。这就是"克鲁格曼质疑"。1978—2015 年间，中国 GDP 年均增长速度为 9.69%。随后中国经济进入"新常态"，之后几年的经济增速逐渐放缓至 6% 左右，似乎"克鲁格曼质疑"正在得到印证。程名望等在中国经济增速放缓和区域经济发展不平衡的背景下，进一步考虑区域间的空间相关性，通过实证分析中国经济增长的动力和源泉，对"克鲁格曼质疑"做出回应，他们最终得出结论：对中国增长贡献率最大的因素是"灵感"而非"汗水"，中国经济增长是可持续的。②

中国经济发展水平在不同地区具有显著的差距，而且经济发展程度较高的地区，往往其周围的地区也有较高的经济发展水平，最终表现为东部地区是发达省份的聚集区，而西部地区则是欠发达省份的聚集区，这也就是中国经济的空间相关性。因此，区域空间相关性是影响中国经济增长的一个重要因素，"市场潜能"则是衡量空间溢出效应较好的指标，我们在传统的柯布-道格拉斯生产函数中引入市场潜能，分别建立普通 OLS 模型和空间计量模型进行实证分析：

$$\ln Y_{it} = \alpha_0 + \alpha_1 \ln MP_{it} + \alpha_2 \ln K_{it} + \alpha_3 \ln L_{it} + \mu_{it}$$

$$\ln Y_{it} = \rho W \ln Y_{it} + \beta_1 \ln MP_{it} + \beta_2 \ln K_{it} + \beta_3 \ln L_{it} + \gamma W \mu_{it} + \varepsilon_{it}$$

其中，Y_{it}、MP_{it}、K_{it}、L_{it} 分别表示 i 省 t 年的 GDP、市场潜能、资本投入和劳动力，并且劳动力同时考虑数量和质量。$W\ln Y_{it}$ 和 $W\mu_{it}$ 分别是被解释变量和误差项空间滞后算子，ρ 和 γ 为空间效应影响系数，衡量空间依赖性。最终在最优模型下的回归结果中，市场潜能、资本投入和劳动力每提高 1% 时，对地区 GDP 的增长率提高程度分别为 0.6926%、0.2753% 和 0.1726%。这一回归结果表明，中国近几十年来的经济增长动力中，既有外生因素——资本和劳动力数量投入，也有内在因素——人力资本的提升，更有空间溢出效应——市场潜能。从时间趋势来看三者对经济增长的作用，资本呈现"倒 U 形"走

---

① Krugman, P., The Myth of Asia's Miracle, *Foreign Affairs*, 1994, 73 (6), 62-78.
② 程名望、贾晓佳、仇焕广，中国经济增长（1978—2015）：灵感还是汗水？《经济研究》，2019 年，第 7 期。

势,劳动力是逐步下降,空间相关性和溢出效应则是逐步上升。从地区异质性来看,经济越发达的地区越是受益于空间溢出效应,经济欠发达的地区经济增长会更依赖于资本和劳动力的大量投入。

前面的分析只能估计各因素对经济增长的影响但是不能测算其对经济增长的贡献率,因此需要考虑全要素生产率并利用增长核算法来测算,从而对"克鲁格曼质疑"进行回应。关键是市场潜能在"灵感"和"汗水"之间的划分归类,市场潜能的机理是以"看不见的手"为基础在不同区域间对生产要素、商品、技术和管理经验等资源的优化配置和流动,因此市场潜能是和市场化改革等制度互相作用的结果,应该归入"灵感"范畴。程名望等的测算结果如表 16-1 所示。①

表 16-1 "灵感"和"汗水"对经济增长的贡献率 (单位:%)

分解源	年份	分解项	全国	东部地区	东北地区	中部地区	西部地区
GDP = 1	1978—2015 年	"灵感"	61.93	70.54	60.77	57.38	46.66
		"汗水"	38.07	29.46	39.23	42.62	53.34
	1978—1989 年	"灵感"	37.97	46.64	31.55	50.97	51.85
		"汗水"	62.03	53.36	68.45	49.03	48.15
	1990—2000 年	"灵感"	47.59	66.18	52.71	45.87	54.90
		"汗水"	52.41	33.82	47.29	54.13	45.10
	2001—2015 年	"灵感"	78.07	83.13	58.95	71.00	38.98
		"汗水"	21.93	16.87	41.05	29.00	61.02

总体来看,对中国经济增长贡献率最大的是"灵感"因素。改革开放初期,"汗水"是主要的决定因素,贡献率高达 62.03%,但"汗水"的贡献率随着时间的推移而不断下降,21 世纪以来已经降到 21.93%,而"灵感"因素则是达到接近八成的贡献率了。考虑地区异质性时,经济发达地区依赖于"灵感"而经济欠发达地区更依赖于"汗水",与前面的分析结论一致。因此,中国的增长奇迹并不是克鲁格曼认为的只依赖于"汗水",而是"灵感"和"汗水"的双轮驱动。

---

① 程名望、贾晓佳、仇焕广,中国经济增长(1978—2015):灵感还是汗水?《经济研究》,2019年,第 7 期。

中国经济增长是高投入增长和高效率增长共同作用的结果,并且"灵感"的重要程度逐步提高,对"克鲁格曼质疑"做出了很好的回应,中国经济增长是可持续的。

前沿拓展与文献速递

新加坡和中国香港地区的经济增长比较

Young(1992)以第二次世界大战后世界上经济增长最快的两个经济体新加坡和中国香港地区为案例,对二者的经济增长进行比较。新加坡和香港这两个城市在制度和经济结构上具有相似性。它们均为重要的贸易港口,但第二次世界大战后初期几乎没有任何自主的制造业活动。这两个城市的产业结构发展历程也颇为一致:从纺织、服装、塑料到电子,从20世纪80年代开始转向金融服务业。这两个城市的人均GDP及增速也非常接近。从另一方面来说,这两个经济体还有很大的不同。

(1)人力资本积累

第二次世界大战后初期,香港人口比新加坡人口的受教育程度普遍要高得多。这一时期,香港具有较高的人力资本水平主要得益于来自内地的移民:由于战争的影响,长三角和珠三角等东南沿海的人口在20世纪40年代末大量迁移到相对和平稳定的香港,这些移民为香港带来了大量技术工人和具有商界经验的企业家,为香港战后的经济发展提供了重要的人力资本基础。

(2)政府行为

香港政府采取的是自由放任的政策,仅仅因为持续的移民压力使得政府扩大了社会服务范围,比如覆盖老年人的公共援助计划和限制童工等的劳工立法。尽管如此,香港政府对经济的干预仍然有限。

与香港政府奉行的极简主义政策相比,新加坡政府广泛参与经济活动。新加坡政府自20世纪60年代以来,就通过强制储蓄和吸引外资来积累实物资本。到1984年,新加坡的投资率已经达到惊人的43%。政府持有食品、纺织品、木材、印刷、化学和石化产品、钢铁、工程、造船和修理等公司100%或多数股权。

(3) 工业转型

第二次世界大战后，香港和新加坡都经历了快速的经济结构转型，不同行业就业和附加值所占的相对份额随着时间的推移而迅速变化。其中，新加坡的结构转型速度比香港更加迅速。到了 20 世纪 80 年代末，新加坡似乎已经在技术阶梯上超越了香港。

接下来，作者比较了两个城市 TFP 的增长对经济增长的贡献率。1971—1990 年，TFP 对香港总产出增长率的贡献率为 35%，对香港人均产出增长率的贡献率达到 56%，但是 TFP 对新加坡总产出增长率的贡献率只有 -8%。

作者认为，香港的增长模式是健康的、可持续的，而新加坡的经济增长严重依赖于资本积累和劳动力增长，能够维持积累驱动型增长的日子屈指可数。

对于这篇文章提出的结论，学术界的争议比较大。其中支持这个结论的有克鲁格曼，他认为新加坡的经济政策和苏联非常接近，都是依靠资源来驱动增长而不是依靠效率来驱动增长。同时，也有很多人对这篇文章的观点持怀疑态度，主要是认为这篇文章中的增长核算存在问题。新加坡政府对市场的干预程度较高，收入占比和弹性系数相差很大，像该文作者这样直接使用资本占比来估算资本的弹性系数的做法非常容易高估资本积累对经济增长的贡献，由此才会导致得出 TFP 的贡献率为 -8% 的惊人结论。

参考文献

Young, A., A Tale of Two Cities: Factor Accumulation and Technical Change in Hong Kong and Singapore, *NBER Macroeconomics Annual*, 1992, 7, 13-54.

本章总结

本章介绍了一个解释经济增长的重要模型——索洛模型。索洛模型考虑一个封闭经济体中，生产函数规模报酬不变的背景下，人口增长率、储蓄率、技术进步率与稳定状态下的经济增长率之间的关系。根据模型的结论，较低的人口增长率和较高的储蓄率有助于经济体实现较高的人均产出水平。对于经济增长来说，更关键的是技术进步率。在索洛模型中，技术进步率决定着一个经济体稳定状态下的人均产出增长率。

索洛模型是经济学家用于研究经济增长的一个经典模型。学习索洛模型有助于理解人口增长、储蓄、技术进步与经济增长之间的基本关系,也能为以后学习更精深的增长模型打下基础。

问题与应用

1. 在新古典增长模型中,生产函数为:
$$y = f(k) = 2k - 0.5k^2$$
人均储蓄率为0.3,设人口增长率为3%,求:

(1) 使经济均衡增长的 k 值。

(2) 黄金率所要求的人均资本量。

2. 在索洛增长模型中,关于黄金率阐述不正确的是( )。

a. 当经济增长处于黄金率的稳定状态水平时,人均消费最大。

b. 当经济增长收敛到稳态时就可达到黄金率水平。

c. 当稳态的人均资本存量过高时,降低一定的储蓄率可以达到黄金率水平。

d. 当稳态的人均资本存量过低时,提高一定的储蓄率可以达到黄金率水平。

3. 根据索洛增长理论,如果一个国家提高储蓄率,那么在达到稳态时( )。

a. 人均产出和人均消费都将上升。

b. 人均产出可能上升也可能下降,但人均消费将上升。

c. 人均产出将上升,但人均消费可能上升也可能下降。

d. 人均产出和人均消费都可能上升也可能下降。

4. 在索洛模型中,如果经济体的储蓄率高于黄金率水平,则可以通过降低储蓄率来( )。

a. 提高稳定状态的产出水平。

b. 提高稳定状态的投资水平。

c. 提高稳定状态的消费水平。

d. 提高稳定状态的资本存量。

5. 甲和乙两个国家的生产函数都是：
$$Y = F(K, L) = K^{0.5}L^{0.5}$$

（1）求人均生产函数 $y = f(k)$，其中 $y = Y/L$，$k = K/L$。

（2）用 s 表示储蓄率，c 表示人均消费水平，试推导出储蓄率对稳态人均消费水平的影响。

（3）假设两个国家均没有技术进步和人口增长。国家甲的资本折旧率为 20%，储蓄率为 50%。国家乙的资本折旧率为 20%，储蓄率为 80%。分别求两个国家稳定状态下的人均收入水平和人均消费水平。

6. 在索洛模型中，人口增长率下降将（　　）。

a. 降低人均产出的增长速度。

b. 提高人均产出的增长速度。

c. 降低稳定状态的人均产出水平。

d. 提高稳定状态的人均产出水平。

7. 索洛模型的基本假设是什么？如何证明稳态的存在？

8. 回顾人类的发展历程，一些经济体实现了快速的经济增长，而一些经济体却经济增长缓慢，甚至没有经济增长，请结合索洛模型分析以下问题：

（1）为什么对于不同的经济体，经济增长会产生明显的差异？

（2）人均意义上的经济增长来源是什么？为什么一些经济体一直存在人均意义上的经济增长，而另一些经济体却没有？

（3）随着经济增长先后在不同经济体实现，会存在落后经济体赶超发达经济体的趋势吗？

（4）哪些经济政策可以促进发展中国家的可持续发展？请提出你的建议。

9. 设一个总资本存量的折旧速度为 δ，劳动效率（A）的增长率和总劳动效率（L）的增长率分别为 g 和 n，索洛模型 $Y = F(K, AL)$，请证明资本产出比是不变的。

第十七章 内生增长理论

本章概览

本章参考罗默（1990）① 的思路，介绍内生技术进步模型的主要思想。我们将技术进步理解成一种知识积累，第一节将说明这一点。第二节介绍知识的非竞争性特征。第三节说明为什么内生技术进步模型需要假设不完全竞争。不完全竞争使包含知识的产品价格高于边际成本，给生产者带来经济利润。正是这些经济利润激励人们进行研发，不断创造出新的知识，而新的知识将提高生产效率进而带来经济增长。第四节综合前面的内容，介绍罗默内生技术进步模型的主要框架和结论。

本章主要内容如图 17-1 所示。

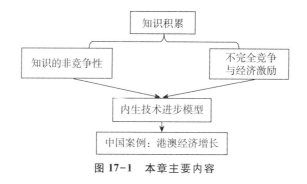

图 17-1 本章主要内容

第一节 知识积累与技术进步

什么是技术？内生技术进步理论的其中一种主流观点把技术看作知识的

---

① Romer, P. M., Endogenous Technological Change, *Journal of Political Economy*, 1990, 98 (5, Part 2), S71-S102.

组合。相应地,技术进步就体现为各种知识在数量上的增加,或者各种知识在质量上的提升。

技术进步改善生产方式,提高生产效率。知识积累可以在给定投入品的情况下,生产出质量更高、功能更先进的产品,不断地拓宽生产可能性边界。比如,玻璃的原材料二氧化硅在自然界中随处可见,如沙子、石英、石英砂中均含有二氧化硅。经过人类的思考和知识的不断积累,科学家创新地将二氧化硅作为主要原料,并且按照不同的掺杂量进行加工,生产出光电通信最重要的传输介质:光导纤维。光导纤维不仅质量轻、损耗小,而且抗干扰能力强,在其中传输的光信号不受电磁场的影响。光导纤维的发明和应用让光电通信迅速发展,目前,光纤已成为宽带接入的一种主流方式。中国信通院发布的《中国宽带发展白皮书(2020)》显示,截至2020年第二季度,我国已完成从铜缆入户到光纤入户的全面替换,FTTH(光纤到户)覆盖家庭已超过3亿个,FTTH端口在所有宽带端口中占比已达到92.1%,全国所有地级市均已建成光纤网络全覆盖的"光网城市",城市固定宽带接入能力普遍超过100 Mbps,部分发达城市已实现千兆接入能力普及,国内的平均网速也随之提升。二氧化硅的不同制造工艺让我们的生活越来越丰富。

知识积累不仅提高了生产效率还丰富了虚拟世界,服务业促进了线上世界的繁荣。线上办公、线上教育等创意拓宽了人们原有的活动边界。固定的办公场所转换为随时随地可参与的线上会议;不变的教学大楼转化成虚拟的网络课堂。线上世界为人们提供了更高效、更快捷的交流平台,打破了传统办公在时间和空间上的限制。根据麦肯锡全球研究院的调查,全球已有不少企业采取混合远程办公模式,发达经济体中约有20%—25%的劳动者可每周线上工作3—5天。线上活动必须依靠当下高速发展的互联网功能,如线上信息传递、协同办公、数据汇总可视化、流程审批等。由于不受制于时间和空间,线上办公的拓展会降低中小企业的运转成本,跨地区整合人才和资源。目前,许多大型网络公司会在各地设置服务器联合办公场所,采取异地远程灵活项目的模式,通过虚拟世界继续为社会提供服务。

生产工艺的提高降低了生产成本,虚拟世界的繁荣同样也会节省更多的资源,这背后大多都是企业自发的利润驱动所产生的技术进步。

第二节 知识的非竞争性

保罗·罗默（Paul Romer）强调，知识与其他大部分经济商品不同的一个特性是非竞争性。这种非竞争性意味着生产过程中会存在规模报酬递增，因此边际成本总是小于平均成本，这也意味着知识必然是一种不完全竞争商品。下面将详细介绍这里涉及的关键术语和它们之间的联系。

在日常生活中，我们接触的大部分商品都是竞争性（rivalrous）商品，这些商品的特点是一个人用了之后别人就不能用了。比如说我们手中的笔，当我们用它来做笔记的时候，其他同学就不能也用同一支笔来做笔记，或者说今天早餐时我们买了一个面包，某个同学把面包吃掉了，别人就不能吃到这个面包了。如果全班50个同学都想吃到同样的面包，面包店就得生产50个这样的面包。

相反地，知识这种商品则是非竞争性（nonrivalrous）商品，这些商品的特性与竞争性商品恰恰相反：一个人用了之后别人还能用。比如说下一代的手机芯片设计，只要在芯片设计成功之后拿到了设计图，所有的工厂都能同时按照设计图进行生产制造。又或者是计算机中某个新开发的软件，只要下载安装到电脑上，任何人都可以使用它。一名有能力理解设计图纸和使用新软件的技术人员是竞争性的，但是图纸上的设计和新软件里面的代码——知识，则是非竞争性的。

非竞争性并不必然意味着非排他性（nonexcludable）。虽然知识积累之后每个人都可以使用它，但是也有一个重要的前提，那就是需要获得这个知识的使用权。在某些安排下，知识可以具有另一个特点——排他性（excludable）。简单地说，排他性是指商品的所有者能够很轻易地将其他使用者排除在外。也可以说商品的排他性程度是由商品所有者能够对其他使用者进行收费的程度所决定的。知识产权保护制度的出现正是使得知识具有排他性的一种方式。如果企业进行专利申请或者将其作为商业秘密，知识就有了高度的排他性。

那些具有竞争性的商品被消费之后一定需要重新生产（比如前面提到的面包），但是非竞争性的商品则只需要生产一次就够了。这也就意味着，像知识这种非竞争性商品有一个固定的生产成本和零边际成本。举一个简单的例子，一本新教材的编写需要花费大量的投入，但是一旦编写完成之后，印刷同样的一本教材只需要非常低的单位成本，这里边际成本非零的主要原因是非竞争性商品（知识）包含在了竞争性商品（印刷的纸张）之中。这个过程可以认为是具有一个固定成本和一个较低的边际成本的生产过程，此时就会出现规模报酬递增。

图 17-2 中呈现的生产函数 $y=f(x)=10*(x-F)$ 就表示了这样的生产过程。F 是出版社编写新教材时投入的成本，这一成本往往是非常大的。但是教材编写成功之后，每增加 F 的投入，出版社都可以得到 $10F$ 的产出。也就是说，只投入 F 时，产出为 0，平均成本相当于无穷大；投入增加到 $2F$ 以后，产出上升到 $10F$，平均成本为 1/5；投入进一步增加到 $3F$，产出可以上升到 $20F$，平均成本下降至 3/20；类似地，随着投入不断增加，产量不断上升，平均成本不断下降。这个例子所体现的就是非竞争性商品在生产过程中的规模报酬递增现象。

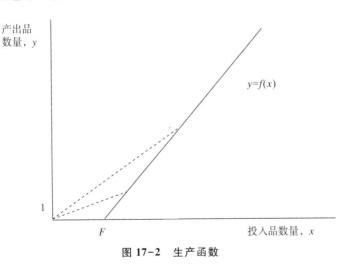

图 17-2　生产函数

考虑知识生产所需要的固定成本后，使用新知识生产产品的时候，平均成本显然会高于边际成本。我们来看图 17-3 的成本函数，由于初始投入了大量固定成本，而相比之下边际成本非常小，存在规模报酬递增，因此边际成本总是小于平均成本。假如出版社按照价格等于边际成本进行定价，价格小于平均成本，那么出版社必将亏损。或者说如果出版社不能设定高于边际成本的价格水平，那么将不会有出版社投入 F 单位的固定成本来编写新的教材，只有高于边际成本的价格水平，才能补偿其在开始时投入的高额固定成本。因此，在这种平均成本始终大于边际成本的情形下，有必要采用知识产权制度等方式赋予知识生产者垄断生产的权利，使知识生产者获得垄断利润，用垄断利润补偿研发支出。

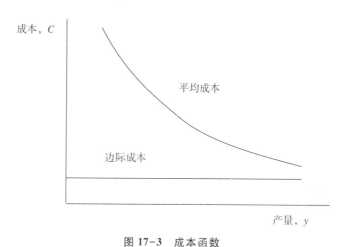

图 17-3 成本函数

第三节 不完全竞争与创新者的经济激励

知识的核心特征是需要付出高昂的初始研发成本，使得企业必须通过垄断的方式来获得利润收回研发成本。假设一家企业用一种创新的方法生产某种产品，但它并没有因此而获得垄断地位，而是依然作为价格接受者在竞争性市场中生存，那么企业将蒙受损失——企业的研发成本无法得到补偿。如果价格等于边际成本，则没有一家企业愿意进行成本高昂的研究。不完全竞争是对创新提供经济激励的一种途径。

根据前文所提到的，知识具有非竞争性和部分排他性。如何才能最好地鼓励创新？专利和版权制度是一种方法。但是，从人类历史上来看，直到近代以前都没有形成非常系统的创新产权保护机制，创新出来的知识可以无限制地被他人所使用。创新者得不到垄断地位，所以创新速度一直处于较低水平，这是由不具备足够的经济激励所导致的。在专利不常见的行业，比如金融服务和零售业，一种在价格和边际成本之间制造楔子的方法是通过商业秘密——向竞争对手隐瞒某一特定知识的细节——实现的。

在许多发展中国家,知识产权没有受到很好的保护。忽视知识产权可以让穷国以更低的成本获得富国的发达技术,因为他们不必支付与知识产权相关的额外费用。从另一个角度来说,有一些学者认为应该尊重知识产权,因为这样做可以让跨国公司愿意在发展中国家落户,并且可以促进新技术的推广。现实中,当今各国都会采取一定的措施保护知识产权。但是,各国也多多少少会要求创新者将新知识部分地分享给其他人使用。对于发展中国家而言,在廉价获得国外的新知识与鼓励本国的自主研发之间取得平衡非常重要。

我们不禁会想,在人们创新出来的知识得不到保护时,这时的创新源自何处?有一个很好的例子解释了这个问题。在17世纪及以前,经度定位问题是需要靠建天文台来解决的,政府需要在这上面花费巨额资金,后来西班牙、荷兰和英国为了解决这个问题,提供了巨额奖金。18世纪中叶,英国人约翰·哈里森(John Harrison)发明了一种特殊的航行表解决了这一难题。这个例子说明,经济激励并不一定是通过市场机制来实现的。直到现在,政府激励创新的例子仍然比比皆是,政府通过税收优惠、政府补贴、投融资、产权保护等政策对特定的行业或企业提供激励。

从19世纪开始,与产权保护相关的法律和组织开始出现,人们的创新产出有了法律保护。这使得知识的排他性大大提高,企业在利用知识生产对应商品时处于垄断地位,获得高额垄断利润,从而就有了努力创新逃离竞争的激励。回顾历史,我们会发现知识产权制度的出现对人们进行创新产生了极大的激励,知识生产速度大幅提高,经济增长速度也明显提高。

第四节 内生技术进步模型

保罗·罗默于1990年发表的名为《内生技术变迁》(Endogenous Technological Change)的文章是内生增长领域的一篇经典文献。正是在这一篇文章里面,罗默系统地阐述了上文介绍的知识的非竞争性,以及理解这一特征对解释长期经济增长的重要价值。在这篇经典文献中,罗默还构造了一个将技术进步内生化的一般均衡模型。这一模型优雅而解释力强,成为后续大量内生增长模型的参照基准。本节接下来简要介绍这一模型以及该模型的主要政策启示。

在这个模型中,主要考虑四种生产要素:物质资本、劳动力、人力资本和技术。物质资本是指机器、厂房和原材料等投入生产过程的已被生产出来的物质资料,用消费品的单位来度量。劳动力是一种技能,比如健康的劳动者可以进行搬运工作或使用机器设备。劳动力用人数来度量。人力资本则衡量正规教育和在职培训活动的累积效应。与King和Rebelo[①]以及Lucas[②]等提出的无限人力资本概念不同,罗默的文章提出的是有限人力资本,将人力资本和知识区分开——人力资本脱离个体就停止积累了,而知识却可以脱离个体无限积累。在此基础上,模型把技术分成竞争性部分即人力资本(H),以及非竞争性部分即知识(A)。技术在这里被理解为知识的组合。知识用创意、设计的数量来度量。

罗默的三部门模型包括研发部门和生产部门,并且将生产部门分成中间产品生产部门和最终产品生产部门。中间产品生产部门向研发部门购买专利,结合物质资本生产出中间产品。最终产品生产部门使用劳动力、人力资本和中间产品生产出最终产品。最终产品可以是消费品,也可以是用于形成新的物质资本的投资品。

企业研发出知识之后,就可以拥有该知识的一项永久专利,由此该企业可以垄断该中间产品的所有生产,面对的是一条向右下方倾斜的需求曲线。模型假设,研发者拥有使用该知识生产相应的中间产品的垄断权利,或者说研发者拥有该知识的专利权。但是在整个市场上存在非常多的专利,不同的专利之间存在替代关系,这就意味着拥有不同专利的企业之间存在垄断竞争的关系。

知识的不断增长导致生产效率不断提高,从而带来了经济增长。研究的产出不仅取决于投入的人力资本的数量,还取决于研究人员所拥有的知识储备。更多的人力资本投入研究,会使得产生新知识的速度加快。同时,知识的总量越大,该部门的生产率就越高。生产率的提高引发了经济增长。

---

① King, R. G., Rebelo, S., Public Policy and Economic Growth: Developing Neoclassical Implications, *Journal of Political Economy*, 1990, 98 (5), 126-150.

② Lucas, Jr., R. E., On the Mechanics of Economic Development, *Journal of Monetary Economics*, 1988, 22 (1), 3-42.

基于该模型，罗默得出了如下结论：均衡条件下的增长率取决于以下几个因素。一是个体的耐心。当个体更有耐心时，个体对现期消费的偏好小于未来消费，会使经济增速提高，其原因是个体更有耐心使得研发投入上升。二是中间产品的替代程度。当中间产品的相互替代程度比较低时，经济增速提高，这是因为如果不同知识之间的替代性降低，那么中间产品生产部门的市场势力就会增强，导致利润的贴现值上升，进而使得研发的吸引力上升。三是研发部门效率，研发部门效率提升会提高经济增速。四是人力资本的积累，人力资本的积累也会促进长期经济增长。

第五节 中国案例：香港和澳门的经济增长

与整个世界经济相比，全球任何一个经济体都只是其中的一小部分。大部分知识都会在全球每个经济体中不断地流动，从而传播到世界各地。这时作为知识的载体，如人才的引进、技术的吸收、信息的流通等都是经济持续发展的重要动力。尽管香港和澳门的占地面积很小，人口数量也不多，但是在近几十年来能够发展如此迅速，一个关键的原因就在于港澳地区对知识和技术吸收的重视。

香港是继纽约、伦敦之后的世界第三大金融中心，国际和亚太地区重要的航运中心，有着"东方之珠"的美称，其经济在20世纪70年代至90年代高速发展，成为"亚洲四小龙"之一。第二次世界大战之前，香港的实体工业经济并不发达，主要的定位是产品转口港。第二次世界大战后，大量长江三角洲地区的企业家带着他们的资金、知识、技术、设备和管理人员迁往香港，这使得香港成为亚洲在当时最早实现工业化的地区之一。香港经济在20世纪70年代左右的特点是"大进大出"的外向型工业经济，大量进口原材料和机器设备，也大量出口日用轻工业消费品，其间吸收了世界各地的技术，促进了金融、航运、通信、物流等高端服务业的发展。这为日后形成内地提供土地、厂房、水电和劳动力等资源，香港提供营运资金、机器设备、产品设计及销售等服务的"前店后厂"模式打下了坚实的基础。进入21世纪以来，在知识经济的时代背景下，香港大力发展高端服务业，重视高等教育，出台相关的人才引进政策，充分发挥高学历、高技能人才集聚优势，推动香港技术进步与经济发展。

同样实行"一国两制"方针并取得辉煌成就的还有澳门。回归祖国二十多年来,澳门经济快速发展,成为全球人均 GDP 最高的城市之一,社会民生福利大幅提升,国际地位和知名度也不断提升。2003 年,中央政府与澳门特区政府签署了《内地与澳门关于建立更紧密经贸关系的安排》(CEPA),鼓励内地居民赴澳旅游,带动了相关服务业的快速发展。同时,澳门与国际市场的联系日益密切,吸引了大量的人才进入,借鉴了先进的管理制度,学习了高端的技术,引进了精细的机器设备,最终使得其高端服务业快速升级发展。澳门的现代物流业朝着智能化、数字化、机械化的方向发展;会展策划等文化创意产业也在悄然兴起,在广告设计、建筑设计、平面设计、文化展演、艺术收藏、数码媒体等领域表现出巨大的发展潜力;区别于传统的旅游业,澳门正在努力建设"世界旅游休闲中心",大力推动与旅游产业相关的产业转型升级,高端服务业保持着巨大的发展潜力。

回顾香港和澳门经济发展的历史,不难发现它们都是在积极开放的制度下,不断吸收各地区先进的思想、技术、知识,再根据自身的实际发展状况选择最适合的发展道路,最终实现了经济的跨越式发展。

■ 专栏 17-1

熊彼特模型

罗默在 1990 年提出的是一种扩展投入品种类的模型,然而在知识积累的过程中,除了产品的种类增加,产品的质量也会提升。Aghion 和 Howitt (1992) 吸纳熊彼特"创造性毁灭"的思想提出了基于产品质量提高的内生增长模型,即技术进步使得高质量产品产生从而替代旧产品。因此,创新既带来了收益也带来了损失。预期经济增长率取决于整个社会的研究量,任何时期的研究量都取决于下一时期的预期研究量。当前时期的研究量通过两种效应与下一时期的预期研究量呈负相关关系。第一种效应为创造性毁灭,拥有专利从而获得垄断地位的企业将保持其利润直到下一个新的研究成果出现。新的成果出现以后,原来获得的利润将不复存在。所以下一期研发出新成果的概率越高,那么本期的成果被取代的概率就越高,当期的研发投入也会减少，本期的研发量减少。第二个效应是一般均衡效应，技术工人自由选择进入制造部门和研发部门，下一期更多的研发就表示对技术工人的需求更大，技术工人的工资就会提高，垄断企业的利润就会减少。因此，对下一期更多研究的预期会减少当期的研究。

罗默的内生技术进步模型用专利数量的增长来刻画技术进步，因此又被称为数量扩展型内生技术进步模型。Aghion 和 Howitt（1992）的内生技术进步模型用专利质量的提升来刻画技术进步，因此又被称为质量阶梯形内生技术进步模型。在文献中，这两种内生技术进步的设定思路都很受欢迎。

参考文献

Aghion, P., Howitt, P., A Model of Growth through Creative Destruction, *Econometrica*, 1992, 60 (2), 323-351.

前沿拓展与文献速递

非竞争性与数据的经济学

知识具有非竞争性。Jones 和 Tonetti（2020）强调数据也具有非竞争性。比如说，一百万张标记图像组成的集合、人类基因组的所有信息、一个国家的人口普查数据、一万辆汽车行驶一万千米所生成的轨迹等都是数据。在电子化之后，无论有多少企业或个人同时使用这些数据，都不会影响其他企业或个人使用同一份数据。

Jones 和 Tonetti（2020）建立了一个理论框架来研究数据的经济学。进一步的，他们使用该框架探讨了数据的不同产权如何决定其在经济中的使用，以及如何影响产出、隐私和消费者福利。如果数据的所有权归企业，那么一方面数据市场提供的经济激励会促使企业出售数据给其他使用者，另一方面企业也可能会为了减少竞争对手而避免出售数据。如果换一种制度安排，让消费者拥有与其行为相关的数据，由消费者在他们对隐私的担忧与向所有相关方出售数据所带来的经济收益之间取得平衡。这种均衡导致数据在企业之间被广泛使用，充分利用了数据的非竞争性。根据该文的数值模拟，在消费者拥有数据所有权的制度下，消费和福利明显优于由企业拥有所有权的情况。

Jones 和 Tonetti（2020）使用了一个例子来解释上面的理论结果。假设医生使用软件来帮助自己诊断皮肤癌。可以使用标有病理报告和癌症结果的潜在癌症图像来训练算法。分两种制度安排来考虑。第一种制度是，医院拥有数据。每家医院都使用其自身获得的患者数据来训练算法。第二种制度是，消费者或者患者拥有自己的医疗数据的所有权。消费者可以将数据出售给感兴趣的研究人员、医院和企业。第二种制度可以促使数据被更广泛地使用，用更大量的数据训练出来的算法也具有更高的性能，可以更好地帮忙病人。在第二种制度安排下，有价值的数据被广泛使用，消费者获得的收益以及全社会的福利水平都会有所提升。

参考文献

Jones, C. I., Tonetti, C., Nonrivalry and the Economics of Data, *American Economic Review*, 2020, 110（9），2819-2858.

本章总结

本章参考罗默的思路介绍了内生技术进步模型的主要思想。罗默开创性地将技术进步理解成一种知识积累，并强调知识具有非竞争性的特征。某种知识只要被创造了出来，一家企业使用该知识就完全不影响其他企业同时使用该知识。知识的非竞争性意味着极低甚至为零的边际成本。考虑到知识的创造可能需要非常高昂的固定成本，按边际成本定价无法弥补研发成本。因而，内生技术进步模型假设知识生产者可以获得知识产权的保护，具有垄断使用该知识生产中间产品的权利。这种垄断权利使包含知识的产品价格高于边际成本，给生产者带来经济利润。正是这些经济利润激励着人们进行研发，不断创造出新的知识，而新的知识将会提高生产效率进而带来经济增长。

问题与应用

1. 新古典增长模型与内生增长模型的主要区别表现在哪些方面？
2. 如何理解知识具有非竞争性和部分排他性？
3. 政府可以通过怎样的方式鼓励创新？
4. 请简述保罗·罗默提出的内生技术进步模型。

经济政策篇

第十八章
宏观经济政策：理解世界与中国

本章概览

宏观经济政策是政府为达到调节宏观经济波动以及促进经济增长的目的而出台的一系列措施。宏观经济政策包括短期政策和长期政策，其中短期政策是政府为了调节宏观经济的短期波动而出台的财政政策和货币政策，而长期政策是政府为了长远的经济增长而出台的区域政策或者产业政策。这些也是世界上所有国家的政府在调节宏观经济时需采用的政策，本书在前面的章节也详尽论述了财政政策和货币政策的理论与实践。

凯恩斯开创了现代宏观经济学，现代财政政策也随之产生。凯恩斯认为在有效需求不足时，政府应该扩大政府支出并且减税，以弥补私人有效需求不足，调控经济恢复到潜在产出的水平。弗里德曼开创的货币学派认为财政政策增加政府支出会挤出私人消费或者投资，难以让经济恢复到潜在产出水平，政府应该提供稳定经济相应的货币数量，而不应该用政府财政政策干预经济。宏观经济学在新古典革命后，引入了理性预期，认为消费者对政府的政策具有理性预期，政策在长期无效，宏观经济会自动稳定，无须政府干预。

21世纪，宏观经济学界的主流是新古典主义以及新凯恩斯主义引领的现代宏观经济学，主流宏观经济学家认为财政政策和货币政策在短期内具有稳定宏观经济的作用。下面我们将分别论述财政政策和货币政策的具体措施及其作用，并且阐述短期稳定政策的相机抉择以及基于规则的争论。

最后，我们论述中国特色社会主义的宏观经济政策，包括产业政策和区域政策，并且介绍宏观经济学关于中国特色社会主义宏观经济政策的研究。

本章主要内容如图 18-1 所示。

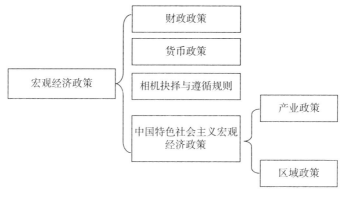

图 18-1 本章主要内容

第一节 财政政策

财政政策是指国家财政管理部门为了实现经济稳定发展而运用财政工具如国家预算、税收、国债以及补贴调节经济总需求的政策。

从政府是否主动参与政策制定的标准区分，财政政策可分为自动财政政策和相机抉择财政政策。典型的自动财政政策包括累进个人所得税税率，当经济快速增长时，个人的收入上升以致进入更高一档的个人所得税税率，个人留存的比例下降，从而使得消费的上升并没有经济上升得快，有自动稳定需求的效果，因此我们又把这种自动的财政政策称为自动稳定器。

相机抉择财政政策是政府财政管理部门根据经济实际情况，通过扩张或者紧缩逆周期调节经济总需求的财政政策。例如在经济快速增长时，缩减财政支出、提高税率，而在经济紧缩时，扩大财政支出、降低税率。

具体来说，财政政策分为财政支出政策和税收政策。政府通过税收和发行国债覆盖政府运营成本、支出社会福利以及组织政府公共建设。增加或者减少税收可以改变消费者的可支配收入，而政府支出会改变社会总需求。凯恩斯认为当宏观经济总需求不足的时候，政府减税或者增加政府公共支出有助于稳定总需求。

我们可以从封闭经济的 IS-LM 模型了解上述政策变化对宏观经济均衡的

影响。当政府减税或者增加政府支出时，IS 曲线向右移动，会导致产出增加以及利率上升，如图 18-2 所示。当政府增税或者减少政府支出时，IS 曲线向左移动，会导致产出下降，如图 18-3 所示。这也是前面介绍 IS-LM 模型时讲述过的内容。

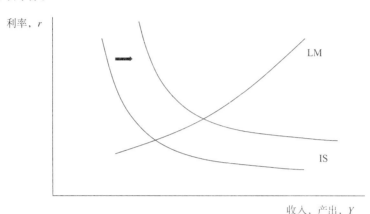

图 18-2　IS-LM 曲线：减税或者政府支出增加

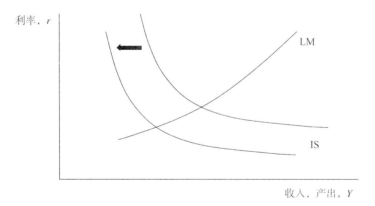

图 18-3　IS-LM 曲线：增税或者政府支出减少

凯恩斯主义经济学与新古典经济学对财政政策的效果持有不同的看法：

第一，政府支出乘数的争议。凯恩斯主义认为在有效需求不足时，政府可以加大政府支出，弥补私人需求，从而将经济从低谷中拉起；而新古典经济学认为政府支出会挤出私人的消费和投资支出，从而使得政府支出乘数并不如凯恩斯主义认为的那么大，财政政策的效果有限。

第二，税收政策的争议。凯恩斯主义认为减税与增加政府支出一样，都可以通过乘数效应弥补需求不足，从而稳定经济；但新古典经济学认为李嘉图等价成立，只要政府支出不变，减税就不会改变居民的消费，因为居民预期未来会增税，故减税会导致居民增加储蓄而不是改变消费。

第二节 货币政策

货币政策是中央银行或者政府负责制定货币政策的其他机构为了稳定短期宏观经济而制定的与货币数量或者货币价格有关的政策。货币政策可分为传统货币政策以及2007—2009年以来的非传统货币政策。

传统货币政策的主要工具有存款准备金率、基准利率、再贴现率、公开市场操作。

① 存款准备金率。中央银行规定，商业银行每增加一元的存款，就需要在中央银行的账户中存入一定数量的存款作为商业银行运营的保证，防止出现重大银行经营风险。这部分存款的比率就叫作存款准备金率。中央银行通过调整存款准备金率改变经济中的货币数量总额，从而影响经济中个体的决策，调节短期需求。这也是中国人民银行常用的货币政策工具之一。

② 基准利率。基准利率是中央银行制定的短期名义利率，中央银行通过制定短期名义利率影响基础货币的价格，从而影响经济中各种期限以及各种风险水平的利率。这是发达国家中央银行如美国、欧洲、日本央行常用的货币政策工具。

③ 再贴现率。商业银行可以将各种票据抵押给中央银行，获取短期流动资金，这个资金的价格就是再贴现率。其中再贴现中的"再"是相对于贴现率来说的，企业和个人可以将各种票据抵押给商业银行获取短期流动贷款，这个贷款的价格就是贴现率。贴现率和再贴现率之间有息差，商业银行通过这个息差获取利息。中央银行调节再贴现率，会让商业银行也跟着调整贴现率，从而影响企业和个人的经济决策。

④ 公开市场操作。公开市场操作是指中央银行在公开的金融市场上买进或者卖出金融工具、放出或者收回基础货币的操作，以达到增加或者减少货币供给以及降低或者提高基准利率的作用。公开市场操作一般是中央银行制定货币政策，如决定改变货币供应量或者改变基准利率后，在公开市场上进

行买卖以达成之前制定的货币政策目标。

根据前面章节所讲的 IS-LM 模型，我们知道当中央银行扩大基础货币，如降低存款准备金率、降低基准利率或再贴现率，或者在公开市场操作中买入国债时，LM 曲线都会向右移动，此时利率下降并且产出增加，如图 18-4 所示。

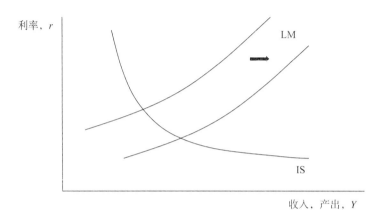

图 18-4　IS-LM 曲线：基础货币增加

反之，当中央银行收回基础货币，如提高存款准备金率、提高基准利率或再贴现率，或者在公开市场操作中卖出国债时，LM 曲线都会向左移动，此时利率上升并且产出减少，如图 18-5 所示。

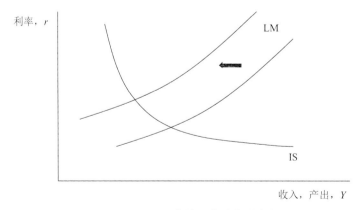

图 18-5　IS-LM 曲线：基础货币减少

欧、美、日等发达国家和地区的中央银行采用的传统货币政策体系主要是钉住货币的价格，即钉住短期基准名义利率，或者叫"泰勒规则"，例如美联储采用调节联邦基准利率的方式改变货币政策松紧度。历史上美国的货币政策也曾经采用过钉住货币数量的方式。之所以会转变成钉住货币的价格利率，是因为现实经济所需要的货币数量很难衡量，而发达国家的金融市场市场化程度本就很高，钉住利率时，货币数量会通过市场力量自动调节。

中国的情况与发达国家略有不同，伴随着市场化的需要，中国的货币政策调节体系经历了多次改革。中国人民银行在过去的四十多年中选择了不同的工具来影响市场。中国人民银行在1978—1998年选择将银行信贷作为中间目标，然后在1998年之后转向钉住货币数量M2的增长率。2000年，中国人民银行提出进一步放开利率，并将货币政策从钉住数量转变为钉住价格。中国正处于从钉住货币数量M2转变到钉住基准利率的过渡阶段，因此，货币政策调节手段具有两者的共同特点，除了上述四种国际通用的货币政策工具，近年来中国人民银行也根据实际情况创设了以下两种工具：

① 常备借贷便利。中国人民银行于2013年年初创设了常备借贷便利（standing lending facility，SLF）。常备借贷便利是中国人民银行正常的流动性供给渠道，主要功能是满足金融机构期限较长的大额流动性需求。对象主要为政策性银行和全国性商业银行，期限为1—3个月，利率水平根据货币政策调控、引导市场利率的需要等综合确定。常备借贷便利以抵押方式发放，合格抵押品包括高信用评级的债券类资产及优质信贷资产等。常备借贷便利与美国的再贴现窗口非常类似，都是中央银行向商业银行投放基础货币的渠道。

② 中期信贷便利。2014年9月，中国人民银行创设了中期借贷便利（medium-term lending facility，MLF）。中期借贷便利是中央银行提供中期基础货币的货币政策工具，对象为符合宏观审慎管理要求的商业银行、政策性银行，可通过招标方式开展。中期借贷便利采取质押方式发放，金融机构将国债、央行票据、政策性金融债、高等级信用债等优质债券作为合格质押品。中期借贷便利利率发挥中期政策利率的作用，期限一般为一年。

第三节 相机抉择与遵循规则

正如本书前面章节所讲的，凯恩斯主义与新古典主义对于宏观经济的观点不同。凯恩斯主义认为宏观经济经常处于经济冲击导致的不均衡之中，因此需要国家的宏观经济政策微调有效需求,稳定经济。而新古典主义认为宏观经济的波动是经济受到冲击后的理性反应,宏观经济会自动恢复到稳态水平,宏观经济政策不仅不会稳定经济,反而会加大经济的周期性波动,对宏观经济有害。尽管两派的研究方法趋于一致,但双方对宏观经济的基本假设不同,即凯恩斯主义认为价格在短期内是黏性的而新古典主义认为价格可以自由调整,因此形成了不同的认识和政策建议。

凯恩斯主义主张宏观经济政策应该相机抉择,即在衰退时采取积极的财政政策和扩张的货币政策,高涨时采取消极的财政政策和紧缩的货币政策,根据时间的不同而采取逆周期调节。政府应该积极有为地调节总需求,稳定宏观经济。凯恩斯主义的经济政策将世界经济从20世纪30年代的大萧条中拯救出来,但是在70年代却遇到了"滞胀",即失业率和通货膨胀率同时高企的困境,于是一批学者提出了新的理论解释凯恩斯的政策为何会失效。

第一,政策时滞。从经济冲击到政策起效中间有很长的时间差。政策时滞可分为内在时滞和外在时滞,前者是指经济冲击发生的时间和经济政策执行的时间差,而后者是指经济政策执行的时间与经济政策起效的时间差。因为有政策时滞,经济调节政策不仅可能没有调节需求,反而由于叠加而加大了波动。例如,在负向经济冲击时政府制定宽松的货币政策,然而政策需要一定时间才有效果,有可能等政策产生效果时,经济正处于高涨的阶段,因此反而加大了波动。

第二,理性预期。凯恩斯主义认为通货膨胀率与失业率有短期的负向关系,在负向冲击时,可以通过牺牲通货膨胀率使得失业率回到均衡的低水平,经济复苏。但新古典主义认为理性人不可能被长期欺骗,政府使用货币政策调节货币供应量后,理性人会提高通货膨胀预期,长期中失业率不会发生大的变化,而通货膨胀率在宽松的货币政策下提高,因此新古典主义的菲利普斯曲线为垂直的直线,政府微调需求不仅没有稳定经济,反而使得经济处于更高的通货膨胀水平。

第三,卢卡斯批评。卢卡斯认为凯恩斯主义没有考虑理性人参与的行动,也就是说,凯恩斯主义模型中的参数并不是一成不变的,而是与具体的政策直接相关,当政策发生改变时,其参数也会发生改变,因为理性人在不同的政策下会做出不同的决策,因此凯恩斯主义的政策在长期中失效。

新古典主义的经济学者以理性预期革命为开端，提出了动态随机一般均衡范式，认为宏观经济各种总体变量的动态变化都是理性人如消费者和企业对各种冲击的理性反应，是一种均衡路径，冲击的影响会随着时间的推移而消逝，宏观经济会自动回到稳态，政府的财政政策和货币政策的宏观微调不会带来福利的提高。

凯恩斯主义经济学者在现代宏观经济学的动态随机一般均衡范式基础上，纳入垄断竞争和名义价格黏性等凯恩斯主义的基本特点，形成了中央银行普遍运用的动态随机一般均衡模型，称为新凯恩斯主义宏观经济学。新凯恩斯主义认为短期内价格无法自由浮动，企业对价格有部分控制力，从而为政府的最优政策提供了空间。新凯恩斯主义者认为政府应该运用财政政策和货币政策控制通胀，在短期内使经济恢复到稳态。

新凯恩斯主义宏观经济学者认为政府的政策应当遵循规则，考虑到私人部门的理性预期，政府的各种宏观经济政策如财政政策和货币政策应该遵循事先制定的规则，如货币政策的制定遵循"泰勒规则"。美国的货币政策遵循钉住2%的通货膨胀目标的规则，即当通货膨胀率高于2%的通货膨胀目标时，美联储将会加息；当通货膨胀率低于2%的通货膨胀目标时，美联储将会减息。遵循规则是新古典主义革命后宏观经济学对卢卡斯批判的回应，任何政策都应该考虑私人部门的反应，遵循规则优于相机抉择。

第四节　中国视角：产业政策与区域政策

中国经济是世界经济的一部分，中国的发展与世界紧密相连，中国政府具有世界通行的政策实践；同时，中国经济又具有本国特色，理解这些特征才能理解中国宏观经济的全貌。中国经济的显著特色是中国处于社会主义初级阶段，中国实行中国特色社会主义市场经济体制，在改革开放后从计划经济转型为社会主义市场经济，因此中国经济具有转轨经济的显著特点，改革范围大，政府在经济中的作用突出，政府通过五年规划等形式制定产业和区域等多方面的政策，对宏观经济发展施加影响。

1. 产业政策

产业政策是国家政府为了推动经济发展、综合评估国家要素优势而制定的促进或者限制具体产业发展的各类政策措施，主要包括产品市场、劳动力、资本市场、土地、技术与制度等方面的规定。按照政府的意图，产业政策又可分为促进产业政策和限制产业政策。

产业政策的理论源头来自历史上的幼稚产业保护论。这是国际贸易理论中的一派理论，认为一个国家在发展不成熟时，不应该无条件地开放该产业的进口，而应该保护国内的幼稚产业，直到产业发展成熟。幼稚产业保护论的提出者为亚历山大·汉密尔顿（Alexanda Hamilton）和弗里德里希·李斯特（Freidrich Liszt）。李斯特认为一个国家不能为眼前的比较利益而牺牲民族工业的发展。工业在发展生产力上所起的作用巨大，远非农业所能比，发展国内工业是发展社会生产力最有效的途径，国家应该保护民族工业。

中国从计划经济体制转型为社会主义市场经济体制后，用五年规划代替了五年计划，尽管经济发展的经济力量来自市场，但中国政府在宏观经济发展过程中的作用不可或缺。每一个五年规划中，政府都会制定国家重点发展的产业方向。国家发改委根据五年规划，制定《产业结构调整指导目录》，将产业分为三大类：鼓励类产业、限制类产业和淘汰类产业，并且重点发展鼓励类产业，不鼓励限制类产业以及减少淘汰类产业的发展。

2. 区域政策

区域政策是指国家政府为发展国家经济、平衡国家内部各区域发展而出台的各种政策措施。区域政策与产业政策联系密切，国家在制定区域政策的同时也会为该区域制定相应的产业政策。

中国最典型的区域政策是经济特区政策，该政策也取得了巨大的成功。改革开放伊始，中国就划定了深圳、珠海、汕头、厦门作为经济特区，发展利用外资两头在外的加工贸易，造就了珠三角等沿海省市今日的辉煌。经济特区划定地域范围，区域内实行与区域外不同的财政、税收政策以及法律规范，特别是为了吸引投资，经济特区实行更低的企业所得税税率。

除了改革开放伊始的经济特区政策，中国还将经济特区的政策推向了全国，推行了国家级新区，如上海浦东新区，各类省级、市级、县级工业园区或者开发区，仿照经济特区，在更小的范围内实行不一样的政策。2013 年，国务院批复成立中国（上海）自由贸易试验区，将特区政策推向了更深层次的领域。其后，中国又在广东、天津、福建等省市推广了自由贸易试验区。2020 年，中国提出在海南建设海南自由贸易港。

此外，中国先后推出了西部大开发、中部崛起、振兴东北、长江经济带、京津冀一体化、粤港澳大湾区等跨区域发展战略，为中国经济发展进一步提供助力。

第五节　宏观经济政策：世界与中国

宏观经济学于 20 世纪 30 年代大萧条时期诞生，至今已走过了近一个世纪，从凯恩斯主义到新古典主义再到新凯恩斯主义，主流宏观经济学的方法论已经走向了以新古典主义为开端的动态随机一般均衡范式的融合，新古典主义与新凯恩斯主义的区别仅仅在于对价格是否可以自由浮动的假设不同，而底层的方法论已经完全趋同。两个学派因为对价格假设的不一样，也引申出了经济政策主张的不同：新古典主义认为经济的波动是理性人的最优决策，是帕累托最优状态，政府无须干预；而新凯恩斯主义认为价格不能自由浮动，经济中存在摩擦，经济波动并不是帕累托最优的，财政政策和货币政策可以改善效率，实现帕累托改进。本书的安排也融合了宏观经济学两大流派的主要观点：可贷资金模型是古典主义的理论，而 IS-LM、AD-AS、蒙代尔-弗莱明模型是凯恩斯主义的波动理论。

2007—2009 年国际金融危机爆发后，全球主要发达国家集体进入了一个经济缓慢复苏、失业率缓慢下降、通货膨胀持续低迷、名义基础利率长时间停留在零下界的特殊阶段，经济学家萨默斯称之为"长久停滞"（secular stagnation）。在金融危机后，美国联邦储备委员会将联邦储备基金利率（federal funds rate）长期维持在零附近，2017 年美联储开始提高基准利率，提升六轮后遇到新冠疫情暴发，美联储在一个星期内接连下调基准利率 50 和 100 个基点，联邦储备基金利率再次回到零下界 0—0.25% 附近。除美国外，其他发达国家如英国、欧元区、加拿大、日本长久地将利率固定在零附近。中国的政策利率如存贷款基准利率、LPR与发达经济体相比，突出的特点在于目前不受零下界的约束，中央银行的利率工具还有很大的调整余量。然而以三十年为尺度，尤其是2009年以来，中国的中性实际利率也一直在下降过程中。

美联储因此将其货币政策框架从钉住2%的通货膨胀目标改为钉住平均通货膨胀目标，原因是此前在实际执行过程中，通货膨胀目标制演变成了2%以上的强烈反应和2%以下的微弱反应，导致货币政策在2%上下的政策执行是不对称的。世界多国也实行多种新型货币政策以应对"长久停滞"的宏观经济现状，如日本央行引领的量化宽松在金融危机后得到广泛运用，包括美国和欧洲央行，在某些国家突破了短期名义利率的零下界，实行负利率的政策，如瑞士和瑞典。尽管新型货币政策层出不穷，日本在1990年后仍然没有走出"失落的三十年"，宏观经济政策需要考虑更为长远的因素，如应对老龄化的挑战等。

中国在2007—2009年金融危机后，实行了一揽子财政货币政策救市计划，其后也进入了一个经济增长放缓的新阶段。与世界发达国家不同的是，中国经济距离索洛增长模型所定义的稳态尚远，中国经济仍然没有达到世界技术前沿的边界，因此中国的经济政策更多考虑的是经济增长和就业促进政策，例如创新创业政策、数字经济和网络经济促进政策。改革开放以来，中国经历了市场化改革，引进了世界发展的优秀成果，但中国的经济体制与世界其他国家的治理体制具有根本性的不同，最典型的特点是中国实行具有中国特色的社会主义市场经济体制。中国在制定经济政策时，需要考虑中国情境下各种政策的效果，尤其是在世界经济进入长久停滞的阶段，中国的经济政策也需突破已有的框架，不断适应世界新的发展趋势和新的挑战。

第六节 中国案例：2020年政策刺激计划

2020年暴发的新冠疫情对全球经济造成了重大的供给冲击，中国政府采取了迅速果断的宏观经济措施应对突发的经济冲击，财政政策更加积极有为，货币政策更加灵活适度。政府综合运用降准降息、再贷款等手段，引导广义货币供应量和社会融资规模增速明显高于2019年。具体包括：

① 首次不设GDP增长目标，中央提供财政支持；

② 实行财政赤字，赤字率"拟按 3.6% 以上安排"，财政赤字规模比 2019 年增加 1 万亿元；

③ 发行 1 万亿元特别国债，中央拟将地方专项债券提高到 3.75 万亿元，相当于 GDP 的 3.6%；

④ 各地方政府根据实际情况缓交社会保障保险；

⑤ 三次降低存款准备金率共释放了 1.75 万亿元长期资金，春节后投放短期流动性 1.7 万亿元；

⑥ 加快 LPR 利率市场的改革，推动 LPR 利率的持续下降。

其中①—④条是典型的财政政策，⑤—⑥条是货币政策。在宏观经济政策以及公共卫生措施的合力影响下，我国新冠疫情得到迅速控制，并且经济在 2020 年第二季度迅速复苏，为全球的疫情防控和经济复苏做出了积极贡献。

前沿拓展与文献速递

中国的宏观发展理论

关于中国为何能维持长达四十多年高速稳定的经济发展，经济学界有大量的研究，有的经济学家认为中国改革开放遵循的是市场化改革，释放了经济的活力，有的经济学家认为中国经验独特，是中国自身的特点造就了中国的成功。

钱颖一和许成钢是总结中国经验并提出中国发展理论的先行者之一。他们比较了中国和苏联经济改革的效果，认为中国和苏联的政府组织形式导致了改革后中国成功而苏联失败。他们借鉴了企业组织的理论，认为苏联的政府组织形式为 U 形，即政府以业务为群组管理社会，俗称条状管理，比如钢铁部管辖苏联所有的钢铁企业；而中国的政府组织形式为 M 形，即政府以区域为群组管理社会，每一个省、市、县都是一个管理的实体，俗称"块状管理"，比如浙江省既管理其境内的钢铁企业，也管理其他产业的所有企业。钱颖一和许成钢（Qian 和 Xu，1993）认为苏联和中国的组织形式不同，县市的政府由于财力有限，不容易突破预算软约束，从而比苏联的 U 形管理更适合市场化。Maskin 等（2000）认为苏联和中国的组织形式不同，使得中国更容易比较不同"块"的官员的绩效，从而为官员提供激励，而苏联的 U 形管理很难比较其不同"条"的官员的绩效。许成钢（Xu, 2011）对从制度经济学出发研究中国发展历程的研究进行了理论总结，指出中国政治上实行民主集中制而经济上实行地方经济分权，其构成中国政治经济体制的突出特点。正是中央有序地向地方实施经济分权的体制保证了各级政府以及微观经济主体有足够的激励发展经济，从而较好地解释了中国的高速增长。

参考文献

Maskin, E., Qian, Y., Xu, C., Incentives, Information, and Organizational Form, *The Review of Economic Studies*, 2000, 67 (2), 359-378.

Qian, Y., Xu, C., Why China's Economic Reforms Differ: The M-form Hierarchy and Entry/Expansion of the Non-state Sector, *Economics of Transition*, 1993, 1 (2), 135-170.

Xu, C., The Fundamental Institutions of China's Reforms and Development, *Journal of Economic Literature*, 2011, 49 (4), 1076-1151.

本章总结

本章总结了本书所讲的宏观经济学理论中涉及的各种宏观经济政策，如财政政策和货币政策，并且总结了宏观经济学发展史上对经济政策的一个重要争论，即到底是相机抉择还是遵循规则，我们认为，在不同的时期，不同的方式具有压倒性的胜利，同时历史也是螺旋的，相机抉择和遵循规则轮流占据上风。

另外，本章总结了中国宏观经济管理的特色政策：产业政策和区域政策。我们也介绍了世界及中国近年来宏观经济政策实践的新进展与新挑战，并指出中国特色社会主义市场经济体制的特点决定了中国成功地从计划经济体制转轨为市场经济体制。

问题与应用

1. 相机抉择和遵循规则指什么？两者有什么区别？
2. 中国特色的宏观经济政策有哪些？
3. 什么是理性预期？它与宏观经济学的流派有什么关系？
4. 请结合消费函数阐述什么是卢卡斯批评。

教辅申请说明

北京大学出版社本着"教材优先、学术为本"的出版宗旨，竭诚为广大高等院校师生服务。为更有针对性地提供服务，请您按照以下步骤通过**微信**提交教辅申请，我们会在1～2个工作日内将配套教辅资料发送到您的邮箱。

◎ 扫描下方二维码，或直接微信搜索公众号"北京大学经管书苑"，进行关注；

◎ 点击菜单栏"在线申请"—"教辅申请"，出现如右下界面：

◎ 将表格上的信息填写准确、完整后，点击提交；

◎ 信息核对无误后，教辅资源会及时发送给您；如果填写有问题，工作人员会同您联系。

温馨提示：如果您不使用微信，则可以通过以下联系方式（任选其一），将您的姓名、院校、邮箱及教材使用信息反馈给我们，工作人员会同您进一步联系。

联系方式：

北京大学出版社经济与管理图书事业部
通信地址：北京市海淀区成府路205号，100871
电子邮箱：em@pup.cn
电　　话：010-62767312
微　　信：北京大学经管书苑（pupembook）
网　　址：www.pup.cn